RESEARCH REPORTS ON THE POLITICS OF CONTEMPORARY CHINA

（第14辑）

当代中国政治研究报告

深圳大学当代中国政治研究所／编
主编／黄卫平 汪永成
执行主编／陈文 谷志军

社会科学文献出版社
SOCIAL SCIENCES ACADEMIC PRESS (CHINA)

用深圳故事阐释中国道路（代前言）

黄卫平*

2015年是中国经济特区创办35周年。深圳经济特区的创建与发展无疑是中国特色社会主义的精彩缩影，深圳市也早已是享誉世界的中国改革开放进程中奇迹般崛起的先锋城市。如果说35年前邓小平同志赋予经济特区的历史使命是为深陷计划经济泥沼和“文革”悲剧的党和国家“杀出一条血路”，为共产党领导的社会主义国家推行市场经济进行制度“探险”；那么随着党的十四大正式将社会主义市场经济界定为我国经济体制改革的目标模式后，经济特区的历史使命也随之逐渐演变成为国家基本实现现代化开路和推动科学发展、促进社会和谐的排头兵；而在深圳特区创建35周年之际，习近平总书记又对深圳工作做出重要批示，明确要求深圳市委牢记使命，勇于担当，进一步开动脑筋，解放思想，特别是要鼓励广大干部群众大胆探索、勇于创新，在全面建成小康社会、全面深化改革、全面依法治国、全面从严治党中创造新业绩、努力使经济特区建设不断增创新优势、迈上新台阶。这对深圳未来的经济社会发展和改革开放进程具有重大的里程碑意义，标志着深圳特区历史使命的新发展，也是以习近平同志为总书记的党中央对深圳特区的新期待。在改革开放中所设立的经济特区的本质，就是获得中央授权的改革先行试验区。

我们深圳经济特区的社会科学工作者有幸目睹和参与了深圳经济特区建立、发展惊心动魄、波澜壮阔的历史进程，关注并跟踪了党中央赋予深圳特区的使命逐步演进和日益发展的时代脚步，使我们有机会能够通过讲述深圳故事来记录中国道路，总结深圳经验来诠释中国制度，观测深圳实践来验证中国理论。是我们伟大国家改革开放的时代壮举和深圳特区广大干部群众的

---

* 黄卫平，深圳大学当代中国政治研究所所长。

探索创新，给我们特区社科理论工作者提供了机遇、创设了平台、开拓了空间。

我想借此机会代表我所在的深圳大学当代中国政治研究所，汇报一下我们作为特区社科理论工作者所做的工作。我们研究所本身就是特区大学的干部群众开动脑筋、解放思想、大胆探索、勇于创新的产物。当内地一些学界同人还在诧异“当代中国政治是可以研究的吗”的时候，深圳大学就早在1998年开始筹建中国高校首个当代中国政治研究所，并在中央有关部门和深圳大学党政领导的大力支持下，在2003年成功申报了广东省首批高校人文社科重点研究基地，并在2011年成功申报了广东省政治学界的首个国家社科基金重大项目。10多年来，我们在深圳市委宣传部、深圳市社科联的大力支持下，在深圳大学的直接领导下，立足深圳、服务国家，研讨对国家具有重大理论意义的特区改革实践，探索对国家具有重大现实意义的深圳经验。努力用中国理论回答中国问题，用中国话语解读中国道路。在广东省高校人文社科重点研究基地的考核评估中，我们在2005年、2009年、2013年连续三次获得优秀。先后在2007年、2008年、2013年三次作为优秀课题完成单位在全国党建研究会和中组部年度重点调研课题工作会议上做经验汇报。

所谓立足深圳，就是依托深圳经济特区得天独厚的改革创新资源优势和地缘优势，直面市场经济先行地区的新兴政治现象，做经济特区发展的见证者、记录者、研究者，深度参与特区基层治理改革探索。从1999年初的大鹏镇镇长选举方式改革探索开始，延伸到对全国基层民主的持续观察；从对2003年深圳市和北京市等地的基层人大代表竞选现象的跟踪调研，再到对2008年“深圳政改”草案出台的因果分析，以及对2011年以“乌坎事件”为典型案例的群体性事件的深入探究，我们以“春江水暖鸭先知”的敏感，及时记录和跟踪这些具有较强指标意义和象征意义的政治现象，确立了我们在中国政治学界的独特影响力和显示度；从积极参与“盐田区社区治理体制创新”到努力推进“南山区和谐社区建设”，提出党和政府要尽可能将体制外政治参与的诉求纳入体制内有序释放和将体制内执政党的组织资源有效嵌入体制外去代表民意、整合利益、引领社会等观点，为深圳基层政府多次赢得中国地方政府创新奖贡献了绵薄之力，体现了我们在深圳基层治理研究中的特定功能。目前，我们正在积极推荐学界关注盐田区的“GDP”与“GEP”双考核、双提升，推动生态文明建设的改革探索。正是由于我们作为相对独立的高校学术机构在参与推动地方政府创新，总结深圳经验、讲述深圳故事、传播深圳声音等方面，做了不少具体工作，出版了一系列论著，使我们研究所的年轻学者得到学界的多方扶持，争取到很多成长机会，在我们这样一个地方性高校，只有将近 10 个核心成员的小小研究机构，几乎每个成员都承担了国家社科基金项目，充分体验了与深圳特区共同成长的成就感。

所谓服务国家，就是敏锐把握国家改革开放的时代脉搏，努力为党和政府的决策咨询服务，自觉将研究所打造成特色鲜明的高校“智库”。虽然，我们远离我国高校学术主流圈和国家政治中心，但一直努力开拓处于国家市场化改革前沿的地缘优势，尽力以服务国家需求为己任。长期以来，我们就在中共中央组织部党建研究所和中共中央编译局比较政治与经济研究中心等有关部门的指导下，参与中组部年度重点调研课题研究和参与中国地方政府创新网络的建设，从 2002 年以来我们先后参与中组部年度调研项目 16 项，获得一等奖 8 项。我们所张涛教授执笔先后圆满完成两项中央马克思主义理论研究和建设工程项目，受到中央马克思主义理论研究和建设工程项目相关领导的好评。我们所以张定淮教授领衔的香港政制发展研究，多年来也一直在全国人大港澳基本法委员会的指导下，在积极参与中央港澳工作的决策咨询和对港澳基本法的研究、宣传方面做出了特定的贡献。我们所吕元礼教授牵头的新加坡政治研究也在我国比较政治学中独具特色，其专著《新加坡为什么能》一书，不仅受到以新加坡总理李显龙为代表的新加坡共和国官方青睐，而且该著作也受到我国有关干部培训机构的重视，成为很多地方干部培训的参考书，多次再版，甚至还抛砖引玉，启迪了诸如《中国共产党为什么能》一类著作的问世。

作为深圳的社会科学工作者，我们不仅深切地感受到改革开放的历史进程给我们带来的机会，我们也更深刻地理解马克思主义经典作家关于“社会一旦有技术上的需要，则这种需要会比 10 所大学更能把科学推向前进”，经济特区的市场取向和氛围，促使我们自觉地以“市场”理念来引领社会科学研究的改革，本着“不求圆满，但求卓越”的精神，在现有的各种特定约束条件下，低成本运作，高质量产出，主动开发 4 个“细分市场”，一是为党和政府提供决策咨询的“高端市场”，主要指承担党和政府有关部门委托的研究课题，也包括承担国家社科规划项目；二是让世界了解中国的“国际市场”，尽力以研究对象的“本土化”特点争取研究成果的“全球化”意义，通过记录深圳故事阐释中国道路，总结特区实践传播中国声音；三是向社会公众普及社科知识，传达现代理念，弘扬政治文明的“大众市场”，包括力所能及地满足社会对各种学术讲座和专业培训的需求，在报纸杂志发表时政评论等；四是传统学者间相互交流的“学术市场”，即发表专业论文，出版学术专著等。2014 年我们深圳大学的政治学论文在人大报刊复印资料的转载率居国内高校前 20 位，与国防大学、华东政法大学和厦门大学并列第 19 名，这对我们这样一所地方高校已是极大荣耀了。

我们非常荣幸地生活在中国改革开放的伟大时代，与最开放的先锋城市——深圳经济特区共同成长，正在迎接中华民族伟大复兴，可以说这也是中国社会科学工作者的重大历史机遇，记录、分析、总结、诠释中国经济改革、社会转型、国家治理体系与治理能力现代化，以及重返世界舞台中心的历史进程，不仅将极大地推动中国特色社会主义理论体系的发展，而且将可能极大地挑战现有社会科学很多学科的知识体系，丰富人类对社会发展规律的认识。当前我们要把研究阐释习近平总书记系列重要讲话精神作为重中之重，不断深化对重大现实问题、重大理论问题和重大实践经验的研究，为深圳特区在实现国家“四个全面”的战略布局中增创新优势、迈上新台阶，做出力所能及的贡献。

目　　录

政治改革

国家治理

政府创新

政治参与

政党政治

海外中国研究

政治改革

中国省直管县体制改革中的问题及对策

肖立辉*

改革开放之后进行的省管县改革，从某种意义上说，是对原有的“市管县”体制进行的改革。从20世纪80年代到现在，我国的地方政府体系经历了“市管县”到省管县的改革进程。2009年，财政部发布《关于推进省直接管理县财政改革的意见》，要求到2012年底前，力争全国除民族自治地区外全面推进省直接管理县财政改革。尽管财政省管县只是省管县改革的一部分，但这实际上为整个省管县改革制定了一个阶段性目标和时间表。值得指出的是，中央文件“省直管县”改革的提法，经历了一个从“可以推进”到“有条件的地方探索”的转变，我们不难看出，“省直管县”体制改革遇到了很大的阻力。那么，我国的“省直管县”体制改革究竟遇到了哪些困境，这些困境的根源是什么？现有的解决方案是什么，有哪些不足？如何有效解决？这正是本文研究的核心内容。

一　从“市管县”改革到省管县改革

（一）“市管县”体制的优势与弊端

“市管县”体制是指以中心地级市对其周围县实施领导的体制。“地级

* 肖立辉，中央党校政法部教授，博士生导师，政治学理论教研室主任。

市”分为三种：一是地市合并型，即具有相当经济实力的省直辖市与地区行署合并；二是合并升级型，即地区行署与所在的县级市合并升格为地级市；三是县改市型，即将新设的县升格为地级市。我国“市管县”体制始于20世纪80年代，至20世纪末全国地方政府基本上都实行了省政府领导下的“市管县”体制。[①]

1. “市管县”体制的源起与发展

20世纪80年代以前，在我国大部分地区实行的是市县分治的行政管理体制，这种体制造成了城乡二元社会结构，其结果是农村由于没有城市的带动陷入停滞，中心城市由于缺乏农村的支持也没有得到发展。80年代以来，人们加深了对中心城市地位与作用的认识，提出了一些发挥中心城市作用，逐步形成以大中城市为依托的城市经济区的设想，并相应地进行了改革，其中重要的是试行“市管县”体制。1982年，辽宁省率先试点“市管县”体制，同年中共中央51号文件《关于改革地区体制，实行市管县的通知》作出“改革地区体制，推行市领导县体制”的决定，要求在经济发达地区将省辖中等城市周围的地委行署与市委、市政府合并，市管县、管企业。并以江苏为试点，撤销江苏省所有地区，地区所辖各县划归11个市领导。1983年2月，中共中央、国务院发出《关于地市州党政机关机构改革若干问题的通知》，要求“积极实行地、市合并”。1999年，中共中央、国务院发出《关于地方政府机构改革的意见》，进一步明确：“地级市并存一地的地区，实行地市合并；与县级市并存的地区，所在市（县）达到地级市标准的，撤销地区建制，设立地级市，实行市领导县体制；其余地区建制也要逐步撤销，原地区所辖县改由附近地级市领导或由省直辖，县级市由省委托地级市代管”，“地方行政管理层次由原来的‘省—县—乡’三级，变成‘省—地级市—县（县级市）—乡（镇）’四级。”截至2006年，全国共有333个地级行政机构，其中地级市283个，下辖2007个县（包括县级市、自治县、旗等）。[②] 目前，“市管县”体制已成为各省、自治区、直辖市最基本的区划模式，构成了最基本的纵向权力结构体系。这一体制的实行，使我国的行政区划由宪法规定的四级制向五级制转化，改变了我国政府体制的层次

① 陈翻：《“市管县”与“省管县”利弊比较分析》，《现代商贸工业》2009年第14期。

② 张铁军、韩勇：《“市管县”的困境与“省管县”改革的可行性研究》，《大连干部学刊》2010年第9期。

结构。同时也使地级市的功能发生了重要变化，从原来仅仅是城市政府转变为既担当城市职能，又承担农村和农业管理的职能，使地级市政府的管理活动日益复杂。①

2. “市管县”体制的历史功绩

“市管县”体制是在特定的政治经济环境下，在传统计划经济向社会主义市场经济转轨过程中的产物，是我国地方行政体制改革的重要成果，在特定的时期内对增强大中城市实力、发挥辐射带动作用、密切城乡关系、加强城乡合作、促进城乡一体化起到巨大的推动作用。具体而言，（1）促进了城乡分割的区域经济趋于统一。“市管县”体制打破了经济发展的条块分割与城乡分割的局面，为城市发展提供了更加广阔的腹地，加强了城乡之间的紧密协作，摆脱了地方保护主义的束缚，有效地发挥了城乡之间的优势互补，实现了人力、物资和信息的自由合理流动，促进了区域市场的进一步统一，形成了区域经济发展的有机整体。（2）壮大了城乡经济发展的规模效益。“市管县”体制能够有效地避免“市县分治”导致的城乡重复建设、盲目建设等资源浪费问题，统一协调城乡、市县的经济发展，减少了区域间恶性竞争所带来的资源内耗，形成并壮大了城乡经济发展的规模效益。（3）确立了省县之间行政层级的实体地位和法律主体地位。实行“市管县”体制后，增加了“市”这一行政层级，省县之间的行政层次由虚变实，市政府的重大决策、人事安排等都由人大批准和监督，并形成了一定意义上的地方财政。（4）推动了中国城市现代化的进程。一方面，促进了农村富余劳动力向城市的转移，为城市发展提供了大量的劳动力资源，有效地实现了农村对城市的支援，促进了农村人口向城市人口的转变；另一方面，加强了农村与城市之间的交流，改善了农村地区的科技、教育、文化、卫生等公共事业，逐步融入城市化的进程中。因此，“市管县”体制推动了中国城市现代化的进程。②

3. “市管县”体制的弊端

尽管“市管县”体制取得了巨大的历史成绩，但随着社会主义市场经济体制的建立，一些与经济社会发展不相适应的问题开始暴露出来。具体来

---

① 吕红岩：《从市管县走向省管县的体制改革》，《管理观察》2008 年第 20 期。

② 楚明锟、崔会敏、周军：《从“市管县”到“省直管县”的体制转型分析》，《商丘师范学院学报》2011 年第 1 期；陈翻：《“市管县”与“省管县”利弊比较分析》，《现代商贸工业》2009 年第 14 期。

说，（1）“市管县”体制增加了行政管理层次，提高了行政成本，大大地降低了行政效率。“市管县”体制的设计，人为地制造出一个中间层级，省县之间权力被层层截留，信息沟通受到阻滞，行政效率大大降低，同时由于过分倚重行政力量，政府管了不该管、管不好的事，往往容易导致资源配置成本增高、效益降低，也阻碍市场经济发展主体的形成。（2）“市管县”体制并没有从根本上打破旧有的条块分割的管理体制，并且处于无法可依的尴尬境地，甚至与宪法中有关地方行政架构的规定相违背。比如，根据《中华人民共和国宪法》第30条规定，中国的地方行政区域划分为省（自治区、直辖市）、县（自治县、自治州、县级市）、乡（民族乡、镇）三级制。显然，“市管县”行政管理体制与这一规定有所抵触。（3）“市管县”体制加剧了县级财政的困难，“小马拉大车”问题依然不能得到有效解决。市管县行政体制改革的主要目的是以中心城市的优势地位拉动所辖县乡的经济发展，然而，并非所有的市都能起到这一作用。事实上，除传统的省会城市和一些中等经济发达城市具有较强的带动力量外，一些工业基础薄弱甚至是由县级升为地级规格的城市根本很难有力量来帮助县级市和乡村的发展，这些城市一般都远离中心经济区，需要带动的县的数量也较多。（4）“市管县”形成城乡悖论。在市与其所辖的县（或县级市）竞争发展过程中，加剧了各个县（或县级市）与市之间在人、财、事三方面的矛盾，加大了市所辖各个县（或县级市）之间的离心力。在我国经济发达的一些地区，由于乡镇工业的兴起和繁荣，有些县级市的实力甚至已经与地级市本市区的经济实力相当，各县为了自身的发展不惜在资源、市场、人才、投资等方面与中心城市展开竞争，为争取到项目，市县争相到省城跑计划、跑指标，为争取投资，竞相进行政策攀比的事情也时有发生。[①]（5）“市管县”体制与大都市圈经济、区域经济一体化发展之间的矛盾。“市管县”体制只是实现了城市

① 樊建飞、周俊俊：《省管县体制改革的动力机制》，《理论学习》2011年第3期；宋哲：《中国地方政府层级设置比较研究——以“市领导县”与“省直管县”体制为分析对象》，《华中师范大学研究生学报》2008年第1期；房金秋：《浅析中国实行省管县体制改革》，《中国商界》（下半月）2009年第7期；云霞、徐斌林：《浅析我国省管县体制改革》，《当代经济》2011年第15期；房金秋：《浅析中国实行省管县体制改革》，《中国商界》（下半月）2009年第7期；王娜：《“省直管县”体制下的市县关系新发展——基于复合行政的理念》，《惠州学院学报》（社会科学版）2011年第2期；陶希东：《“省直管县市”：我国深化行政体制改革的路径选择》，《上海行政学院学报》2009年第4期；张铁军、韩勇：《“市管县”的困境与“省管县”改革的可行性研究》，《大连干部学刊》2010年第9期。

经济区与行政区在形式上的统一，在某种程度上打破了旧的条块分割，但在我国政府职能转变尚未到位、区域经济依然处于“行政区经济”的状态下，“市管县”体制使得每个地级市有了更大的行政地盘和回旋余地，客观上反而阻碍了各中心城市之间的横向交流协作，这必将形成新的“块块”分割。[①]（6）县级政府财权和事权不对称问题突出，并且政府权力太小，缺乏推动经济发展的动力和条件。一是地级市政府在地方财政收支中占的份额过大，影响了省级财政调控能力和县级财政实力。财力向上集中，基本事权却向下转移，特别是县、乡两级政府，负担繁重，事权所需的财力与其可用财力高度不对称，成为现在的突出矛盾。二是在县政府头上的管理层级过多，县政府没有足够的权力制定相应政策优化财政支出、促进经济发展，或者政策的行政审批程序复杂、环节多，导致时效性差，不利于行政决策和管理贴近县域经济发展的实际。[②]（7）实行城乡合治，违背国际惯例。我国当前实行的“市管县”体制，将城乡共置一个行政区内，这样既无法实现城乡平等，同时也不利于针对城乡的各自特点进行分类管理、优化管理。[③]

（二）“省管县”体制的改革进程、做法、成效

“省直管县”体制是指对县的管理由现在的“省管市—市管县”模式变为由省替代市。此体制包含两个层面的含义：第一层面是财政直管。即从财政上实行市县平级，县级财政直接与省财政挂钩，省财政决定县级的财政预算和收入分成。财政直管是“省直管县”体制改革的初级层面，很多试点也是在这个层面上进行改革。第二层面是行政直管。即行政管理上实行省政府直接管理县政府，将我国原来的“省—市—县”的管理体制改为“省—（市、县）”，在省与县之间，减少了地级市这一级，县级的人事、财政、审批权等全部由省一级政府掌握。行政直管是“省直管县”的深层改革，涉及行政体制问题。[④]《中共中央关于制定国民经济和社会发展第十一个五年

① 陶希东：《“省直管县市”：我国深化行政体制改革的路径选择》，《上海行政学院学报》2009 年第 4 期。

② 鲍晨辉：《财政体制简化之路慎行“省直管县”财政体制弊端分析》，《地方财政研究》2007 年第 1 期。

③ 蔡路：《省直管县与地方行政制度改革研究》，《荆楚理工学院学报》2009 年第 12 期。

④ 楚明锟、崔会敏、周军：《从“市管县”到“省直管县”的体制转型分析》，《商丘师范学院学报》2011 年第 1 期；宋哲：《中国地方政府层级设置比较研究——以“市领导县”与“省直管县”体制为分析对象》，《华中师范大学研究生学报》2008 年第 1 期。

规划的建议》明确提出，“理顺省级以下财政管理体制，有条件的地方可实行省级直接对县的管理体制。”在这里，“省直管县”主要强调的是省对县财政上的直接管理。①

1. 改进进程

正是基于“市管县”体制存在诸多弊端，进入21世纪之后，我国开始探讨“省管县”体制，经历了一个由扩权强县到省管县，由财政省管县到行政人事省管县的发展过程。（1）在财政方面。2005年，温家宝总理在全国农村税费改革工作会议上指出，“具备条件的地方，可以推进省直管县的试点”。2006年中央1号文件提出，有条件的地方可加快推进“省直管县”财政管理体制和“乡财县管乡用”管理方式的改革。2008年8月《关于地方政府机构改革的意见》中提出，要继续推进省直接管县（市）的财政体制改革，有条件的地方可依法探索省直管县（市）的体制，以进一步扩大县级政府社会管理和经济管理权限。2009年中央1号文件明确提出：推进省直接管理县（市）财政体制改革，将粮食、油料、棉花和生猪生产大县全部纳入改革范围；稳步推进扩权强县改革试点，鼓励有条件的省份率先减少行政层次，依法探索省直接管理县（市）的体制。2009年7月9日，财政部又公布了《关于推进省直接管理县财政改革的意见》，确定了时间表，即至2012年底前在我国大部分地区推行。（2）在干部人事制度方面，2009年4月12日，中组部发布了《关于加强县委书记队伍建设的若干规定》，明确了县委书记的选拔任用应按程序报经省级党委常委会议审议，要求“2009年上半年，各地要建立制度，落实此项规定”。该规定可以看作在人事权限上对“省直管县”探索的一种支持。有学者认为，县委书记地位的提高和任用方式的变化表明行政上“省直管县”已经迈出了决定性的一步，已经触及了我国地方权力体系和体制的核心。②

2. 省直管县改革的做法

在“省直管县”体制改革中，财政和人事方面的“省直管县”体制改革一般的做法是直接推行，如浙江等省；而行政管理方面的“省直管县”体制改革则主要是通过“扩权强县”实行，在这种做法中一般是在不改变行政区划的条件下，将一部分本属于地级市的经济和社会管理权直接赋予县，使县

① 林建设：《关于“省直管县”改革的文献综述》，《地方财政研究》2011年第5期。

② 潘福能：《“省直管县”与地级市发展的对策》，《行政与法》2010年第2期。

里获得更大的自主权，从而达到“省直管县”体制改革的目标。目前在全国影响较大的省管县改革主要是浙江模式和海南模式。（1）浙江模式。主要特点有三个方面：一是市、县的主要干部都是省委决定；二是财政体制一直是省管县的做法；三是渐次扩大县级政府经济管理、社会管理和公共服务等权限，保持地级市的级别层次。浙江省一个重要的经验就是财政体制上的省管县逐步推进到行政上省管县，是一个渐进的过程。浙江模式仍是目前多数地区推行省管县改革可供参考的路径。（2）海南模式。海南模式有其具体特殊性。其省域面积小，县级区域少且是新建独立行政区划的省情，海南从1988年建省开始就没有实行市管县，海南省共有20个地、市、县、开发区、办事处等单位，地、市、县等都是由省直接管理，是独立的经济单元，不存在地级市对县的行政管理的隶属关系。海南模式代表的一种方向，即是新建的省级单位，采取的是一套全新的行政管理体制，回归宪法规定的地方三级行政管理体制。[①] 从各省在“省直管县”体制改革的做法中，我们可以看出，财权、事权以及人事权是我国“省直管县”体制改革过程中的核心问题，各省的具体做法都是围绕财权、事权的分配展开的，因而我们在对“省直管县”体制改革的研究过程中也应该特别注意财权、事权的问题。

3. 主要成效

总的来说，我国的“省直管县”改革收到了良好的效果，有效地发挥了省级政府统筹协调能力，提高了财政资金的运转效率，降低了行政成本，增加了管理的透明度，同时也调动了县级财政发展经济的积极性，促进了县域经济的发展。（1）有利于增强省域经济社会发展战略规划的科学性和系统性，提高经济社会发展的整体协调性和布局特色性。（2）有利于增强对省域经济利益关系的统筹协调和社会公平的把握，提高城乡统筹协调的自觉性和主动性。增强省级财政调控能力，建立城乡、区域协调发展的均等化机制。[②]（3）有利于中央和省进行分类指导和政策支持，可以清晰定位城乡在经济社会发展中的角色。[③]（4）有利于通过减少行政层级，实现政府组织结构的“扁平化”改革，可以有效地降低行政成本，提高行政效率，提升政府政策信息传递的准确性、有效性和管理的绩效。（5）省管县财政改革明

---

① 钟晓敏、操世元：《省直管县改革：缘起、路径与未来方向》，《财经论丛》2011年第6期。

② 张易：《关于“省直管县”财政体制改革的初探》，《财经界》（学术版）2011年第8期。

③ 楚明锟、崔会敏、周军：《从“市管县”到“省直管县”的体制转型分析》，《商丘师范学院学报》2011年第1期。

确划分省、市、县固定收入的主体税种及共享收入分成比例，相应增加省对县的定额补助基数，将上划中央“两税”返还、所得税返还、出口退税返还数额核定到县，专项拨款、专项资金和转移支付补助分配到县。这些措施将有助于县域经济清道除障，松绑放权，解决体制和机制性的障碍，赋予活力、动力和能力。（6）有助于实现扩权强县。在行政管理方面结束市对县的领导，避免多层次行政干预造成的市场竞争中各种关系的扭曲，能极大地增强县域经济发展的积极性和原动力，提高省级市场化水平与市场竞争的有效性。[①]（7）能够更好地消除“权力截留”的情况。在市场经济发展的今天，很多地区内部竞争多于合作，特别是市所在的地域“截留”了大量的应该分配给县区的资源，使得县域经济的发展受到了较大的阻碍，经济发展动力和活力不足，而“省直管县”能够有效地改善这种情况。[②] 有学者认为，这项改革与我国政府行政管理体制改革大方向一致，[③] 是县域经济发展的助推器和政府行政改革的突破点。[④]

二 存在的问题

在省管县改革过程中，涉及省级政府及其部门、地级市政府及其部门、县级政府及其部门的关系。省市县三级对这场改革的态度以及利益诉求有所不同。简单来说：（1）对于省级政府来说，省管县改革没有太多问题，但省级政府部门需要负责各部门的具体事务，就会面临管理幅度过大的问题。（2）对于地级市来说，态度是多元的、复杂的，既有支持的市，也有不支持的市。支持的地级市一般来说经济发展较快、财政收入较高，不需要发展腹地，或者所辖的县比较贫困而且需要市里的补贴。而不支持的地级市则情况相反，它们需要发展腹地，省管县将县的管辖权上收从而制约了该市的发展，或者这些城市经济发展缓慢，往往会控制所辖县的调控资金而服务本市的发展，但省管县改革削弱了地级市对县的控制。对于一个具体的市来说，既有支持的方面，也有不支持的方面。对于经济基础好的县，地级市希望将

① 云霞、徐斌林：《浅析我国省管县体制改革》，《当代经济》2011 年第 15 期。

② 陈翻：《“市管县”与“省管县”利弊比较分析》，《现代商贸工业》2009 年第 14 期。

③ 张旭霞、陈晨：《省管县体制改革的前景分析》，《甘肃行政学院学报》2008 年第 5 期。

④ 李兆友、陈亮：《从“市管县”体制到“省直管县”体制改革：一个文献综述》，《东北大学学报》（社会科学版）2012 年第 1 期。

管辖权保留，而对于经济基础差的县，地级市希望省里将管理权上收。无论是经济发展较快的地级市还是经济发展较慢的地级市，都希望在“省直管县”体制改革中能够尽量扩大自身的经济发展空间，减少权力的流失。(3)对于县级政府来说，绝大多数是支持省管县改革的。因为在这场改革中，很多原来由市来管理的权力直接下放到县，这有助于县域经济社会的发展。但与此同时，县级政府也面临着诸多的问题，比如由于财政省管县与行政省管县改革不同步，县里的财政控制权由省里掌握，而具体事务的管理权由地级市掌握，这使得县级政府面对“两个婆家”，处境尴尬。另外县与县之间、县与市之间由于这样或那样的原因，竞争加剧，区域性合作关系难以维持，等等。具体来说，存在如下问题。

（一）省管县改革的总体问题

有学者认为，省管县改革缺乏顶层设计，整个改革的思路缺乏前瞻性和系统性。比如说，改革只涉及放权，对省市县政府间的职责配置的同质性问题没有涉及，这就是学术界所说的“职责同构”的问题，此为其一；其二，权限的划分主要依据是省政府的政策文件，没有制度化为地方法规，这就意味着，只要上级政府认为权力下放得不妥，又可以收回；其三，放权是局部性的，县级政府领导人的任免权仍然由市级政府掌握，这使县级政府领导人仍然只对上负责。①

1. 制度建设和法律法规滞后，法制化水平有待提高

长期以来的“市管县”体制运行过程中，地级市对县级政府的管理在财政体制、干部人事、政绩考核、项目审批、资源分配、公共服务等方面已经全面制度化、程序化了，省管县改革将重新建构省市县的制度关系和运行机制，这就需要制度上、法律上给予相应的规范和调整，新的制度框架与旧有制度模式存在一定的紧张与冲突。② 具体来说，(1) 目前的财政省管县改革与现行的《预算法》相冲突。按照《预算法》第二条的规定：一级政府一级预算，设立中央和省、自治区、直辖市，设区的市、自治州，县、自治县、不设区的市、市辖区，乡、民族乡、镇五级预算。实行省管县财政体制

---

① 吴红梅：《县政改革的职能定位与权力配置——省管县的视角》，《成都行政学院学报》2010年第1期。

② 马斌、徐越倩：《省管县体制变迁的浙江模式：渐进改革与制度路径》，《理论与改革》2010年第1期。

后，实际上改变了市级政府管理所辖区的财政管理权，与现行法律规定有冲突和矛盾。[①]（2）规范上下级政府社会经济管理权限分工的法律条文缺失，造成对社会的条条管理不顺畅，强县扩权领域模糊不清；规范政府各职能部门之间管理分工的法律法规缺失，导致县级政府扩权后，无法高效利用权力为经济发展所用。[②]（3）当前对全国 800 多个县的扩权、放权试点是一种带有尝试性的利益激励。由于不同的地方享有不同的权力和不同的优惠政策，这种“选择性放权”可能会导致新一轮的试点地区与非试点地区不平等，势必与法律上的均权精神相悖。[③]（4）绝大多数地方的强县扩权改革是通过出台政策的形式推进，因此将部分权限以红头文件而非法律法规的形式授予县级政府及其相关部门，并不符合法律规范与原则，一旦发生纠纷也将面临难以厘清的法律问题。[④] 造成这一现象的原因主要在于法制建设滞后的改革实践，立法的意识和水平与省管县改革不相适应。

2. 职责权限不清的问题仍然存在

长期以来，我国政府间的关系都存在各层级政府共享权力、共担职责、职权界定模糊的顽疾，中央、省、市、县、乡级政府共同管理范围广泛的社会事务，政府间事权缺乏明确界定。受各层级政府间职权未能明确划分的影响和制约，各层级政府间事权、支出责任、财权划分以及财力配置问题也一直未得到妥善解决。[⑤] 改革过程中，省与市（县）、市与区县政府共同享有的权限划分不清，哪些政府该管什么事，应该具有哪些权力以及这些权力的大小，在许多领域内，在许多情况下，尚未规范清楚，工作程序混乱。[⑥] 一些地级市在改革中下放了一部分经济社会管理权限，但一些关键利益部门的权限则紧握手中。在一些同志看来，县级政府是基层政府，上面不改动，下面改不动，实际上，县级政府的职能配置与省管县改革前比较没有任何改变。[⑦]

---

① 傅光明：《论省直管县财政体制》，《财政研究》2006 年第 2 期。

② 李文毫、代士林：《浅析“省直管县”财政改革中的制约因素》，《财政监督》2010 年第 21 期。

③ 伍文中：《“省直管县”财政体制中需进一步研究的几个问题》，《新疆社会科学》2010 年第 4 期。

④ 张宇飞：《省管县行政管理体制改革探析》，《郑州轻工业学院学报》（社会科学版）2012 年第 1 期。

⑤ 寇铁军、周波：《我国省直管县体制改革的实践挑战及推进建议》，《湖南财政经济学院学报》2011 年第 6 期。

⑥ 唐晓英：《我国实行省直管县体制改革的制约因素与对策》，《学术交流》2010 年第 3 期。

⑦ 吴红梅：《县政改革的职能定位与权力配置——省管县的视角》，《成都行政学院学报》2010 年第 1 期。

造成这一问题的原因主要在于，我国传统行政体制的“职责同构”和机构的“对口设置”，其结果必然导致政府间关系中，不同层级的政府在纵向间职能、职责和机构设置上的高度统一、一致。[①]

3. 管理能力与管理幅度不匹配

在一些学者看来，省管县改革没有实现政府层级由形式上扁平化向实质上扁平化转变。省级越过地级市直接管县（市），在管理体制上意味着减少管理层次、扩大管理幅度。这在理论上，有利于加快沟通速度、提高信息的真实性，也有利于降低管理成本、提高办事效率。但实际效果如何，还取决于管理幅度的大小。[②] 有学者指出，改革前，一个省份只需处理与几个下属地级市的关系，虽然各地级市在争夺项目、财政支持等方面也存在竞争和讨价还价，但由于地级市的数量少，而相对比较容易协调。而改革后，县一级竞争者数目增加，并直接参与相关资源的争夺，这就意味着省级政府要同时跟几十个下级单位讨价还价，不仅会耗费大量的行政成本，而且容易加剧下级政府之间，以及上下级政府之间的矛盾。此为其一。其二，省直管县后，省级政府对下级政府的权力监督风险加大。省直管县以前，省与县之间有一个中间的地级市层级，可以帮助省级政府分担一部分对县的监督职能。而省直管县后，县级政府拥有了大量的经济社会管理权限。然而，对于省级政府而言，无论是在行政县的数量、距离上，还是在对县域经济发展和人事的熟悉与掌控上，都存在很大的管理难度。看得见的管不着、管得着的看不见、“鞭长莫及”等问题必将随之显现，权力监督出现“真空”的风险随之增大。[③] 造成这一问题的原因在于，没有处理好管理效能、管理层级与管理幅度的关系，一般来说，管理层级与管理幅度之间成反比例关系，但如果管理幅度过大，管理的效能就不会充分发挥出来。有学者认为，与实现政府管理层级扁平化的初衷相悖，省管县体制改革仅仅只在形式上减少了政府管理层级，在形式上实现了政府管理的扁平化，而没有能够在功能上实现政府管理层级的实质扁平化。[④]

当然，影响到管理效能的因素，除了管理层级和管理幅度之外，还需要考虑以下四个因素。（1）同一区域内县级单位原有经济水平：理论上

① 刘雅静：《省管县体制改革的可行性路径探析》，《理论学习》2010 年第 1 期。

② 宋晓驰：《基于历史视角的省管县体制改革浅议》，《中国集体经济》2011 年第 7 期。

③ 王雪丽：《“困境”与“脱困”：“省直管县”体制改革探析》，《理论与改革》2012 年第 2 期。

④ 王仕军、冯春：《省管县体制改革：实践与理论的理性推进》，《探索》2008 年第 4 期。

是经济发达县越多，管理幅度可以越大，但实际上还必须考虑同一区域内发达县与落后县的比例。（2）县级单位的自主权和能力：自主权越大、能力越强，意味着可以减少省级单位的管理工作量，因而管理幅度可以加大。（3）同一区域内县级单位的差异性：差异性越大，意味着调控难度越大，协调工作量越大，因而管理幅度不宜大。（4）地理位置的接近程度和交通发达程度：如果县级单位之间的距离遥远，交通又不发达，理论上是管理幅度越小越有效，但实际上还必须考虑政治意义和省级之间的相对平衡。[①]

4. 横向、纵向上政府间协调机制不完善

政府间关系是省管县研究中一个十分重要的领域。多数学者认为，目前的省管县改革在横向上的条块之间以及纵向上的市县之间都存在需要协调的矛盾，需要建立健全一种良性的协调机制。具体来说，（1）横向上的条块矛盾。省以下的土地、工商、税务、金融等部门已经实行了垂直管理，即各自实行一套自上而下的行政体制和管理方式。在没有实现垂直领导之前，这些部门既接受同级政府的行政领导，又接受上级垂直单位的业务领导。实现垂直管理后，这些部门的行政领导权也逐渐上收到上级垂直管理部门。但在改革过程中，缺乏实行垂直管理的法律标准，各方主体的权限范围不清晰，权力监督机制不健全，各方的权利主体地位不明确。对于如何解决垂直领导中的新问题，目前存在广泛的争议，有的主张继续强化，有的主张尽量减少，有的主张加强协调配合。对于一些垂直管理部门来说，既要服务块块，也要服从条条。正如有的学者所说，一些垂直管理部门扩权前是“一个婆家”，扩权后变成“两个婆家”，工作程序重叠，难度加大。[②]（2）纵向上的地级市与（省直管的）县或者扩权县的矛盾。从地级市的角度来说，在市管县体制中，地级市与县是领导与被领导的关系，是一种纵向上的府际关系。但是在省管县改革过程中，地级市与县的关系演变为横向上的平等的竞争与伙伴关系，不再具有行政上的隶属关系。不仅如此，市与县、县与县之间还会引发利益关系的重构，出现市县争利、县县争利的情况。此为其一。其二，省管县改革在一定程度上将地级市的人事、财政、资金、项目等各项

① 郭小聪：《“省管县”改革的难点和重点：界定各自权限　加强绩效考核提高调控能力》，《决策探索》（上半月）2009 年第 2 期。

② 张占斌：《加强省直管县改革的顶层设计和规划》，《行政管理改革》2011 年第 6 期；缪匡华：《省直管县行政体制改革探讨》，《福建行政学院学报》2010 年第 2 期。

权力剥离出去，这对于地级市来说，是利益的流失方。为了维护地级市的原有利益，地级市会采取“县改区”的做法，将原来所辖的县变成城市的一个区，或者利用自己的优势地位截留一部分权力，从而引发市县之间更为复杂的矛盾。其三，省管县之后，有学者担心，过去的“市刮县”、“市卡县”等问题有可能转化为“省刮县”、“省卡县”。[①] 从县的角度来说，大部分省份所推行的“强县扩权”改革虽然扩大了县级政府的经济管理权、行政审批权、社会管理权等多种权限，但县级领导人的任免、考核、升迁等权限仍直接受控于地级市政府，扩权县既要维护对省一级部门的话语权，还要维护与地级市及各部门的关系，增加了县级政府的协调难度。[②] 不难想见，随着省管县从财政体制转变到行政体制，地级市与县的矛盾将变得更加复杂，市县的竞争将变得更加激烈。

5. 区域性经济中心和地级市的发展遇到困难和阻力

有学者认为，省管县还是“市管县”争论的实质，是“大城市”和“小城镇”的不同发展道路的争论。在他们看来，省管县在有利于促进县域经济和中小城镇发展的同时，也容易造成大中城市发展滞后和区域内缺乏有经济辐射力的中心城市等弊病，不利于一个完整的经济区域内发挥规模经济的效应，不利于中心城市的培育。[③] 特别是在当前，大多数地级市处于城市化和工业化的初期，在资源、产业、市场等方面还离不开所辖各县的有力支撑。实行“省直管县”体制不利于地级市自身发展，也不利于城乡交通、通信等基础设施的统一规划和建设，制约区域性中心城市的发展和地区城市化进程。[④] 正如有的学者所言，省管县的财政体制在有效地促进了县域经济发展的同时，付出的一个重要代价就是中心城市及其作为区域经济增长极的功能发育滞后，无法形成中心城市与周边地区之间分层次的产业分工合作体系。省管县财政体制在激励县级政府重点发展小城镇的同时，却制约了地级市的资源汲取能力，抑制了中心城市的极化效应，对地级市等中心城市的发展以及城市化的推进造成了不利的影响。[⑤]

---

① 王雪丽：《“困境”与“脱困”：“省直管县”体制改革探析》，《理论与改革》2012 年第 2 期。

② 黄宝、罗占松：《省管县管理体制改革探析》，《网络财富》2010 年第 16 期。

③ 薛建刚：《对省管县财政管理改革的初步思考》，《西部财会》2006 年第 1 期。

④ 姜秀敏、戴圣良：《我国“省直管县”体制改革的阻力及实现路径解析》，《东北大学学报》（社会科学版）2010 年第 4 期。

⑤ 刘翔：《从省管县财政体制到行政体制省管县改革的文献综述》，《四川行政学院学报》2012 年第 3 期。

6. 机构改革和人员安置问题

有学者表示，20多年来，地级市从一个省政府的派出机构（行政公署）转变为实体一级的地方政府，有权力机构、审判机关、检察机关等各类机关，还有事业单位的对口设置，其行政体系完备、人数庞大。[①] 省直管县体制改革，虽然目标不是人员精简，只是减少行政层级，但由于实行省直管县后，地级市就不再管理原有的县级财政，必然要出现一些多余机构和人员，包括各个层次的领导干部和一般工作人员。这是各地改革过程中普遍遇到的一个问题。很多地市级官员担心，省直管县以后他们将何去何从。一些地方政府处于两难之中。要安排无编制，不安排有压力。[②]

7. 财政体制与行政体制的冲突问题

省管县改革大都遵循从财政体制的省管县到人事体制上的省管县再到公共行政体制上的省管县这样一个进程。有学者认为，当前的行政管理采取的是省管市、市管县，而财政实行省管县后，财政管理体制、转移支付、项目结算直接对省，直接实现了省级与县级财政管理权限的衔接，无形中越过了市级，省直管县财政管理体制的"单兵突进"，不但造成了与行政权相匹配的财政权的架空，也将严重影响到地级市行政管理权的有效实施[③]，从而引发行政管理体制和财政体制的摩擦：一方面，市县财政平级，而在行政上，县级仍隶属于市级管辖，市级事权仍覆盖全市，明显超出财权所能承载的范围；另一方面，从财政的性质来看，财政只能是为一定的政权服务，是依附于行政体制的一种资源配置方式。换句话说，财政体制是行政体制的组成部分，必须遵循行政体制的组织原则。如果行政体制改革不到位，财政的调节功能是难以充分发挥作用的，因为财政系统毕竟是行政管理的一个子系统，它直接受到行政管理体制的影响和制约。当市级对省管县（市）没有了财政拨款和管理权，市级政府在统筹省管县的县域经济发展中的作用就大打折扣。[④] 但问题的复杂性在于，隐藏在事权和财权背后的更为重要的权力，是干部人事权。如果县级政府的干部人事权还是由市一级政府掌控，那么明处的财政权还会受

---

① 缪匡华：《"省直管县"体制改革中地级市面临的问题研究》，《天津师范大学学报》（社会科学版）2010年第6期。

② 唐晓英：《我国实行省直管县体制改革的制约因素与对策》，《学术交流》2010年第3期。

③ 张超：《关于省直管县财政体制改革的认识与思考》，《特区经济》2010年第11期。

④ 刘翔：《从省管县财政体制到行政体制省管县改革的文献综述》，《四川行政学院学报》2012年第3期。

到暗处的人事权的牵制。[①] 除了人事权之外，还有行政权、司法权、县级财政收入的目标考核，以及工商、土地、金融、税务等其他事权仍然掌握在地级市手中，形成政府的财政管理责权与公共事务管理权限相脱节，使得本应赋予扩权县的权力没有真正放开，本应由扩权县享受的政策没有真正落实。[②]

（二）省管县财政体制改革存在的单项性问题

1. 财权与事权不对称的问题

不少学者认为，1994 年分税制改革重新界定了中央与地方政府之间的事权和财权范围，但是对省以下各级地方政府之间的事权和财权划分没有做出统一规定，各地在推行分税制时也没有进行这方面的实质性改革，并且出现了事权下移、财权上收的问题，致使基层财政普遍困难。虽然省直管县后减少了财政层级，但省市县之间的事权和财权划分依然不清晰，增值税、企业所得税、个人所得税等主体税种几乎都成了共享税，致使财政收支划分带有很强的人为色彩。[③] 另外，省管县财政体制改革只是财政管理方式的单项改革，行政权、审批权、人事权等其他行政管理体制都没有同步改革。对于市一级来说，市级各职能部门的事权覆盖全市的行政区域范围，但市级所掌握的财权则仅限于市区，从而造成事权与财权的不对称。[④] 正如有的学者所说，市级履行综合平衡本地区发展的职责，市县政府领导层认同的一些区域性政策行动，由于市县财政的分离与管理权力限制，在落实当中存在一些难以调和的体制性矛盾，直接影响到行政管理权在全市区域内的实施，长此以往，市级党委政府的权威性受到挑战。从县的角度看，县级财政实行省直管后，财力和资金都由省统一对其结算、拨付，但其他的行政体制如人事任免权却归市管，这就必然形成县级既要向省政府和省财政跑财力、资金、项目、政策，又要向市政府汇报工作、争取理解和支持。不匹配的财政与事权的体制性摩擦使县级政府无所适从。[⑤]

---

① 王金国：《刍议省管县财政体制的完善》，《中外企业家》2010 年第 10 期。

② 邵燕斐：《省管县体制改革对地方政府管理的挑战及对策研究》，《金陵科技学院学报》（社会科学版）2010 年第 2 期。

③ 石亚军、施正文：《从“省直管县财政改革”迈向“省直管县行政改革”——安徽省直管县财政改革的调查与思考》，《中国行政管理》2010 年第 2 期。

④ 徐瑞娥：《省管县财政管理体制改革研究综述》，《经济研究参考》2008 年第 60 期。

⑤ 骆祖春：《省直管县财政体制改革的成效、问题和对策研究——来自江苏省的调查报告》，《经济体制改革》2010 年第 3 期。

2. 财政收入与支出的权责匹配问题

有学者认为，省管县后，原体制中市与县的纵向贯通变为横向协调，“市管县”变为市与县平行，这种关系的调整势必导致市与县在收入上争权、支出上弃权。[①]（1）在财政收入问题上，省与市、市与县、县与县之间税收竞争明朗化。省将县直接纳入管理，而市级财政与县级财政的关系变成了平等的关系。趋利避害的本能必然导致出现这样的现象：两级有利益的事项相互争夺，而涉及要承担责任的需要投资的事项，如江河湖泊的维护、按行政区域配套计划生育经费、血防经费的配套等，两级政府相互推诿。[②] 正如有的学者所说，政府间纵向竞争方面，上级政府希望将事权向下集中，而为了提高自身管理调控能力，又集中了本辖区内大部分的财政资金；下级政府为了应付这种局面，势必通过各种手段尽力推脱事权和滞留财政资金，这就形成了不同层级的政府间财政竞争。政府间横向竞争方面，省直管县后，县一级竞争者数目增加，原先处于不同地级市管辖下的县一级直接参与财政资源的争夺，原先处于同一地级市管辖下的县一级利益冲突更加明显和复杂，其引发的竞争也就不可避免地升温。[③]

（2）省以下各级政府间支出责任划分不明晰。在实行“省直管县”之前，地级市政府拥有所辖县域的财政分配权，相应地承担着全市区域性公共事务管理与公共物品供应责任，包括涉及跨县（市）的大中专教育、路桥建设、抗旱排涝、卫生防疫、环境保护等事权。实行省直管县财政改革后，按照“省直管县”财政体制的统一支出划分原则，设区市不得要求直管县分担本属市事权范围内的支出责任，即取消了设区市集中县财力的权力。这有利于避免“市刮县”行为，但是也容易造成跨县的某些经费支出难以统筹到位。上级出台的一些支出政策要求市级财政配套，然而“省直管县”财政体制已使市、县财政处于分立状态，市级承担的区域性公共管理事务与公共产品供给，如涉及多个县的抗旱排涝、卫生防疫、科技推广、水利建设、环境保护等，在跨区域协调上容易出现新的矛盾。地级市政府由于失去了集中县级财力的权力，要么无力承担这项区域性公共事务，要么不愿意承担这一事务。其结果是，一些公共物品的支出责任难以落实到位，从而容易

① 刘慎松、吕孝胜：《省管县财政体制下市级财政如何作为》，《领导科学》2009 年第 27 期。

② 傅光明：《论省直管县财政体制》，《财政研究》2006 年第 2 期。

③ 李亚婧：《关于“省直管县”的财政体制改革的思考》，《中小企业管理与科技》（下旬刊）2010 年第 5 期。

造成跨县区域性公共物品供给出现“真空”。[①]

3. 地方税收体系不尽相称

有学者指出，省以下各级政府间缺乏稳定的地方税体系。分税制改革后，地方政府并未形成稳定的主体税种。地方税收规模过小、主体税种缺位，不具备与经济增长密切相关的内生增长机制，导致地方政府没有长期、稳定、可预期的税源。在实际中，地方税权缺位的情况下，地方政府往往借助于收费来筹集资金。收费的膨胀不仅扰乱了国民收入的正常分配秩序，而且还严重破坏投资环境。[②]

4. 转移支付制度尚待完善

在一些学者看来，目前的财政管理体制之下，转移支付名目过多、标准不一、透明度不高，转移支付比例的合理性有待提高，专项转移支付比重过高，一般性转移支付所占比重偏低，基本公共服务保障范围偏小，许多社会事业和民生支出，尚未纳入省对下转移支付保障范围。同时，专项转移支付需要配套的压力大，导致越是困难的县乡越难以保证配套资金，争取专项资金的难度也越大。[③] 具体来说，（1）转移支付的结构还不够合理。在财政转移支付中，财力性转移支付比重偏小，专项转移支付较大，在不少县甚至占到一半以上；现行财力性转移支付中，具有均等化意义的一般性转移支付比重更小，使自身财力困难的县乡政府提供基本公共服务的能力受到一定限制，同时也影响转移支付作用的最大限度发挥。（2）专项转移支付项目繁多，设置交叉重复，资金投向比较分散。（3）硬性要求配套对地方财政形成较大压力。此外，由于目前专项资金均由省直接下达到县，时间相对较晚，往往集中在下半年特别是最后一两个月，使项目资金不能按规定的时间和要求落实到位，给基层财力调度带来一定困难，也直接影响资金及时发挥效益。[④]

① 胡春兰、管永昊：《对我国“省直管县”财政体制改革的思考》，《经济体制改革》2011 年第 4 期；贾康、于长革：《辖县大省“省直管县”财政改革情况探析——基于河北省的调研》，《地方财政研究》2010 年第 11 期。

② 谢国财：《“省直管县”财政管理体制改革：基于福建省的分析》，《中共福建省委党校学报》2011 年第 1 期。

③ 谢国财：《“省直管县”财政管理体制改革：基于福建省的分析》，《中共福建省委党校学报》2011 年第 1 期。

④ 魏向前：《科学发展观视野下的省直管县财政体制改革》，《安徽广播电视大学学报》2010 年第 2 期。

5. 市级财政陷入困境

“省直管县”体制改革的目标，既要有利于县的发展，也要有利于市的发展。然而，现实的情况是，各地在改革试点过程中往往过分强调如何促进县域经济社会的发展问题，而忽视了对地级市利益的考虑，造成市级财政陷入困境。具体来说，（1）省直管县后，由于县与市地位平等，地级市无法继续分享县域经济发展的成果，市政府只能在市区范围内集中财力，失去了从各县集中财力保证本级财政正常运转的权力。（2）省直管县后，地级市不仅要跟省域内的其他地级市继续争夺各种发展资源（包括省级政府给予的财政和政策上的支持），而且又会凭空多出很多县政府瓜分资源，竞争的对手和激烈程度都与改革前不可同日而语。（3）地级市的发展空间可能受到限制。省直管县后，一方面，农村包围城市的态势随即形成，城市发展空间将严重不足；另一方面，由于解除了地级市与县的上下级关系，封死了“县改区”的路子，使得地级市无法继续通过“县改区”扩展地域空间。（4）此前被市级政府集中的县（市）级政府财政收入上缴省级政府，市级政府不能再聚集县（市）级政府财政收入，城市聚集甚或过度集中区域内资源和资金策略受限，市级政府财力减弱，尤其对经济财政实力弱的市级政府影响较大。（5）财政省直管县后转移支付程序发生变化，市级政府丧失截留、挤占和挪用中央和省级政府农业、水利等专项转移支付资金的机会，进一步削减市级政府财力。（6）我国现行政府财政转移支付体制下，中央和省级政府的大部分转移支付项目资金设计为针对县级政府层面，市级政府无法享受优惠政策。①

6. 省管县财政体制运行尚缺乏相关配套制度支撑

“省直管县”财政体制和一些现行体制之间存在矛盾。有学者指出，这些矛盾主要体现在以下三个方面。（1）“省直管县”财政体制和经济管理体制之间的矛盾。“省直管县”财政体制要求在财政收支划分、转移支付、资金结算等领域实行市县脱钩，相互平衡，而现行的土地、项目审批等经济管理体制却还是“市管县”。（2）财政体制与行政管理体制之间的矛盾。“省直管县”财政体制改革后市县财政关系将完全平行，然而行政管理体制上却

---

① 王雪丽：《“困境”与“脱困”：“省直管县”体制改革探析》，《理论与改革》2012 年第 2 期；周波、寇铁军：《我国省直管县财政改革的体制性障碍及破解》，《财贸经济》2012 年第 6 期。

仍然是“市管县”。以上两个方面的矛盾将导致市县谈判势力的不对等，最终可能出现各种各样的“市卡县”现象，改革的效率将大打折扣。（3）“省直管县”财政体制与《民族区域自治法》之间的矛盾。由于实施“省直管县”财政体制所依据的法律层次低于《民族区域自治法》，而《民族区域自治法》中自治州的权限又和“省直管县”财政体制的要求有一定的冲突，这也是一个矛盾，现阶段“省直管县”财政体制改革对此采取了回避的办法，即民族地区暂不实行改革，维持原来的“市管县”财政体制，但这又会带来两套管理体制并行的新矛盾。①

（三）省管县行政体制改革面临诸多挑战

多数学者对省管县行政体制将面临的难度都有清醒的认识。在他们看来，财政机关是地方政府部门，财政体制是一种具体的部门管理体制。正是在这个意义上讲，“省直管县”改革只是涉及管理中的技术性问题，影响面较窄，而行政体制省管县改革牵涉的面较广，复杂困难很多。有学者认为，从财政省管县到行政省管县，看起来是简单的扩大县行政管理权限的问题，实际上是面临巨大的通盘性体制再造的压力，如对地级市如何进行职能定位？如何发展？县一级的政府部门接受直接管理的能力问题，以及由此将带来的公安、工商、海关、银行、司法、环保、质监等直属部门的层级设置的调整。实行行政省管县体制，必然要对公共行政权力和社会资源重新分配，这种体制上的大手术，牵扯各级各部门行政权力的重新划分，牵涉到数以万计的干部，政治上的震荡将很大，并且原有体制转换过程中一些深层次的矛盾和问题在还没有得到根本解决的情况下，新的牵涉众多利益的行政省管县改革必然是困难重重。②

就具体的问题而言，省管县体制需要解决的行政体制难题至少包括以下几个。（1）财政体制上县直接与省结算，但人事任命权等其他权限仍然保留在市里，不利于干部的任用和责权考核。（2）省直部门在扩权政策中定位模糊，事权、财权难以界定，在没有中央统一规范的政策下，新的摩擦和矛盾势必造成新的内耗；省直接管理县（市）财政，地级市管理县（市）行政，事权与财权划分不清，放权力度不到位，很多矛盾很难调和。（3）行政

① 李汉文、梁倩：《“省直管县”财政体制改革难点及对策分析》，《东方企业文化》2010年第6期。

② 钟晓敏、操世元：《省直管县改革：缘起、路径与未来方向》，《财经论丛》2011年第6期。

管理中最核心的内容和最有效的手段是财政制度与人事制度，它们基本在原管理模式下运行，使财政制度与人事制度脱节，不利于省管县效能的发挥。(4) 扩权试点县拥有了大量的经济社会管理权限，如何有效监督约束县级政府的行为，防止出现投资冲动和重复建设，是关系到扩权强县改革和未来省管县体制成败的关键问题。省管财政经济，市管行政，形成监管不顺、脱节，随着权力的下放、自主权的增加和缺乏必要的监控机制，必然会造成一系列新的不平衡，背离可持续发展。①

三 政策建议

在推进省管县改革过程中，需要对改革可能遭遇的困境进行全面预测，并从建立地级市的利益补偿机制、完善地方政府间利益协调机制、理顺“条块关系”、构建公共服务跨域治理体系、摒弃“以级别定规模”的错误观念、合理划分纵向政府间事权关系、构建有限责任的地方政府体系等方面进行推进。②

（一）推进省管县改革的原则、方向、步骤

1. 改革目标和方向

总的方向应是：改变目前的市管县体制，强县扩权，地级市不再管县（级别可保留），市和县分治，双方不再是上下级关系，而是平行的“兄弟”关系，统一由省直管，即省既直管市又直管县。改革后，市的主要工作是加快城市发展，强化城市管理；县的主要工作是发展县域经济，服务三农；市与县的经济合作联系要以市场推动为主，政府协调配合为辅，逐步形成区域经济发展的共同体，区域协调向复合行政方向发展。③ 为此，通过减少财政层级，来推动省以下分税制财政体制的调整和规范，理顺地方各级政府间的财政关系，最终建立起一个各级政府事权明晰、财权规范的地方二级财政体制，为中央、省、县三级财政和行政管理体制的形成提供一个有效的切入点。④ 有学者提出，经过省管县改革，建立一种府际治理新模式。这种模式主张，要打破传

① 秦保社：《我国省管县体制改革的现状和趋势》，《改革与开放》2009 年第 7 期。
② 王雪丽：《“困境”与“脱困”：“省直管县”体制改革探析》，《理论与改革》2012 年第 2 期。
③ 张占斌：《“省直管县”改革的经济学解析》，《广东商学院学报》2009 年第 4 期。
④ 汪新民：《关于完善省管县财政体制的探讨》，《甘肃农业》2007 年第 8 期。

统的区域和层级观念，建立强调权力或资源相互依赖和合作的新地方主义，代表着以合作为基础的互惠的政府关系模型。它一方面强调政府间在信息、自主性、共同分享、共同规划、联合劝募、一致经营等方面的协力合作；另一方面强调公私部门的混合治理模式，倡导第三部门积极参与政府决策，实现地方治理。①

2. 改革的原则

学者提出以下几项原则：（1）事权—财权对称原则。（2）属地管理原则。（3）均等化原则。（4）差异化原则。在均等地提供公共产品的量和质的前提下，由于各地的物价水平不同，公共产品的成本也不同。在对贫困地区实施财政转移支付时，上级财政部门应该仔细核算，根据成本差异来实施财政转移支付。（5）补偿性原则。②（6）系统性原则。改革应体现全局观念，综合平衡，克服狭隘的地方主义和本位主义。③（7）管理层次与管理幅度相匹配的原则。④（8）坚持近期工作与远期目标相结合的原则。（9）坚持稳中求进的原则。（10）坚持小试验、大调整的原则。⑤

关于改革的进程，有学者提出，应坚持因地制宜、分类实施、分阶段逐步推进的原则。具体来说，（1）有条件的先行试点原则。可以考虑选择经济比较发达、省域面积小、已经长期实行省直管县财政体制的地方进行试点。对条件不成熟的，则应继续发挥市管县体制的积极作用。⑥（2）采取分类实施模式。对中心城市与其所辖县（市）有相似经济实力的匀质型地区，市管县体制优势失效，可以实行省直管县；对已经与中心城市形成依附关系的县，可以继续保留市管县或将其改为市辖区；对经济带动能力一般的市，或者市县经济发展差距大、关联度低，则应当实行省管县；对现在少数地方尚在实行的行政公署，可以继续保留，将来视情况再改革。⑦（3）适度推

① 吴红梅：《县政改革的职能定位与权力配置——省管县的视角》，《成都行政学院学报》2010 年第 1 期。

② 林筱文、宋保庆、李伟、徐丽：《财政“省直管县”改革分析与政策建议》，《集美大学学报》（哲学社会科学版）2010 年第 2 期。

③ 洪晓静、刘华、万忠姣：《省直管县面临的难题探析》，《领导科学》2010 年第 16 期。

④ 齐勇、谢春：《对“省直管县”体制的反思》，《北京行政学院学报》2011 年第 3 期。

⑤ 付艳凌：《从浙江扩权看如何完善省管县管理模式》，《商业文化》（学术版）2008 年第 12 期。

⑥ 石亚军、施正文：《从“省直管县财政改革”迈向“省直管县行政改革”——安徽省直管县财政改革的调查与思考》，《中国行政管理》2010 年第 2 期。

⑦ 石亚军、施正文：《从“省直管县财政改革”迈向“省直管县行政改革”——安徽省直管县财政改革的调查与思考》，《中国行政管理》2010 年第 2 期。

进、梯次展开。首先改革要从财政管理体制入手，要在财政上实行省级直接对县（市）的管理体制。其次是整合县级政区规模与结构，优化和调整县域政区架构。（4）各方兼顾、合作分工。“省直管县”是一种通过重新分配公共权力资源推进城市区域经济按市场规律运行的重要举措，是将本来属于县市的行政权力归还于县（市），促进省域内形成扁平化政区与行政管理结构。在推行“省直管县”中要兼顾市县关系，县与中心城市之间要建立一种新型的竞争—合作—分工关系，尤其在经济领域，市与县双方都要减少政府的干预，让企业选择投资环境和市场，逐步形成城市—区域经济共同体，使城市和区域共生、共荣，相互依托，合作发展。① 还有的学者强调，改革不能搞“一刀切”，不能一蹴而就。条件不成熟的应继续发挥“市管县”体制的积极作用，条件成熟的应采取省管县的扁平化公共行政体制。改革要具有一定的弹性，能够兼收并纳地域型和城市型两类政区，当地域型的县转变为市时，可以自然过渡，不会引起政区层级的变化。对层级不要刻意划一，要考虑到地区的特殊性。②

3. 改革思路和步骤

多数学者认为，这项改革总体上可以分三个步骤进行：第一步，改革初期，在维持市对县行政领导地位不变的情况下，实施省主要对试点县的财政进行直管，并适当下放经济管理权。第二步，改革中期，逐步实行市、县分治，重新定位市、县功能与职能，市、县由省直管。第三步，改革后期，在合理扩充县级职能、合理扩大市辖区基础上，撤销传统意义上具有管辖县行政、经济职能的地级市，实现省直管县。③ 有学者指出，实行省直管县体制后，市（省辖市）由广域型的行政建制转变为城市型的行政建制，其管理范围只是市区和郊区，而不再管理周边的广大农村区域。市（地）与县之间，不再具有领导与被领导的关系，而是一种平等、协商与合作的关系。④ 还有的学者提出，到 2020 年完成向行政体制的过渡。东部、中部和东北地区，基本实现由财政体制省直管县改为行政体制省直管县，西部少数县

① 刘传贺：《省直管县体制改革原则探究》，《中共乐山市委党校学报》2010 年第 1 期。

② 曾小慧：《省管县体制改革文献综述》，《牡丹江师范学院学报》（哲学社会科学版）2010 年第 5 期。

③ 戴军：《省管县体制改革的背景与原则》，《湖南行政学院学报》2009 年第 5 期。

④ 徐元明、刘远、周春芳：《省直管县体制改革相关问题研究——以江苏省为例》，《江海学刊》2007 年第 6 期。

(市) 实现行政体制省直管县，多数地方实行财政体制省直管县，部分乡镇政府可改为县政府的派出机构。[①]

(二) 推进省管县改革的总体措施

1. 加强省直管县改革的顶层设计和规划

有学者认为，省直管县改革中存在的问题表面是扩权县（市）与省里、市里对接不好，沟通不好，对扩权政策掌握不够，用得不足、不活。实际上是缺乏顶层设计和规划，缺乏全国人大及其常委会、中央政府的充分授权，以及相关法律法规和政策实施细则。伴随着省直管县改革的深入，地方能自己探索的领域已所剩不多，从下往上改革的领域越来越少，需要从上往下改革的领域越来越多，如划分中央政府与地方政府的职能、进行必要的行政区划改革、省以下司法体制的改革、垂直部门领导体制改革等，均需要有权威的路线图。省直管县改革的顶层设计和规划，内含着中央对这项改革战略安排、系统设计、改革次序等。[②]

2. 完善法律制度，为改革提供法律依据

主要有两个方面：一方面，规范省市县的权力。有学者认为，尽管我国《宪法》没有地级市，但长期以来按照中央—省—市—县—乡五级行政体制来建立各种相关制度，使地级市的管理权限在许多的法律、法规和政策性文件中已得到承认和体现。尤其是《行政许可法》实施以来，地级市政府部门的一些管理权限进一步得到明确，权力下放反而与现行法律、法规不符合。为此，应规范地级市的权力。[③] 还有的学者建议，尽快制定《政府间关系法》或者相应的《中央与地方关系法》，从法律的角度明确市县的平等地位，都由省管辖。城市治理要职能专一，主要负责城市社区的管理，不再负责管理农村地区的职能；县级政府应收缩经济职能，主要转向社会服务、市场监管、公共产品供给、搞好环境治理、维护社会治安，[④] 以便重新进行中国行政区划的科学划分。[⑤] 有学者建议，尽快研究出台新的法律、法规，进一步明确各级别行政权力，如财政权、人事任免权、社会事务权等权力的赋

① 张占斌：《省直管县改革的步骤和政策探析》，《资治文摘》（管理版）2009 年第 1 期。

② 张占斌：《加强省直管县改革的顶层设计和规划》，《行政管理改革》2011 年第 6 期。

③ 刘芬：《“省直管县”的政策支持与途径选择》，《商业经济》2010 年第 4 期。

④ 张占斌：《加强省直管县改革的顶层设计和规划》，《行政管理改革》2011 年第 6 期。

⑤ 周功满：《省管县体制改革中的法律冲突研究》，《行政与法》2010 年第 4 期。

予权及使用权，构建省、市、县三者之间新的体制结构和运行模式，以此减少摩擦和内耗，推动省管县体制改革的顺利实施。[①] 另一方面，出台效力层次更高的官方指导文件，增强推进省管县改革的行政效力压力。有学者认为，之所以省管县改革中出现这样或那样的问题，一个很重要的原因在于，目前推进省直管县财政改革只有一个财政部的部门指导性意见，而各省级政府作为推进省直管县的重要主体，与财政部行政级别相同，故此可以合理预期，财政部财预〔2009〕78 号《关于推进省直接管理县财政改革的意见》的行政效力有限。[②]

3. 必须重构政府间职能—结构—机构的关系

在行政管理中，职能、结构和机构是统一的整体。省管县改革必须与职能设置相结合，与机构改革相结合，与行政区域相结合，必然关系到省市县三级政府的职能结构与机构的调整。[③]（1）有学者建议，应从整体上、自上而下地构建制度化分权体制，合理划分政府间的职责权限，用法律和制度来保障中央政府的权威性和各级地方政府的自主性，使地方政府逐渐从中央政府和上级政府的“代理机构”转化为地方公共利益的“合法代理者”，发展和维护地方公共利益，促进地方社会经济的发展。明确中央、省、市、县的职责。有学者指出，政府职能的纵向配置应遵循自上而下呈现从宏观到微观的层级递减的趋势。中央主要集中在对全国性事务的宏观调控方面，政治性管理占主导地位，省级政府主要以管理职能为主，负责协调省级政府以下政府间关系，基层政府的主要职责是为居民提供必要的公共服务。省、市、县政府要结合实际，在全面履行职责的基础上，突出各层级政府履行职责的重点和各自应承担的责任，形成全面衔接、分工合理的职能体系。省级政府及所属部门应该集中力量履行规划发展、政策指导、统筹协调、执行和执法监督的职责；市县政府的重点职责是贯彻执行中央和省制定的政策法规，促进本地区经济社会发展，完善社会保障体系和管理体系，加强公共服务体系建

---

① 云霞、徐斌林：《浅析我国省管县体制改革》，《当代经济》2011 年第 15 期。

② 寇铁军、周波：《我国省直管县体制改革的实践挑战及推进建议》，《湖南财政经济学院学报》2011 年第 6 期。

③ 吴红梅：《县政改革的职能定位与权力配置——省管县的视角》，《成都行政学院学报》2010 年第 1 期；张占斌：《在实践中克难前进的省直管县改革》，《领导之友》2009 年第 4 期；马斌、徐越倩：《省管县体制变迁的浙江模式：渐进改革与制度路径》，《理论与改革》2010 年第 1 期；马斌、徐越倩：《省管县体制变迁的浙江模式：渐进改革与制度路径》，《理论与改革》2010 年第 1 期。

设。（2）在明确各级政府职责的基础上调整现有的机构设置。中央专有的事项由中央垂直管理，中央设立相应机构，并在地方设立派出机构。中央与地方相交叉的事项，可考虑坚持目前上下对口的机构设置，但需明确以哪一方的领导为主，以避免职责不清、互相推诿的现象发生。地方专有的事项根据需要因地制宜设置机构，上级无须设立类似的主管机构。① 改变原先依行政级别配置职能、设置机构和确定编制的方式，根据经济发展水平、人口规模和社会发展阶段等区域特点和发展，在政府职能的配置上赋予更大的自主权，科学设置机构和确定编制总数，并在核定的机构编制总数内由各级政府自行设置机构和分配编制。积极调整相关部门的人员力量配置，腾出人员编制充实加强市场监管、社会管理和公共服务部门力量。探索推行“大部制”，对现有部门中职能交叉、业务相近的机构及其职能进行整合，理顺和规范部门间的职责分工，推行政府事务综合管理。（3）在行政区划方面。一方面，适当地进行行政区划调整，将部分规模较小、区位相邻的县进行合并，有利于行政效率的提高和区域经济竞争力的增强。另一方面，从优化区域生产力布局的角度，将一些靠近中心城市的、发展水平较高的县（市）纳入地级市的城区，这有利于完善区域内的产业分工，促进公共资源的优化配置和城市竞争力的大幅提升。

4. 协调省与市、省与县、市与县之间的府际关系

有学者建议：（1）在处理省与市的关系上，既要求省级财政对发展滞后的地级市给予财力支持，促进其发展，又要求地级市处理好发展本级经济与协助省级做好省直管县各项工作之间的关系。（2）在处理省与县的关系上，省级应时常关心县的工作进展，加强与县的直接对话，及时了解县工作中遇到的问题；县也要积极向省级汇报，主动反映工作中的障碍与困难，或者新想法、新思路。（3）在处理市与县的关系上，县在行政上仍然是由市级领导，市级仍然要加强对县的协调和监督，同时，市级也需要转变思想，加强与县的合作意识，从发展经济和提高人民生活水平的角度出发促进地区间协作与共同发展。② 在协调省市县府际关系问题上，省级政府负有更大的政治责任。对于省政府来说，一定要合理协调好县市利益关

① 吴红梅：《县政改革的职能定位与权力配置——省管县的视角》，《成都行政学院学报》2010年第1期；张占斌：《在实践中克难前进的省直管县改革》，《领导之友》2009年第4期。

② 付志宇：《全面推行“省直管县”财政体制》，《经济研究参考》2012年第18期。

系，要采取渐进的、较为低调的方式，要将改革的重心放在发展县域经济、协调城乡关系上，要满足中心城市想获得发展的愿望，要考虑到地级市长远规划和未来持续发展的客观需要，协调好县市利益关系，建立地级市和各县的竞争与合作的互利关系，适当维护地级市的利益，减少地级市"干扰"。①

5. 完善利益补偿机制、利益协调机制、区域协作机制

有学者建议：（1）建立地级市的利益补偿机制。首先，适当补偿地级市政府在"省直管县"体制改革中的"财政损失"。省级财政应该适当通过增加转移支付等方式，加大财政补贴力度，帮助地级市尽快渡过改革过渡期的"财政危机"。其次，要适度平衡市县之间的资源分配。省直管县后，市县处于平等的竞争平台，对省级资源的争夺日趋激烈。作为省级政府，既要照顾到县域经济发展的客观需求，也要顾及地级市的可持续发展，不能顾此失彼。最后，适当预留城市发展空间。（2）完善地方政府间利益协调机制。首先，横向上，要实现市县错位发展。省直管县后，地级市建制仍然要保持，只是市和县分治，相互之间不再是上下级关系，而是一种平等的伙伴关系。作为省级政府，应该积极考虑如何在战略性框架下，充分发挥市和县的各自优势，推动市县的错位发展，在此基础上谋求市县之间的相互合作和共同发展。同时，要尽快构建市县之间、县县之间的利益纠纷处理机制，化解横向政府间的利益冲突和矛盾，促进区域经济社会的和谐发展。其次，纵向上，要合理划分清楚省、市（地）、县政府的职责管理权限，并赋予各级政府相对独立的、专门的权限，使纵向间各级政府在履行自己职权范围内的职责时具有相对独立的自主权，尽量减少上级政府干预下级政府职权行使情况的发生。②（3）建立健全区域合作与协调机制。为此，有学者建议，应组建跨行政区划的区域性协调机构，加强县与县、市与市和市与县之间的协调沟通，引导走差异化竞争轨道。对于国家有关部门规定须经设区的市审核、审批的事项，确保采取委托或者授权的方式下放到县，对于县尚无能力承接和运行的权限，需要积极争取省和原辖市的大力支持；打破传统等级制的行政理念，倡导不同层级间开展互利合作，县实现直管后，还需要继续巩固和原

① 姜秀敏、戴圣良：《我国"省直管县"体制改革的阻力及实现路径解析》，《东北大学学报》（社会科学版）2010年第4期。

② 王雪丽：《"困境"与"脱困"："省直管县"体制改革探析》，《理论与改革》2012年第2期。

辖市之间的联系，进一步加强部门工作对接和区域协作，提高社会重大事件和自然灾害的应急协调处置能力，促进彼此间共同发展。① 组建跨界的区域性协调机构——都市联盟、城市联盟或相关地方政府联合组织。在省的领导下，调节城乡利益矛盾，自主协商、解决共同的问题；同时也可派出专员，负责省、县之间的上情下达和下情上报等工作。②

6. 理顺垂直管理部门与市县政府的“条块关系”

有学者认为，省直管县体制改革意味着一系列政府管理层级的扁平化，这必然要求调整和完善垂直管理体制，调整现行的条块关系。③ 具体来说，(1) 按照“简化程序、提高效率、服务经济、条块共管、发展县域”的原则对行政管理体制进行必要调整，省的垂直机构不宜过多、过泛，应该给市、县以充分的权力运作空间，扩大市、县政府的经济调节权限，尽量消除当前行政权力条块分割对县域经济社会发展的消极影响。(2) 扎实转变市、县级政府职能，扩大市、县级政府用人自主权，同时加强市县领导班子能力建设。不宜再统一增设垂直管理部门，而是应当结合发展实际逐渐调整或改革。(3) 不断强化和完善县级政府功能，应逐步将垂直管理部门改为分级管理，以解决县里“责任大、权力小、权责不对等”等问题。④ (4) 省直管县后，条块之间要加强沟通，相互支持。可以考虑适当扩大市、县政府对省垂直管理部门管理工作的参与度，在条条与块块之间建立更加高效的“条块”协调配合和有机衔接的工作运行机制。⑤

7. 处理好管理幅度与管理规模的关系

管理幅度问题，有三种意见和建议：(1) 并县论，主张大规模合并县（市）域来减少县（市）域数目，从而在现有省级行政区格局不变的情况下实现省直管县。(2) 缩省论，主张划小省区范围，增加省区数量，目前国内大多学者持缩省论观点。(3) 并县与缩省并举，并尽量在现有省区框架内进行改革。对经济实力强、城市发展受到空间限制的地级市可将邻县并入；城市化水平高、城镇成片分布的县（市）也可以共同成

① 罗成圣：《关于省直管县体制改革的几点思考》，《决策》2011 年第 11 期。

② 贾仲冀、李留军：《“省直管县”实现路径分析》，《现代商贸工业》2009 年第 9 期。

③ 薛立强、杨书文：《省直管县综合配套改革思路探析——以政府间纵向关系为视角》，《天津商业大学学报》2011 年第 2 期。

④ 唐晓英：《我国实行省直管县体制改革的制约因素与对策》，《学术交流》2010 年第 3 期。

⑤ 王雪丽：《“困境”与“脱困”：“省直管县”体制改革探析》，《理论与改革》2012 年第 2 期。

立新行政区；人口稀少、经济发展条件较差的地区可继续实行市管县。至于省级区划调整，原则上不宜大动，可进行微调。对所辖市、县超大的个别省区，可以考虑适当划小；对城市辐射功能强大而辖区偏少的直辖市和副省级城市，可以适当扩大其管辖区域，将周边部分县市划入其行政区域。[①]

（三）加强省管县财政体制改革

财政体制改革的目标有两个：一是通过减少财政层级，来推动省以下分税制财政体制的调整和规范，理顺地方各级政府间的财政关系，最终建立起一个各级政府事权明晰、财权规范的地方二级财政体制，为中央、省、县三级财政和行政管理体制的形成提供一个有效的切入点；二是从制度创新角度去寻求解决县乡财政困难的治本之策，从根本上解决束缚县域经济发展的体制障碍，提高基层政府提供地方公共服务，尤其是农村地区公共商品的能力，为转变政府职能、构建公共服务型政府提供财力保障。围绕着这一目标定位，省管县财政体制改革就不能被简单地理解为减少财政层级，当前的改革还需继续深化，需进一步完善省管县财政体制。[②]

1. 实现财政事权的匹配和统一

有学者提出，规范各级事权和财权是“省直管县”必须解决的首要问题，应明晰政府间事权和财政支出责任划分，为政府间财权划分和财力配置创造先决条件。针对当前市县两级事权缠绕不清的实际，务必做好以下几个方面的工作。[③]（1）遵循职能下放原则，凡是能够由较低一级政府行使的职责，就尽量下放事权。因为基层政府更接近公共商品的消费者——居民，能更好地了解居民的偏好，具有信息上的优势。在确立好事权的基础上，根据事权划分的结果，确定财政的支出责任，从而从体制和机制上解决上级政府“权大责小”、下级政府“权小责大”以及事权财权不对称等问题。（2）支出范围。与省、市、县专有事权对应的支出责任应由省、市、县各自承担；

---

① 肖庆文：《省管县体制改革的政府行为差异与推进策略选择》，《中国行政管理》2011 年第 9 期。

② 汪新民：《关于完善省管县财政体制的探讨》，《甘肃农业》2007 年第 8 期。

③ 刘慎松：《“省直管县”后市级财政如何作为》，《中国财政》2010 年第 7 期；汪新民：《关于完善省管县财政体制的探讨》，《甘肃农业》2007 年第 8 期；付志宇：《全面推行“省直管县”财政体制》，《经济研究参考》2012 年第 18 期。

区域性事务的处理应按照区域覆盖的范围和任务的性质和特点，由中央、省、地级市、县根据权责和能力的大小分别负担。凡属于县级事务的，应划归县一级，市级财政支出应主要负责市级包括统筹直管区级的公共安全、机关运转、公共服务、公共工程、公益企业等方面的财政支出。（3）调整有关政策。全面清理市本级对县的财力集中情况和专项支出情况，按市县和乡两者兼顾、取予基本平衡的原则重新核定市与县之间的财力分配。（4）减少资金配套。一方面，对于今后新出台的政策，应不再要求市级配套；另一方面，对业已执行的要求市级配套的政策，应分项目分阶段逐步取消。在规范事权与财权的统一过程中，有学者建议，应将规范事权财政关系制度法制化。与此同时，各级政府间事权和财权的调整也需要通过法律的程序加以规范，而不能再依据行政上的权力随意改变，以保障各级政府都能独立地行使其职权，从根本上理顺地方各级政府间的财政关系，消除基层财政困难的制度因素。

2. 处理好财政收入与财政支出的关系

有学者提出：（1）在现有分税制框架内，重新调整划定中央与地方政府间的收入，科学合理地划分各级政府的收入范围。一是适度提高地方在税收分成中的比重，如适当调高地方所得税分享的比重，将金融保险的营业税全部划归地方等，同时按照简税制、宽税基、低税率、严征管的原则加快完善地方税收体系，确保地方能够形成上规模、可靠的、稳定的税性收入。二是赋予地方适当的税收立法权。[①]（2）明确省市县的事权与支出责任划分。结合我国各省的实际情况，遵循适度分权、受益和职能优势原则，在省—市、县（市）两个层级上具体规定省、市、省直管县的各自专有事权，以及省、市、省直管县的共有事权。依据事权划分的结果，确定省、市、省直管县的各自支出责任。总体上，凡规模庞大、需巨额资金和高新技术支持的经济社会事务支出，应由省财政承担；财政支出受益范围遍及全省的，应属于省政府财政支出范围，仅及于某一市或县的，由市、县财政承担；须全省统一计划或标准的财政支出，属省级政府支出，需市、县因地制宜的，归于市、县财政支出。[②]

---

① 谢国财：《“省直管县”财政管理体制改革：基于福建省的分析》，《中共福建省委党校学报》2011年第1期。

② 周波：《“省直管县”改革应重点解决政府间财力与事权匹配问题》，《财政研究》2010年第3期。

3. 加强省市县财政管理能力

有学者认为，“省直管县”财政体制能否顺利推进，关键在于各级政府行为能力及行为方式的规范性问题。具体来说，（1）提高省级政府财政保障能力和管理能力，这就要求省级政府有相当强的财政实力来提供资金支持县域经济的发展，为此，省级财政要在调动下级政府积极性的同时夯实本级财政。（2）加大市（地）级财政的退出维度。首先，要将过去对下级财政的关注和管理退出到城市管理上来，要逐步集中主要精力发展市本级经济、培植市本级财源和新的经济增长点，确保财政收入的稳步增长。其次，市级财政要不断推进中心城市的建设，拓展中心城市功能，增强中心城市实力。（3）规范和引导县级财政支出行为。县级政府要充分利用省财政在政策和资金上的支持及手中的自主权，创建公共服务型政府，积极转变政府职能，使政府从投资一般竞争性领域转向优化县域经济发展环境，特别是形成依法行政的环境，构造良好的发展平台。[①]

4. 理顺省直与市、省直与县、市与县财政关系

有学者提出：（1）省财政在处理与市级财政的关系上，要坚持扶持发展市区经济，加大投入力度，增强城市综合竞争力：建立收入激励机制，以支持市区经济发展；加大对市级的政策性转移支付，支持中心城市及经济开发区的基础设施投资；对市级财政专项转移支付资金，应确保提高项目资金使用效益；弥补体制转换中市级财政的损失，加大支持力度，促进市级财政加快发展。（2）就省对县而言，要正确处理好以下几个方面：增强县级财政面向农村提供公共品和公共服务的能力；强化省对县再分配功能；帮助县立足优势，突出个性，准确定位，发挥县级财政调控县域经济的功能；强化县城建设的财政支持力度，建立一批县域经济增长点；落实分税制改革地方税制建设和基层税基建设。（3）在理顺市与县财政关系上，市级财政要继续加强对县财政的管理，加大对县域经济发展的支持，做到放权要放到底，管理要管到位。县级财政也应自觉服从市级管理和指导。对跨县地域范围的公共品供给，市、县两级要取得共识，协商协调到位，划分责任，县级要合理承担支出责任和义务。市级财政还要发挥配合省财政调查研究、决策、监督等方面的作用。[②] 应该允

① 伍文中：《“省直管县”财政体制中需进一步研究的几个问题》，《新疆社会科学》2010年第4期。

② 魏向前：《科学发展观视野下的省直管县财政体制改革》，《安徽广播电视大学学报》2010年第2期。

许和鼓励市县构建合作型财政管理关系，这有利于推进区域间的经济社会事务合作，有利于继续发挥现行“市管县”的体制优势。①

5. 完善政府间转移支付制度

有学者提出，建立规范的政府间财政转移支付制度，用以弥补不同层级政府间收支缺口，推进公共服务均等化。建立纵向为主，纵横交错的转移支付制度，逐步实现专项转移支付均等化，保障县级财政有效运行。有学者提出②。(1) 建立促进地区公平的转移支付制度，强调公共服务均等化，以保证各地区基本公共服务提供能力的大体一致，淡化并逐步调整地方政府的既得利益。(2) 压缩专项拨款规模，精简当前繁杂的专项拨款项目，建立专项拨款项目严格的项目准入机制，减少专项拨款项目设立的随意性和盲目性。(3) 以中央对地方转移支付制度为蓝本，结合本地实际，推进省以下转移支付制度建设。(4) 进一步完善转移支付制度的激励约束机制，确保资金使用效益的最大化。(5) 推进转移支付制度法制化建设，使规范化的转移支付制度建设有法可依。(6) 进一步加大一般性转移支付资金的力度，精简繁杂的专项拨款项目，压缩专项拨款规模，减少专项拨款项目设立的随意性和盲目性。(7) 增加转移支付的内容。转移支付按区域的功能设立，如支持经济发展的转移支付、保护环境的转移支付、支持生态功能区的转移支付、保民生的转移支付、保基本运转的转移支付等。(8) 进一步完善转移支付的分配办法。按财政精细化管理的要求，规范转移支付资金分配方法，更加科学、合理地确定分配因素及其权重，减少分配中的人为因素，体现客观公正的原则。(9) 加大对贫困县财力性转移支付力度。对县级的项目配套资金要适当地减少，这样能够改变财力不宽裕的县级在争取项目时进退两难的局面，使县级财政发挥最大效用。

6. 构建科学的地方税体系

有学者建议③，(1) 从规范省以下分税制的角度出发，应由中央来设计一个全国性、规范化的省以下分税制财政体制方案，各省在这一框架下根据

① 吴先满、骆祖春：《江苏推进省直管县（市）财政体制改革研究》，《东南大学学报》（哲学社会科学版）2010年第3期。

② 汪新民：《关于完善省管县财政体制的探讨》，《甘肃农业》2007年第8期；吴先满、骆祖春：《江苏推进省直管县（市）财政体制改革研究》，《东南大学学报》（哲学社会科学版）2010年第3期。

③ 汪新民：《关于完善省管县财政体制的探讨》，《甘肃农业》2007年第8期；倪秀英：《“省直管县”财政改革中的难题及其破解》，《商业时代》2010年第8期。

本地的情况，因地制宜地去贯彻落实。（2）在合理划分地方各级政府职能的基础上，遵循财权与事权相对等的原则，根据各税种的特点，采用按税种划分收入的规范办法，确定省以下各级政府间税收收入的划分，使各级政府都能够有稳定的收入来源。（3）保留一定数量的共享税，实行同源课税、分率计征的方式，使各级财政收入随经济发展稳定增长，使共享税成为地方财政的辅助甚至主体税种。（4）在收入划分的过程中要十分注重地方税体系的建设。应将营业税作为省级财政的主体税种，并适时开征财产税。（5）按照“双重财政平衡”原则进行财税分配改革。省市政府除维持本级财政平衡外，还应承担辖区和跨区财政责任。当前县乡财力不足、县乡公共设施缺乏等问题，实际是科学财税体制的缺位。

7. 积极推动财政省管县向行政省管县改革的转变

有学者认为，财政“省直管县”改革长期“单兵突进”，终究难以调和财政管理权和行政管理权之间的冲突，长此以往，单纯的财政管理方式调整将很难保证改革成果的延续。需要以财政改革为突破口，及时综合推进相关配套改革，推动行政区划调整，促进政府职能转变。① 为此，有学者建议，应通过财政体制的“扁平化”渐进带动行政体制的“扁平化”，大力推进省直管县财政体制改革与行政体制的对接。在他们看来，财政管理体制的扁平化主要体现在以推行省直管县为核心的省以下财政管理体制减少层级的创新。省管县财政体制的改革，形成分税分级在省以下的实质性贯彻。政府管理体系随着财政体制的“扁平化”，可以有效实现政府机构的精简，降低行政运行成本，促使政府职能合理定位，并提升整个社会经济生活的统筹协调水平。②

（四）探索省管县行政体制改革

省管县行政体制改革是整个省管县改革中最为关键、难度最大的部分，其基本目标是在省管县财政体制改革的基础上，实行省对县的行政直管，即在人事权、财政权、计划权、审批权、经济社会管理权等方面都由省与县对接，逐渐实现市县分治，形成完善的具有中国特色的公共行政体系。③

---

① 唐在富：《财政“省直管县”改革面临的挑战与出路》，《中国财政》2010 年第 6 期。

② 傅光明：《论省直管县财政体制》，《财政研究》2006 年第 2 期；周玄平、郭鹏亮：《浅议我国“省直管县”财政管理体制的完善》，《东方企业文化》2010 年第 5 期。

③ 秦保社：《我国省管县体制改革的现状和趋势》，《改革与开放》2009 年第 7 期。

1. “省管县”行政体制的路径选择

对于省管县行政体制改革的问题，有学者综合了学术界提出的建议[①]，至少包括以下几个方面：（1）扩权强县。扩权强县是减少政府管理层次、降低管理成本、提高行政效率、发挥基层政府创新积极性的必由之路。它能够“富民强省、留利于县”，实现名义上的城乡合治向城市独立经营、乡村自我治理的转变，有利于进一步调整理顺省、市、县三级政府的权责关系，探索扁平化的行政管理新模式。（2）市县分治。其核心是根据城乡分治的原则，对市县的功能进行重新定位，实行分类管理，在此基础上建立省与市县，以及市与县之间的职责权限分工体系。其目的是解除市县之间的行政隶属关系，使市县能够遵循市场经济的规律，通过辖区内市场主体的自由选择，来确定市县之间的竞争与合作关系。[②]（3）应以“市县分治”为突破口，大力实施都市化战略或者说中心城市战略，及时、合理扩展中心城市市辖区，从而将中心城市培育成为支撑“块状经济”转型升级的强大引擎。[③]

2. 明确各级政府的职能定位，建立健全职责权限分工体系

以政府间行政权力纵向划分和配置为突破口，深入推进以政府职能转变为核心的行政体制改革。按照建设服务政府、责任政府、法治政府和廉洁政府的要求，明晰中央—省—市、县（市）级政府职能定位。[④] 有学者认为，省管县体制改革的一个实质性问题，就是建立政府责权利相统一的分工体系，一方面，以各级政府的事权划分为核心，重构行政管理体制，明确各级政府的事权和职能，形成分工明确，各司其职的平等合作关系。另一方面，省政府和相关部门必须转变职能，提高管理水平和能力。[⑤] 具体来说，（1）应当以政府间的职责分工为基础划分管理权限，一级政府承担的职责范围，也应是该级政府的权限范围。从原则上说，政府间的权限划分与职责划分应该一

① 刘翔：《从省管县财政体制到行政体制省管县改革的文献综述》，《四川行政学院学报》2012 年第 3 期。

② 刘翔：《从省管县财政体制到行政体制省管县改革的文献综述》，《四川行政学院学报》2012 年第 3 期。

③ 刘翔：《从省管县财政体制到行政体制省管县改革的文献综述》，《四川行政学院学报》2012 年第 3 期。

④ 周波、寇铁军：《我国省直管县财政改革的体制性障碍及破解》，《财贸经济》2012 年第 6 期。

⑤ 魏向前：《科学发展观视野下的省直管县财政体制改革》，《安徽广播电视大学学报》2010 年第 2 期。

致，以减少政府间财权与事权配置不对称的现象。[①]（2）建立健全职责权限分工体系。有学者认为，省管县体制改革的核心是“市县分治”，根据城乡分治的原则，对市县的功能进行重新定位，实行分类管理，在此基础上建立省与市，以及市与县之间的职责权限分工体系。通过“市县脱钩”，将中心城市政府的精力从领导县（市）的繁杂事务中解脱出来，集中到城市发展的合理规划，城市生活品质的提升，城市现代服务业和现代消费方式的培育上来。市县脱钩不是要弱化地级市的地位，而是要充分发挥市与县在区域经济社会发展不同的角色功能，推动市县按照市场秩序扩展的内在规律形成中心城市与周边县（市）的分工合作体系。[②] 在分权改革上，还有学者提出建立跨行政区的公共服务体系。跨行政区划、跨行政层级的不同政府之间，吸纳非政府组织参与，经交叠、嵌套，可以形成多中心、自主治理的合作机制。此外，有学者还提出，可以借鉴国外管理经验，组建跨界的区域性协调机构——城县联盟、都市联盟或相关地方政府联合组织，在省的领导下，调节城乡利益矛盾，自主协商、解决共同问题。[③]

3. 渐进调整省市县的行政区划

行政区划是国家行政体制的基础性问题，其设置的合理与否，关系到政府行政效能的高低乃至经济发展和社会稳定。有学者认为，省直管县的前提配套改革就是划小省级行政区划规模，增加省级行政区划数量。在他们看来，应根据政治环境、经济发展水平、基础设施建设等各方面综合考虑，有条件的划小省区、增加数量，有助于社会管理和疏解省级政府的压力。发挥中心城市的辐射带动功能，省直辖县，减少行政管理层次。这样，不仅有利于防止地方势力过大，维护中央权威和祖国统一，而且有利于最终实现中央、省级、县级三级行政，形成合理的城市体系和行政扁平化，彻底解决经济发展大区化和行政管理高效化所造成的经济区与行政区不统一的矛盾。[④] 由于我国的县级行政区划设置不科学，造成了地方行政资源与经济资源的配置不合理。笔者以为，可考虑通过少部分县升为地级市、适当合并过小的县、逐步减少镇乡建制、创建新市制来减少层级。[⑤] 不少学者认为，（1）增

---

① 王利月：《近年来省管县体制改革研究述评》，《浙江学刊》2011年第5期。

② 王金国：《刍议省管县财政体制的完善》，《中外企业家》2010年第10期。

③ 王利月：《近年来省管县体制改革研究述评》，《浙江学刊》2011年第5期。

④ 唐晓英：《我国实行省直管县体制改革的制约因素与对策》，《学术交流》2010年第3期。

⑤ 贾仲冀、李留军：《“省直管县”实现路径分析》，《现代商贸工业》2009年第9期。

设直辖市，同时通过分拆和重组等方式适当增加省级政府的数量，将现在的省级单位面积缩小、数量增多。（2）调整县级行政区划范围，适当合并部分幅员较小的县，减少县级行政区数量，扩大县级行政区的规模。（3）对经济实力较强，城市化水平高的县（市），可考虑升格为地级市由省直辖，同时按照“地域相邻，经济互补”的原则将一两个县并入该市，使其成为市辖区。由于行政区划的调整牵涉面广，不仅极其复杂，而且比较敏感，必须整体规划，积极稳妥地向前推进。①

4. 谨慎推进行政层级的改革

目前我国实际上建立了中央—省—市—县—乡五个行政层级。不少学者主张将目前的五级变为三级，即中央—省—县，取消地市一级和乡镇一级。省管县改革就是减少行政层级的重要举措。在他们看来，“省直管县”是加快行政层级改革，实现政府扁平化变成三级政府的一个重要契机。实行“中央—省—县”三级政府架构能够提高行政效率，保证中央政策的统一性。当然，也有学者反对盲目地减少行政层级，反对“一刀切”式地取消地级市的改革措施。在他们看来，管理层次和管理幅度相匹配，减少行政层级未必能够提高行政效率。根据管理学的原理，管理幅度和管理层级相匹配。管理层次与管理幅度成反比例关系。当管理对象规模扩大时，有效办法是增加管理层次。他们认为，减少行政层级，虽然会减少冗员，从纵向角度提高了行政效率，但是会从横向降低行政效率。尤其是对于经济比较落后的内陆大省来说，当前四级政府能够保证政府的社会动员效率，进而也使政府能够借助强大的行政执行力去顺利实现各种社会管理目标和应对复杂的突发事件。而如果将政府级次改设为三个级次，政府纵向密度将下降，极可能造成政府对社会管理的失效，进而会严重威胁中国社会持续稳定的发展。②

5. 继续推进干部人事制度改革

有学者建议，应加大干部人事制度改革的力度：配合扩权强县，县委书记和县长的“帽子”由省直接管理，级别均为副厅级，以此避免对全县干部和全县经济的束缚；县的机构设置和人事编制由省直管，做到避免机构上

---

① 胡春兰、管永昊：《对我国“省直管县”财政体制改革的思考》，《经济体制改革》2011年第4期。

② 齐勇、谢春：《“省直管县”体制不应“一刀切”式推开》，《成都行政学院学报》2011年第2期。

下对口的简单重复和人员肿胀；推进收入分配制度改革，应平衡地方干部的行政级别，实行市县平级的工资待遇，以利于加大市县干部的交流力度，调动基层干部的工作积极性和扎根基层的稳定性。[①]

四 相关研究的评述

（1）从研究的主题来看，主要集中在行政直管县和财政直管县。多数学者认识到，省管县的科学进程主要是先由财政直管县做起，然后由财政直管县带动行政直管县，最后达到二者的良性互动。但对财政直管县与行政直管县的关系，研究得较少。（2）从研究的方法来看，存在以下不足：一是以理论层面的研究居多，与行政区划实际改革的联系较少；二是反映宏观层面的多，而对微观层面的研究较少；三是依赖既有的文献资料较多，而实地访谈、参与观察等其他资料收集的方法较少。[②] 有学者建议，应该从政治学、经济学和社会学等多学科的角度深入研究不同改革方案的制度优势、成本收益以及社会效益；应该将行政直管县与财政直管县之间的协商互动关系作为一个重点，分析财政直管县带动行政直管县的时间、条件、具体的措施。[③]

深化此项研究，需要注意的问题有：（1）省管县与强县扩权之间的内在联系与本质区别，正如有的学者所说，强县扩权是省管县的前提，省管县是强县扩权的结果，强县扩权是现阶段实施省管县体制改革的突破口和重要内容，是由市管县体制逐步向省管县体制的有序过渡和增量改革。（2）在全球范围内考虑政府间横向与纵向的府际关系问题，借鉴国外先进的做法，改善我国省市县乡的政府间关系，从而达到善治的目标。（3）强化研究的前瞻性和全局，将研究的视角由经济和财政的领域拓展到人事管理、机构改革等更深层次的政府行政管理体制。（4）注重研究政府及其官员的偏好以及利益诉求，因为这些将直接影响到改革的效果。[④]

---

① 魏向前：《科学发展观视野下的省直管县财政体制改革》，《安徽广播电视大学学报》2010年第2期。

② 陈囡囡：《省管县行政体制改革文献综述》，《改革与开放》2012年第4期。

③ 朝黎明：《省管县财政体制改革研究综述》，《北方经贸》2011年第11期。

④ 王仕军、冯春：《省管县体制改革：实践与理论的理性推进》，《探索》2008年第4期。

国家治理

中国政治语境中的“国家治理”

黄卫平　王大威　陈　文[*]

摘　要： 中共中央将推进国家治理体系和治理能力现代化作为全面深化改革的总目标，主要是为了提升党和政府的治国理政能力，完善和发展中国特色社会主义制度，确保“红色江山永不变色”和国家“政治安全”。因此，只有在相当有限的“社会治理”、“全球治理”层面上才与后现代意义的多元治理理念有些许相通之处；而当下中国政治语境中的“国家治理”概念的主体是党和政府，与治理主体的多元性、开放性、合作性、平等性的西方后现代“治理”内涵大相径庭，党的文献中不仅没有正式表述过中国官方“国家治理”概念是借鉴西方的“治理”理念，反而特别强调要在坚持革命传统的同时，总结和吸取中国古代政治文化中丰富的治国理政、管权治吏经验，保证党“始终走在时代前列”、“永远立于不败之地”。在信息化、市场化和全球化的时代背景下，如何开拓传统政治文化、借鉴西方治理理念和创新红色政治话语这三种不同政治资源，提升党和政府治国理政能力无疑是极其重大的现实挑战。

关键词： 国家治理　政治安全　治理能力

* 黄卫平，深圳大学当代中国政治研究所所长，教授；王大威，博士，深圳大学当代中国政治研究所副教授；陈文，博士，深圳大学当代中国政治研究所副所长，副教授。

“国家治理”是当下中国政治语境中的热门话语，特别是中共十八届三中全会把“国家治理体系和治理能力现代化”作为全面深化改革的总目标之后，对这个问题的探讨更深入、更广泛了。然而，由于中国改革进程和经济发展速度惊人，以极短暂的时间超常规实现着国家经济现代化的进程，假以时日，只要最高决策层不犯“颠覆性错误”，中国的经济总量重返世界第一指日可待，从这个意义上讲，中国比近代以来任何时候都要更加接近于中华民族的伟大复兴。也正因为发展太快，以至于在面对当下中国的很多复杂问题时，我们很容易发现在探索“国家治理现代化”时，传统“打天下，坐天下”的前现代话语与现代的“民主法治”诉求，乃至后现代意义的“多元共治”理念常常混杂交织在一起，有时不免会出现用某些具有后现代意义的概念去表达前现代传统诉求的情况。

让我们检索和比较现在中国学术界和官方文献是如何解读、诠释“国家治理”的，从而更准确判断当下中国官方政治语境中“国家治理现代化”的含义。

在看了近年学术界对这个问题的一些分析，也学习了国家官方文献对这个问题的阐述后，我们认为二者之间似乎存在较大差异。如果从学界的解读来看，不同程度地都会和现代西方公共管理的多元治理理论联系起来，觉得这个概念已被我国决策层不同程度地借鉴、吸收、引进、消化、扬弃以后，才提出的这么一个“国家治理”范畴，即使有些学者会认为我们这个概念和西方后现代意义的多元治理理论不同，但是也不可避免地要和它勾连起来，正面回应有关系还是根本不同。

就目前中国学界对国家治理的解读而言，大致有如下几种观点。

第一，理想化的解读。主张以积极的态度引进、消化西方多元治理理论，认为“治理”是与“统治”相对应的概念，它超越了自上而下单向度的统治、管理、管制等理念，以透明、参与、法治、回应、责任、效益、公正、廉洁为核心价值，强调的是治理主体的多元性、开放性、合作性、平等性。① 期待能够建构起以“民主”和“法治”为最基本特征的政府治理、市场治理和社会治理的新规则和新秩序，沿着民主法治的道路推进国家治理现代化进程，并将其作为中国治理发展的理想模式。这一解读的价值趋向明

① 俞可平：《推进国家治理体系和治理能力现代化》，《前线》2014 年第 1 期；俞可平：《沿着民主法治的轨道推进国家治理现代化》，《求是》2014 年第 8 期；何增科：《理解国家治理及其现代化》，《马克思主义与现实》2014 年第 1 期；何增科：《国家治理及其现代化探微》，《国家行政学院学报》2014 年第 4 期。

确，但很难在当下的中国治理实践中得到回响和印证。

第二，现实性的解读。认为“国家治理”概念的提出是解释和分析转型社会的理论思维创新，既强调了转型社会国家发挥主导作用的重要性，也考虑到了治理理念所强调的社会诉求，并指出国家治理能力实则就是国家制度供给的能力。其特点是以维护国家的基本秩序和稳定为国家治理的首要价值目标，将“民主”、“法治”等置于该价值目标和结构性动态调适的框架之下，成为既定国家治理结构实现国家治理目标的若干具体能力或手段。[①]这一解读似乎更容易从当下中国治理的现实中得到解释，但其转型社会的逻辑又隐含着多元治理理念的某些诉求。

第三，以现代国家建构来解读。认为国家治理现代化是一个复合的权力和制度体制运行过程，要将国家治理体系现代化纳入现代国家建构过程来考察。改革开放以来，随着国家治理主体由单一的政府主体发展为政府、市场、社会等多元主体，在建构国家秩序时如何使各种制度的有机联系和相互作用形成相互协同、相互配合、相互推进的系统，就是国家治理体系现代化的基本内涵。[②] 而从历史和现实考察，中国现代化至今没有改变“政府主导型”的特质，因此当下以政府为主体和主导的治理，仍然是治理的重心。这一解读的价值诉求虽然更加隐晦地包裹在学理性的表达中，但与前一种解读异曲同工，也就是在论证现实的同时预设了某种趋势。

第四，从治理绩效来乐观解读。认为要从国家治理绩效来评价国家治理体系和治理能力，肯定中国的现行治理体系及其绩效优越于西方资本主义制度，是兼顾了制度延续与制度创新进而形成了良好的国家治理能力，与国家发展阶段和治理需要相适应。反对把“国家治理体系和治理能力现代化”视为中共接受了一个西方概念，更反对把西方现代国家治理体制说成“善治”。[③] 肯定中国道路和中国制度是当代中国取得巨大进步的基础，强调我国的治理体系和治理能力是适应我国国情和发展要求的，只是需要善于借鉴

① 徐湘林：《“国家治理”的理论内涵》，《人民论坛》2014 年第 10 期；徐湘林：《转型危机与国家治理：中国的经验》，《经济社会体制比较》2010 年第 5 期；燕继荣：《现代国家治理与制度建设》，《中国行政管理》2014 年第 5 期。

② 林尚立：《以制度的现代化推进国家治理现代化》，《中国社会科学报》2014 年 1 月 15 日；陈明明：《治理现代化的中国意蕴》，《人民论坛》2014 年第 10 期。

③ 胡鞍钢：《国家治理现代化不是西方化》，《光明日报》2014 年 6 月 23 日；胡鞍钢：《中国国家治理现代化的特征与方向》，《国家行政学院学报》2014 年第 3 期；房宁：《如何推进国家治理体系和治理能力现代化》，《人民日报》2014 年 1 月 28 日。

古今中外治国理政的经验教训加以改进。这一解读虽与中共长期的意识形态宣传高度同构，却难以解释为什么“改革开放是决定当代中国命运的关键一招”[①]，以至于中共中央“全面深化改革”的战略决策在逻辑上成了可有可无的锦上添花。

第五，以中共文献做历史解读。认为国家治理体系和治理能力现代化的表述，是中国共产党一贯强调坚持党的领导，高度重视党和政府治国理政的执政能力建设的新发展。中共十八届三中全会关于“国家治理”概念的提出，实际上是十六大以来治国理政理念的深化发展和完善，是改革开放历史任务的总体概括和提升，也是中共治国理政和改革开放理念的逻辑演进和必然，本质上不同于中国传统的皇权统治者的“治国理政”，又不同于西方政治和管理中倾向于向政府分权、实现社会多中心治理和社会自治的“治理”概念。[②]这一解读从文本上与中共的正式表述最为接近，与党中央最高决策层的一系列讲话精神较为契合，但似乎相对忽略了中国传统政治文化的影响与价值。

上述这些观点差异不小，但均不同程度地表达了中国当下学术语境中“国家治理”与西方现代多元治理理论的关系。我们有必要再换一个角度来研习党和政府的官方文献是怎么解读“治理”的。习近平总书记明确指出，“国家治理体系和治理能力是一个国家制度和制度执行能力的集中体现。国家治理体系是在党领导下管理国家的制度体系，包括经济、政治、文化、社会、生态文明和党的建设等各领域体制机制、法律法规安排，也就是一整套紧密相连、相互协调的国家制度；国家治理能力则是运用国家制度管理社会各方面事务的能力，包括改革发展稳定、内政外交国防、治党治国治军等各个方面”。[③] 实际强调的就是党和政府治国理政，总的目标是完善和发展中国特色社会主义制度，巩固和提高中共的执政能力，保证“红色江山永不变色”。因此，党中央强调“依法治国”首先要“依规治党”[④]；只有有效治党，才能有效治国；而实现有效治国，才能真正巩固党的执政地位。从这个意义上，中共近来强调执政党要“依规治党”、“依法治官”的成败决定

① 习近平：《关于〈中共中央关于全面深化改革若干重大问题的决定〉的说明》，新华网，http：//news.xinhuanet.com/fortune/2013 - 11/15/c_118164294.htm。

② 王浦劬：《科学把握“国家治理”的含义》，《光明日报》2013 年 12 月 29 日。

③ 习近平：《切实把思想统一到党的十八届三中全会精神上来》，《求是》2014 年第 1 期。

④ 《王岐山：依法治国要求依规治党》，人民网，http：//politics.people.com.cn/n/2014/1025/c70731 - 25905221.html。

着依法治国、依法执政的成败，这是新时期党的建设制度改革的历史重任，正如习近平所清晰指出的，各级党的领导都必须“把抓好党建作为最大的政绩。如果我们党弱了、散了、垮了，其他政绩又有什么意义呢”?[①] 显然中共官方文献中的“国家治理”及其现代化，也应作如是观。

因此，与其说中共的“国家治理”概念的主要思想是来源于西方的多元治理理论，还不如说更多的是来源于中国传统的政治文化，是中国传统治国理政的思想遗产在新的历史时期的继承和发展。

正如习近平在纪念孔子诞辰2565周年国际学术研讨会上所指出的“总之，只有坚持从历史走向未来，从延续民族文化血脉中开拓前进，我们才能做好今天的事业”[②]，明确“中国优秀传统文化的丰富哲学思想、人文精神、教化思想、道德理念等，可以为人们认识和改造世界提供有益启迪，可以为治国理政提供有益启示”[③]。这就是为什么2014年10月13日中共中央政治局要就我国历史上的国家治理进行第十八次集体学习，习近平总书记特别强调“中华民族创造了独树一帜的灿烂文化，积累了丰富的治国理政经验，其中既包括升平之世社会发展进步的成功经验，也有衰乱之世社会动荡的深刻教训。我国古代主张民惟邦本、政得其民，礼法合治、德主刑辅，为政之要莫先于得人、治国先治吏，为政以德、正己修身，居安思危、改易更化”[④] 等，这些“我国古代治国理政的探索和智慧”，党和政府在治理国家和社会时，需要“进行积极总结”[⑤]。

无独有偶，中纪委书记王岐山在十八届中央纪委第四次全会上的讲话中，也明确讲了“孝悌忠信礼义廉耻是中华文明的DNA，为国尽忠、在家尽孝，天经地义”，认为“历史是最好的老师。中华传统文化中蕴含着深厚的治国理政、管权治吏思想，有丰富的礼法相依、崇德重礼、正心修身的历

① 《习总书记在党的群众路线教育实践活动总结大会上的讲话》，新华网，http://news.xinhuanet.com/politics/2014-10/08/c_1112740663.htm。

② 《习近平：在纪念孔子诞辰2565周年国际学术研讨会上的讲话》，新华网，http://news.xinhuanet.com/politics/2014-09/24/c_1112612018.htm。

③ 《习近平：在纪念孔子诞辰2565周年国际学术研讨会上的讲话》，新华网，http://news.xinhuanet.com/politics/2014-09/24/c_1112612018.htm。

④ 《习近平主持中共中央政治局第十八次集体学习》，中央政府门户网站，http://www.gov.cn/xinwen/2014-10/13/content_2764226.htm。

⑤ 《习近平主持中共中央政治局第十八次集体学习》，中央政府门户网站，http://www.gov.cn/xinwen/2014-10/13/content_2764226.htm。

史智慧”等等。[1] 很显然中国历朝历代治国理政、巩固政权、牧民治官的思想，与西方后现代意义的多元共治理念，完全是不同时代的两套话语、两种价值。颇有意思的是，在此意义上诸多学者是否过度热情地借用了西方后现代的概念，从而误读了党和政府治国理政的传统政治目标。从党和政府的官方文献很难发现当下“国家治理”概念与公共管理的多元治理理论有显性渊源，反而很容易从“治国理政”的表述中强烈地感受到其要真正解决的问题是确保“政治安全”意义上“完善和发展中国特色社会主义制度”，保证“红色江山永不变色”的传统政治使命。

特别是现在中央成立了国家安全委员会，构建起集政治安全、国土安全、军事安全、经济安全、文化安全、社会安全、科技安全、信息安全、生态安全、资源安全、核安全等于一体的国家安全体系。其中居首位的就是“政治安全”，政治安全的主体是国家、是党和政府，保障国家政治安全就是要保证国家政权、政治制度、意识形态等方面免受各种侵袭、干扰、威胁和危害，其核心要义就是保障党的领导的有效性和巩固党的执政地位。因此，这也是党和政府治国理政的前提和底线。如果从这样的角度来说，反观我国政治语境中的“国家治理”很显然就是党和政府治国理政，首先是坚持和保证党对国家的绝对领导，是巩固和扩大党的执政基础，加强和完善党的执政地位，确保“国家政治安全”。因此，推进依法治国，建设法治中国，也就是要通过社会主义法治，在新时期提升党领导的治理绩效，“把依法治国确定为党领导人民治理国家的基本方略”[2]，将成为新的历史条件下坚持党的领导的新举措和新常态，将此举作为提高党的执政能力和领导能力现代化的重要标志，作为巩固党的执政地位、保证党始终走在时代前列、立于不败之地的制度保障，“事关党和国家长治久安”。

因此，为了提高党和政府治国理政的有效性，保证完成“红色江山永远不变色”[3] 这样一个政治性使命，只能在相当有限的范围和意义上来解读当下“中国式”的“治理”概念与西方公共管理的多元治理和官民共治理

① 《王岐山在中央纪委四次全会上发表讲话（全文）》，中国新闻网，http：//www. chinanews. com/gn/2014/10 -25/6716945. shtml。

② 《中共中央关于全面推进依法治国若干重大问题的决定》，人民网，http：//cpc. people. com. cn/n/2014/1029/c64387 -25927606. html。

③ 《习近平：要使红色江山永远不变色》，新浪网，http：//news. sina. com. cn/c/2013 -07 -12/193327653764. shtml。

念的关系，也就是主要在“社会治理”和“全球治理”领域。如党中央认为要“创新社会治理，必须着眼于维护最广大人民根本利益，最大限度增加和谐因素，增强社会发展活力，提高社会治理水平，全面推进平安中国建设，维护国家安全，确保人民安居乐业、社会安定有序”，因此必须“改进社会治理方式，坚持系统治理，加强党委领导，发挥政府主导作用，鼓励和支持社会各方面参与，实现政府治理和社会自我调节、居民自治良性互动”[①]。再如最近中共中央政治局第27次集体学习，提出了“加强全球治理、推进全球治理体制变革”的主张，以“使全球治理体系更加平衡地反映大多数国家意愿和利益”，要“积极发掘中华文化中积极的处世之道和治理理念同当今时代的共鸣点，继续丰富打造人类命运共同体等主张，弘扬共商共建共享的全球治理理念”，也可以说，只有在推进“社会治理体制”或“全球治理体制”变革的意义上，才可以依稀看到中国政治语境中的“治理”概念与现代多元治理思想的相通之处。我们在解读中国官方文献时，很容易发现，但凡在论述“国际关系民主化”和“推进全球治理体制变革”时，所使用的“民主”与“治理”概念的含义是全球普适、较少歧义的；但同样是“民主”或“治理”的概念，在运用于中国政治时，则往往是另有特定内涵，不能简单以一般所谓“教科书”的定义来解读的。这也正是中国式的思想意识形态治理模式的特征，从中我们可以更多地看到党中央在创新中国化的马克思主义的同时，也在努力弘扬中国传统政治文化，从我国古代治国理政的探索和智慧中重新发掘和总结、提升，以增强崛起中的国家民族自豪感和自信心，从而在意识形态层面抗衡西方政治文明，维护国家安全。

如果说从现代西方政党理论和长期执政政党的统计概率来解读中国共产党，就很容易将其视为一个连续长期执政的所谓“大党”、“老党”；但如果从中华文明的朝代兴衰史来看，历史上不乏连续两百多年的朝代，中华人民共和国正前所未有地崛起于世界东方，目前，可以说也是近代以来中国的国运最昌盛之际，执政党正领导人民为实现中华民族伟大复兴的“中国梦”而奋斗，习近平指出，“实现中国梦，意味着中国的经济实力和综合国力、国际地位和国际影响力大大提升，意味着中华民族以更加昂扬向上、文明开

① 《中共中央关于全面深化改革若干重大问题的决定》，人民网，http://cpc.people.com.cn/n/2014/1029/c64387-25927606.html。

放的姿态屹立于世界民族之林，意味着中国人民过上更加幸福富裕安康的生活"[①]。

而这正有待于通过全面深化改革，建设法治中国，实现国家治理体系和治理能力现代化的过程中来逐步实现。因此，习近平反复强调“我们党领导人民已经取得举世瞩目的成就，我们完全有理由因此而自豪，但我们自豪而不自满，决不会躺在过去的功劳簿上。新形势下，我们党面临着许多严峻挑战，党内存在着许多亟待解决的问题。尤其是一些党员干部中发生的贪污腐败、脱离群众、形式主义、官僚主义等问题，必须下大气力解决。全党必须警醒起来"[②]。近年来，党中央不断告诫全党必须正视“四大考验”和“四种危险"[③]。其本质上就是一个连续长期执政的政治力量如何在迅速变革的时代，不断迎接挑战，保持廉洁与活力，增强适应性和回应能力，以避免被新兴力量替代的传统政治命题。

在这里还有必要特别提出，面对在改革开放以来高速发展后“增长极限”的压力下，如何用农业文明基础上发展起来的中国传统政治文化和治国理政的经验，来有效治理市场化、信息化、全球化背景下相对富裕时代成长起来的年轻世代，其有效性还有待实践检验，特别是自五四运动以来，中国革命已将“造反有理”的“斗争哲学”和“王侯将相宁有种乎”的“平等意识”潜移默化地植入了红色政治文化传统，而不再是什么“温、良、恭、俭、让”和“仁、义、礼、智、信”了。党在治国理政中如何将中国传统政治文化与现代的民主法治相结合，有效吸纳后现代多元共治理念，开拓传统政治文化，借鉴西方治理理念，创新马克思主义中国化的红色话语，并进行适应年轻世代的创造性转换，无疑是极具挑战性的工作。人类政治发展史反复表明，重要的似乎不是“真相”和“真理”究竟是什么，而是人民更愿意相信什么才是“真相”和“真理”，因而让人民更愿意相信什么是“真相”和“真理”的能力才是最重要的国家治理能力。

---

① 中共中央宣传部：《习近平总书记系列重要讲话读本》，学习出版社、人民出版社，第28页。

② 《习近平：人民对美好生活的向往就是我们的奋斗目标》，中国新闻网，http://www.chinanews.com/gn/2012/11-15/4331085.shtml。

③ 《习近平在十八届中共中央政治局第一次集体学习时的讲话》，新华网，http://news.xinhuanet.com/politics/2012-11/19/c_123967017_3.htm。

中国乡村治理如何可能：可治能力、治理技术与总体性治理制度建构*

郎友兴

摘　要： 在中国，作为基层的乡村治理重要性体现于基层治理事关国家的长治久安，基层治理是整个国家治理的基石，一个国家的治理，根本立足点在基层。但是，问题在于有效的乡村治理如何可能？本文旨在提出"可治能力"概念，着眼于总体性的制度建构和治理技术，以此来探讨中国乡村治理如何可能的问题。中国乡村治理的成效同"可治能力"有密切的关系。"可治能力"概念体现了治理能力的"静态"与"动态"双面的特性。它涉及多个方面，其中主要的有两个方面，一个是建构性的，另一个是工具性的。前者是制度，旨在为实现目标提供基础性的框架，后者是治理技术。中国乡村要实现良好治理，关键在于如何通过制度创新来解决治理体制自身的冲突。面对社会的冲突，面对碎片化治理，乡村治理的制度建设、创新需要整体、总体性的思考，同时重视治理技术。

关键词： 乡村治理　可治能力　治理技术　总体性制度

---

* 本文为笔者所主持的国家社科基金重点项目"人民代表大会制度有效地运行机制创新研究"（13AZZ005）研究过程中的一个副产品，感谢基金的支持。本文曾提交给深圳大学当代中国政治研究所主办的"当代中国政治"中青年学者学术论坛（第一期）"政治发展与社会治理"学术研讨会（2014年8月26～27日），感谢与会者的评论。

自从十八届三中全会提出“国家治理体系和治理能力现代化”这个命题以来，有关这个话题成为中国社会科学界最热门也最集中的话题。有做基础性工作的，如对“治理”概念的梳理与辨正，对中西“治理史”的梳理叙述，更多的是策论，教导政府或社会如何进行治理的；从方法论上看，有规范分析，有实证分析，当然更多的似乎融合规范与经验于一体。上述的各点在本文恐怕也都有所涉及，但是，重点在于提出“可治能力”概念，着眼于总体性的制度建构和治理技术，以此探讨中国乡村治理如何可能的问题。本文将围绕三个方面展开讨论：乡村治理在国家治理体系中的价值意义，治理目标与可治能力，总体性的制度建构与治理技术。

一 作为基层的乡村治理在国家治理体系中的意义

（一）基层治理概念的辨正：本文“基层治理”的所指

先对基层治理中的“基层”做个说明。在中国，基层社会是指街道、乡镇以下的社会单位和共同体，主要形态是城乡两类社区。所谓基层治理也就是中国城乡社区治理的问题，但是，同样都是基层，街道与乡镇还是有不少差异，否则就不好理解，尽管级别一样，但由乡镇长调到街道当主任可谓实际上的提拔；同样都叫社区，农村社区与城市社区之差别是明显的。因此，在治理上有相当的不同，应当分开来讲为好。例如，城市社区的诸多问题中的一个引人关注的是“去行政化”的问题，而在农村社区这似乎不是什么大的问题；农村治理中一个突出的问题就是土地引发出来的社会稳定、群体性事件，而城市社区的稳定基本上同土地无关，尽管也有一些拆迁纠纷；从行政层级来讲，乡镇政府是中国行政序列的一级，而街道则只是一个派出机构，尽管事实上是同乡镇政府同一序列的一级政府。由于城乡基层的差异性，我们在讨论中国基层治理和治理能力体系现代化时最好能够将城乡分开，因为有其不同的治理逻辑、治理方式、治理的问题。本文关注的是乡村。

民政部《社会服务统计季报》（2013 年第四季度）的数据显示，全国有村民委员会 58.9 万个，城市居委会 9.4 万个。[①] 本文所涉及的基层主要指

① 数据来自民政部网站，http：//cws. mca. gov. cn/article/tjjb，登录日期：2014 年 8 月 3 日。

乡镇及其58.9万个农村社区。因此，所谓基层治理就是乡村治理。有学者分析认为，中国乡村治理主要有三个基本领域，即乡镇治理、村庄治理和冲突治理，而乡镇政府是乡村治理的基本主体，村庄是乡村治理的基本场域，冲突治理或称“维稳”是当前乡村治理的首要挑战。[①] 在2006年1月中央关于新农村建设的文件中，已经提出建立“乡村治理新机制”。事实上，中国的社区治理最早可以追溯到20世纪20年代的中国农村。在陶行知、梁漱溟等教育家的倡导下，结合当时国际上在农业国进行的“乡村建设”、“农业推广”等农村社会改良运动，展开了中国农村的社区自建和自治运动。

（二）乡村治理在国家治理体系中的意义

理查德·C. 博克斯强调了地方治理的重要性。他在《公民治理：引领21世纪的美国社区》一书中是这样说的：“我们正处于一个发生重大变化的时代，这个时代是要求回归地方治理而不是州或国家政府治理，要求小而富有回应性的政府而不是庞大的官僚政府的时代。”[②] 重视地方治理的同时当然并不否认国家治理的重要性。在中国，作为基层的乡村治理重要性体现于基层治理事关国家的长治久安。因为基层治理是整个国家治理的基石，一个国家的治理，根本立足点在基层。习近平总书记在河南省兰考县指导第二批群众路线教育实践活动，与乡村干部座谈时指出，“乡村处在贯彻执行党的路线方针政策的末端，是我们党执政大厦的地基，在座各位可以说是这个地基中的钢筋，位子不高但责任很大。”[③] 基础不牢，地动山摇。有学者将其意义归为三点：基层治理事关党的执政合法性、基层治理事关民众的民主能力和水平、基层治理事关民主政治的稳步发展。基层治理状况是国家治理能力的集中体现。或者说，国家治理体系和治理能力的有效程度，要通过基层治理的绩效反映出来。无论是从当下还是从长远的角度来看，顶层设计固然重要，但是，更为重要的恐怕是要总结地方经验并加以提升，将其上升到国家和总体性制度的层面，因为顶层设计需要基层为依托，为基础，并且顶层

---

① 参见赵树凯《农村治理机制创新研究新》，载韩俊等《2002～2012中国农村改革：促进三农发展的制度创新》，上海远东出版社，2012。

② 理查德·C. 博克斯：《公民治理：引领21世纪的美国社区》，孙柏瑛等译，中国人民大学出版社，2005，第86页。

③《习近平：教育实践活动的主题与焦裕禄精神是高度契合的》，新华网，http://news.xinhuanet.com/politics/2014-03-18/c_119829558.htm。

设计更需要回到地方层面加以落实，最终提升地方治理水平，即所谓“一切政治都是地方的”（all politics is local）也。①

中国社会的变革包括基层或乡村治理的变革其力量从哪里来？改革开放以来，有效的改革基本先来自地方。回顾30多年来的改革开放，人们不难发现，中央的许多制度设计和改革举措往往是对地方改革经验总结和提升的结果。其动力来自地方政府和社会，并且并非都是理性的设计、自觉自愿的。中国的诸多治理创新实践多半在地方层面的某些领域率先开展的，“其背后的运作逻辑并不是作为执政党和政府的自上而下式整齐划一的治理意志，而是基于各级地方党委和政府负责人的人格魅力所推动的治理创新实践，以及基于窘迫的财政状况而被‘逼’出来的治理创新实践，甚至是基于地方政府推卸责任后的无奈的治理创新实践”②。

20世纪70年代末安徽省小岗村的土地承包制的出现就是一个最好的说明，土地承包制是因为实在没有饭吃了而冒着坐牢的风险所做出的实验。“地方的复兴不仅是地方政府主体性的增强，更是地方治理的多元化。这些变化提高了集中体制的内部多样化，推动了整个国家的治理转型”，“在某种意义上可以说，只有地方治理改革成功，才会有成功的国家治理转型。”③首先，地方治理改革丰富了国家治理转型的路径。其次，许多地方的治理改革解决了当地面临的紧迫问题，提高了治理的效果，从而弥补了中国国家规模庞大、内部多样性造成的中央治理的局限性，从整体上提高了国家治理的合法性。最后，地方治理改革为国家层次的制度创新提供了经验基础和主体条件。成功的制度变革是需要设计的，但必须以实践经验为基础。地方治理承担着这个双重角色。“因此，在强调‘顶层设计’的同时，大力拓展地方改革创新的空间，顶层设计指导基层创新，基层创新接力顶层设计，鼓励地方政府大胆推进改革创新的探索，才能为地方的多样性发展创造合适的制度环境，进一步增强基层社会的活力。”④

因此，基于地方（基层）治理对国家治理体系现代化的重要性，有学

① 郎友兴：《全能主义治理模式已无法维系》，《人民论坛》2014年第9期。

② 唐亚林：《国家治理在中国的登场及其方法论价值》，《复旦学报》（社会科学版）2014年2期，第134页。

③ 杨雪冬：《近30年中国地方政府的改革与变化：治理的视角》，《社会科学》2008年第12期，第15页。

④ 俞可平：《拓展地方改革空间》，《理论参考》2012年第3期，第49页。

者提出“发现地方”的思路，就是将研究视角“拉回地方社会，探寻地方社会本身的秩序机制”[①]。但是，这种强调地方性的观点招致了一些批评。“如果一味强调乡村社会的非正式规则和中国历史传统的独特性，而不顾乡村治理的当下与现实，难免会陷入只见社会、不见国家的困境”，从现实出发，应该加强国家基础性权力建设，“通过国家权力的介入，达致乡村社会的善治秩序”，因此，“当前的乡村治理需要国家在其中占据主导地位，需要国家的引导，需要‘找回国家’”，从社会中心范式转换为国家中心范式。[②]

二 乡村治理的目标定位与可治能力

（一）超越两个“前三十年”的治理逻辑：治理的理由与目标

治理需要理由。而这个（些）理由自然同希望达成的目标有关联。“治理者应依据何种合理性、何种算计、何种想法对人进行治理？治理理由是出于国家本身，还是出于治理对象的自然本性？”[③] 法国思想家福柯曾经分析过西方治理理由的变化。学术界对中国国家治理及基层治理的历史与现状尤其未来走向一直在围绕着社会中心还是国家中心而展开争论。笔者认为，晚清新政以来支撑着中国变革的逻辑是国家主义。这种国家主义，在西方和中国，有不少表现形式，其中民族主义、爱国主义、国家资本主义、国家社会主义是主要的类型，中国近代以来所形成的党国一体的“全能主义”则是国家主义的极端形式。国家主义是近代兴起的关于国家主权、国家利益与国家安全问题的一种政治学说。在本质上，国家主义就是一种治国之道和治国之术。国家主义强调国家在社会生活各个领域的至高无上的核心地位，因为国家代表民族和人民的整体利益，可以抵御私人利益对政治过程的渗透和干扰。

---

① 刘金志、申端锋：《乡村政治研究评述：回顾与前瞻》，《开放时代》2009 年第 10 期，第 133～143 页。

② 田先红：《治理基层中国——桥镇信访博弈的叙事，1995～2009》，社会科学文献出版社，2012，第 12 页。

③ 莫伟民：《从国家到自然现实——福柯论治理理由的转型及其与马克思思想的歧异》，《复旦学报》（社会科学版）2013 年第 1 期，第 48 页。

中国近代化以来的国家主义并非传统的皇权专制主义或现代极权主义的翻版，它的正当性以人民主权论为号召，有某种似是而非的民意基础，通过民主而实现威权，乃是一种民粹式的威权主义。“新中国成立以来，我们建立起世界上少见的超强的国家‘利维坦’。全能主义国家的治理模式当然有惊人的治理效力，但出现了极其严重的不良后果，例如经济发展活力的窒息，国家对社会的严密管制，造成社会自组织秩序的彻底摧毁和对国家强制力的全面依赖。全能主义国家的治理模式显然是一种非常态的治理模式，事实上也无法长期维系。”[①]“国家主义根源于社会的管理要求，而后国家主义则根源于社会的服务要求。”[②] 计划经济是一种高度集权的管控模式，治理目标就是控制。当然，我们不难看到管控的治理模式在以往的社会治理经验中被证明是有效的。但是，这种治理模式尽管社会有序但是整个社会无活力。不仅个人的生存资源完全被国家所控制，而且政府权力深入社会的方方面面，社会自治的空间和个人权利基本消失了。它是违背社会发展趋势的。从世界各国的经验来看，全能政府最终是无效的，是肯定做不好的。

自改革开放以来，中国一直以源于西方的治理理念与治理术（主要是市场经济与民主法治）来修正国家主义的治理政体。中国正依照来自西方的治理术（市场经济、民主法治）进行一场空前的政治和经济实践。从新中国成立后的“行政全能国家”到改革开放后的治理理性的反思，最终与一种自由主义治理术（市场经济、民主法治）相关联起来，这标志着社会治理方式的一个深刻的转型。但是，中国依然是一个“国家中心”的国家，也许说经过30多年的改革开放后进入“后国家主义”更恰当些。

需要指出的是，“现代化”一词规定了中国国家治理体系和国家治理能力建设的方向。中共十八届三中全会所提出的国家治理体系与治理能力现代化，当然有一个目标指向。它应该指向的是，建构一个超越前两个“三十年”，既有序又充满活力的治理格局，即走向良治。国家治理体系与治理能力现代化，具体来说，分为两个层面。第一个层面就是国家治理的价值目标。这一目标与现代国家的责任和职能是相一致的。现代国家首先要维护国家的基本秩序和稳定，包括维护国家历史文明传承和演进的道德价值，为社

---

① 郎友兴：《全能主义模式已无法维系》，《人民论坛》2014年第9期。

② 张康之：《论“后国家主义”时代的社会治理》，《江海学刊》2007年第1期，第98页。

会提供法律框架，保证法律和秩序的实施，保护国家领土免受外来入侵。其次是发展国民经济和提供公共服务，包括调控宏观经济以及直接规范和管理经济活动，抽取社会资源实施再分配，以不同于市场原则的方式提供公共产品和服务，不断提高全民的社会福祉。第二个层面就是本文所讨论的基层治理的目标。一方面，国家运用行政体系通过基本适度控制和监管以维系基层社会的秩序从而也保障自己在基层治理过程中的合法性。另一方面，通过提供权威性资源以保证公共产品有效供给，开放社会空间，整合民间力量，充分发挥公民社会的自主性，建立合作伙伴关系，提高基层社会的公共事务治理绩效。一句话，中国乡村治理的目标就是通过国家的权威政府机构、协商机制、共治机制提升基层治理的整体质量和可持续性，实现基层社会有序而人民生活品质有效提升的“良治”目标，即所谓“安居乐业”，“安居”是良序，“乐业”为生活品质。

（二）可治能力

“国家治理能力”则是为了解决如何切实发挥国家治理体系的独特功能问题。对国家治理能力、国家治理能力现代化，学者们做了不少的归纳与分析，有“四能力”、“五方面”、“六要素”，不一而足。习近平同志指出，“必须适应国家现代化总进程，提高党科学执政、民主执政、依法执政水平，提高国家机构履职能力，提高人民群众依法管理国家事务、经济社会文化事务、自身事务的能力，实现党、国家、社会各项事务治理制度化、规范化、程序化，不断提高运用中国特色社会主义制度有效治理国家的能力”①。国家治理体系现代化需要治理能力的支持。无论是国家层面的治理，还是地方或基层的治理，都涉及两个基本的问题（并且治理的逻辑机制也是相同的），一是治理主体的资格问题，它关系到的是“合法性”的问题；二是治理能力问题，它关系到的是治理的“技艺”问题。对于中国来说，能力的问题显然更加突出与重要，尤其面对中国基层治理时，我们不得不承认存在“治理失败”、“治理无效”、“治理困境”、“治理无能”等经验事实。需要提升治理的能力，防止基层政权溃败的发生，确保基层社会的秩序，从而推进进步与繁荣。

① 《完善和发展中国特色社会主义制度　推进国家治理体系和治理能力现代化》，《人民日报》2014 年 2 月 18 日。

治理能力某种意义上决定着目标的达成。良治的目标之达成有诸多因素关联着，这其中一个就是“可治能力”（Governmental Capability）。为何本文撇开“治理能力”概念而转用“可治能力”？因为治理能力“至少可以表现为静态与动态两大层面”，静态层面“更多指向客观性的治理能力”，而动态层面而言，“对于主观性的治理能力的强调就更为关键”。其关键性就在于，制度体系中所潜在的治理能力，也必须通过动态的过程，在与主观性治理能力的交互融合中才能够转化为现实的治理能力。[①] “可治能力”概念体现了治理能力的“静态”与“动态”双面的特性。

显然地，“可治能力”（Governmental Capability）概念的提出得益于两位思想家：法国思想家福柯和诺贝尔经济学奖获得者印度裔的阿马蒂亚·森。英文“Governmental Capability”前一个的词“Governmental”得自福柯《安全、领土和人口》一书中的“Governmentality”。对福柯的“Governmentality”的翻译，汉语界不统一，高宣扬教授较早将其翻译为“治理术”，介绍到国内。中国对“术”的评价通常不好，因此“治理术”似乎给人一种负面的印象，这个译法把握了其中一个面向，但“术”在中文世界一是有时候有贬义之用，二是“术”突出的是工具性的一面。借福柯的Governmentality，突出其“能力性”的一面。此外，“治理术”本身不足以表述出中共十八届三中全会所提出的“国家治理体系和治理能力现代化”的企图与目标。“Capability”是阿马蒂亚·森在《自由看待发展》一书中提出的重要概念，中文译为“可行能力”。[②] 阿马蒂亚·森的“可行能力”同样不足以表征出“治理能力现代化”的潜力功能。因此，将“治理术”与“可行能力”结合起来的“可治能力”（Governmental Capability）概念，可以满足实现笔者对中国基层治理现代化问题的分析意图：本文的兴趣不在“治理能力”概念本身，而是旨在帮助我们了解和说明现实的力量，在于概念与我们所关心的问题之间的恰当联系。“可治能力”就是一个能够满足这样要求与期待的概念。“可治能力”，一方面重点不是放在治理本身，而是集中于过程，强调其动态性一面，作为一个过程的“可治能力”，是一种能够增进基层社会改善其治理的资源和基本属性；另一方面注重人们努力

① 张小劲、于晓虹编著《推进国家治理体系和治理能力现代化六讲》，人民出版社，2014。

② 阿马蒂亚·森的“可行能力”概念，在《自由看待发展》（中国人民大学出版社，2013）中主要集中于第62～64、85～103页。

实现实际的治理状态，强调的是可以做到的能力，以及可以实现的空间。与其说国家治理能力或基层治理能力表现为几大方面，不如说通过怎样的制度建构和制度性安排，创造一种可能的社会环境，使国家治理体系现代化逐步得到实现，基层治理目标逐步达成。这正是本文的“可治能力”的核心之所在。可治能力是达成基层治理目标的主要手段与保障，同时使我们容易看到中国基层治理现代化的问题所在和关键性的方向。“可治能力”概念意味着人们要实现基层治理现代化需要提出一系列积极的、可行的要求。“可治能力”是治理主体实行有效治理的中介、条件，同时也是治理主体建构的结果。此外，“可治能力”涉及治理“可持续性”（sustainable governance）的问题。“可持续性”治理，是指治理主体所拥有和获得的资源、空间与机会以维系良治持久状态的活动。

（三）可治能力的“五力”

中国基层治理的良治其核心仍然是围绕着地方政府展开的。30 多年基层治理的经验表明，政府为基层公共治理的核心主体，承担着转变其治理方式的转型职责，以及整合地方发展的任务。玛莎·努斯鲍姆的独特贡献在于把“可行能力”分为内在可行能力、结合的可行能力以及基本/核心可行能力。基本/核心可行能力指的是，与人的尊严匹配的生活——如果不拥有某种程度的某些能力，就不能称之为人类的生活。根据玛莎·努斯鲍姆的思路：基层社会要可治的话，最需要的就是基本（核心）的可治能力。这个基本（核心）的可治能力同迈克尔·曼《社会权力的来源》中“基础性权力”概念相类似，背后存在相同的逻辑。可行能力是一个综合性的、总体性的指标，是经济、教育、社会及政治因素综合作用的结果。笔者在这里根据基层政府治下的主要领域来具体分析“可治能力”的构成。

围绕基层（地方）政府治理而言，“可治能力”由“五力”所构成，即地方政府在行政、经济发展、环境治理、文化教育事业和社会福利等五大领域里的成绩或表现，即经济力（Economic Effectiveness）、施政力（Enforcement Effectiveness）、环境力（Environment Effectiveness）、文教力（Cultural and Educational Effectiveness）和社福力（Social and Welfare Effectiveness）。“经济力”，主要与经济发展相关。我们这里讲的经济力，与经济学上所讲的略有不同。经济学所讲的经济力主要指的是企业资产运用和收益分配对经营管理活动的驱动力。而这里的“经济力”主要指一个地方的总体经济实力，主要检视本区域经济发展程度和基本状况。“施政力”，主要与政府行政有关，指政府的行政能力与水平，旨在检视市级政府领导、动员和组织社会资源、管理公共事务的能力，主要检视本区域在总体和具体政策上的施政水平、政府落实政策的能力，以及政府政策的施行对人民需求的满足程度。“环境力”，主要与环境治理有关，主要检视本区域的环境质量，以及政府领导、动员和组织社会资源治理环境的能力。“文教力”，主要与教育、文化两个大领域有关，主要检视本区域的文化和教育发展水平，以及政府领导、动员和组织社会资源发展文化教育事业的能力。而“社福力”，主要与社会保障、福利有关，主要检视本区域城乡居民享受到社会福利的水平，以及政府领导、动员和组织社会资源发展社会福利事业的能力。我们可以通过“五力”来测量基层（地方）治理中的“可治能力”。

三 建构性与工具性：总体性的制度建构和治理技术

可治能力是达成目标的主要手段。它主要有两个方面，一个是建构性的，另一个是工具性的。前者是制度，旨在为实现目标提供基础性的框架，后者是治理技术。如何进行可治能力建设呢？就是应该通过各种社会制度的安排和治理技术来提高可治能力，并拓展可治能力。

（一）总体性的制度建构与基层治理现代化

1. 检讨以往的制度改革、创新

对于乡村治理的现代化来说，制度建设、制度创新无疑是极为重要的。早在改革开放初期，邓小平同志就有过著名的论述。他在《党和国家领导制度的改革》的讲话中指出，“我们过去发生的各种错误，固然与某些领导人的思想、作风有关，但是组织制度、工作制度方面的问题更重要。这些方面的制度好可以使坏人无法任意横行，制度不好可以使好人无法充分做好事，甚至会走向反面”，“如果不坚决改革现行制度中的弊端，过去出现过的一些严重问题今后就有可能重新出现。只有对这些弊端进行有计划、有步骤而又坚决彻底的改革，人民才会信任我们的领导，才会信任党和社会主义，我们的事业才有无限的希望”。制度建设很重要，它是“实现政府治理能力现代化必须持有的观念和制度安排”，国家治理现代化“需要国家各种

制度的现代化给予根本支撑”[①]。

改革开放30多年来，我们的确非常重视制度建设，地方有了不少制度创新。从1980年至1985年的“社改乡”和“乡政村治”体制建立，到1986年至1989年的“撤并乡镇”和推行“村民自治”，再到1990年至1997年的县乡综合改革试点和建立健全农业社会化服务体系，然后到1998年开始的农村税费改革和乡镇管理体制创新，如试图解决乡镇党委书记和乡镇长权力来源的不一致性的问题的乡镇党政领导“交叉任职”改革举措、乡镇领导的产生方法上的“（公推）公选”、“两票制”、“三轮两票制”、“海推”、“两推一选”、“公推直选”、“直选”。再到新农村建设、农村社区建设的启动与推进，然后到十八大以后所提出的新一轮的城镇化建设。尽管凡此种种，做了许多努力，但是，诸种制度建设、制度创新并没有带来预想的治理效果或结果。“近些年来，在基层政府体系内部酝酿和进行了若干次改革，但其效果并未如愿以偿。”[②] 例如，村民自治在乡村社会治理曾经起到过很好的作用，同时对中国民主政治建设也起到很好的示范效应。但是，已有学者的说法得到学术的共鸣：“最近几年，不论是学术研究，还是工作实务，村民自治都‘碰上了天花板’。村庄自身的党政体制变革，无法单兵突破”[③]。尽管我们不能说，村民自治已经失败了，但是对于乡村治理来说其效果确是相当有限了。再比如，我们有过撤乡并村，尤其像浙江省这些沿海经济发达的省份做过大规模的撤乡并村之改革。撤乡并村并没有解决乡村治理的失效问题，因此，恐怕也并不是乡村治理有效性的途径。同样地，以分税制为核心的财税改革，新农村建设、统筹城乡的一体化改革、农村社区建设，乃至建设公共服务型政府的政府改革，都未能带来有效的治理。那么，目前新的城镇化和即将进行的户籍制度改革，可期待乎？

经济发展了，但是治理并不见得有效，甚至可以说是恶化了。目前乡村治理存在的问题、挑战主要有下列这些。第一，社会本身的溃败、社会失序。第二，官民对立。第三，社会信任缺乏。第四，基层政府公权力的失范。对于乡村治理来说，这些困难和挑战是尖锐而深刻的。

① 陈叶军：《林尚立：以制度的现代化推进国家治理现代化——访复旦大学副校长林尚立》，《中国社会科学报》2014年1月15日，第549期。

② 赵树凯：《论基层政府运行体制“碎片化”》，爱思想网站，http://www.aisixiang.com/data/40613.html。

③ 赵树凯：《从当前“村民自治”看政治改革》，《人民论坛》2014年第21期。

为此，我们需要对乡村治理面临的现实困境进行慎察。究其原因当然是多因素的，问题关键在于制度不配套，有些还相互矛盾冲突，效果就抵消了，这其中与“碎片化”制度创新、治理机制有重大的关联。这说明制度建设需要整体、总体性的思考，即现在人们常常挂在嘴边上的所谓“顶层设计”。碎片化制度创新导致碎片化的治理结果，其结果只能是基层治理的困境或失效或失败。有学者将“碎片化”制度运行概括为三个方面：“价值”的碎片化、“体制”的碎片化和“政府职能”的碎片化。[①] 其实，“碎片化”的治理体制运行蕴含着内在逻辑冲突。在这个冲突逻辑下，“基层政府与上层政府的信任关系受到破坏，农民与基层政府的信任关系受到破坏，不同层级政府组织之间的关系趋于紧张，民众与基层政府的关系趋于紧张”，而广大农民的公民意识和能力却在不断成长，这又进一步增加了紧张关系。

总的来说，中国乡村实际的治理效果不理想，恐怕已陷入一种深刻的体制性紧张和系统性风险之治理危机之中。这种治理危机既困扰中央政府和地方政府，也困扰基层官员和基层民众。因此，中国乡村要实现良好治理，关键在于如何通过制度创新来解决治理体制自身的冲突。这说明基层治理的制度建设、创新需要整体、总体性的思考。走出“碎片化”治理和基层治理体系现代化，需要进行总体性的制度建构。

2. 乡村治理到了制度“总体性建构”的时代了

这里“总体性”强调的是方法论上的意义。“总体性”在哲学上早有充分的阐述，在马克思和西方马克思主义如卢卡奇的哲学中得到充分的发展。作为方法论的“总体性”思维要求“在分析研究事物和问题时，不仅要仔细地分析和把握事物在孤立、封闭状态下的性质和属性，更要研究和把握在历史的进程中和开放条件下事物的性质和属性，考察与外部环境的相互联系相互影响，还要考察事件多方当事者的主观诉求，进而综合这些众多因素分析和判断事物的发展趋势，进而进一步做出行动计划、行动决策”[②]。理解和掌握总体方法论和总体性特征，将有助于我们对当今中国乡村治理的困境、挑战和未来改革的走向做总体性的把握。“总体性”方法论在科学研究

---

① 赵树凯：《论基层政府运行体制“碎片化”》，爱思想网站，http://www.aisixiang.com/data/40613.html。

② 胡承槐：《马克思主义的总体方法论及其现实意义》，《浙江社会科学》2014 年第 7 期，第 11 页。

上也早有体现，例如系统论等。系统论的基本思想方法，就是把所研究和处理的对象，当作一个系统，分析系统的结构和功能，研究系统、要素、环境三者的相互关系和变动的规律性，并优化系统观点看问题。“总体性”方法论只是在公共治理上体现得晚些。“总体性”思维对应于公共治理中的是“整体性治理”。“整体性治理”是西方国家继新公共管理运动之后，于20世纪90年代中后期开始的第二轮政府改革运动的新举措。“整体性治理的出现是对传统公共行政的衰落和1980年代以来新公共管理运动所造成的碎片化的战略性回应，是传统合作理论和整体主义思维方式的一种复兴”①。

总体性建构，意味着制度设计与建设的系统性、整体性、全面性、协同性，意味着基层各治理主体，无论政府还是社会组织或个体，都不应该再成为“被动应付新兴公共事务的‘救火队员’，而是‘体系化’的社会公共事务管理和政治建设”者，“不是各自为政的‘散兵游勇’，而是相互配合、相互补充、相互促进系统化的治理”②。总体性的制度构建强调的是发挥制度的整体功效，着力构建科学的制度体系。它要求基层治理从单一面向的突进转向多方位的操作，从工具性的导向转向价值性的回归，从解决问题的导向转向制度性、程序性、规范性的建设，即将基层的经验上升为制度或政策的层面。它要求建构合作协调机制，建立整体性治理的沟通机制以及利益分享和利益补偿机制。

3. 总体性建构中五个重要的制度、机制

作为治理，乡村治理理应是多元的，需要多元的治理主体，尤其要发挥社会各利益主体的作用。但是，在进行有效的治理时，乡村治理依然需要抓住乡政府（国家权力的基层机构）这个牛鼻子，这是关键。没有政府体制的根本性变革，就无法真正地实现基层的良治。今天不少地方的社会组织在基层治理中的确发挥了作用，有些作用相当出色。但是，之所以这样，关键不在于社会组织本身，而在于政府的主动性，即政府主动引导社会组织的成长，政府开辟出空间给社会组织，给它们机会。当然，这样的说法也是对的：这是政府不得不这样做，因为市场经济的发展、社会力量的拓展，迫使政府不得不这样。但是，这种不得不并没有从根本上改变中国政府的主导性

① 高建华：《论整体性治理的合作协调机制构建》，《人民论坛》2010年第26期。

② 郑言、李猛：《推进国家治理体系与国家治理能力现代化》，《吉林大学社会科学学报》2014年第2期。

一面。围绕基层政府，总体性制度建构需要重点放在五个方面。

第一，乡村治理机构的重组。即乡镇国家权力尤其政府的再定位与重构。这里面有一个问题，就是定位问题。30 多年来，有关乡镇政府的去存从没有停止过争论。如，有学者提出“县政乡派”。到底如何定位乡镇政府，先要分析目前乡村治理的失败到底是由什么造成的。原因归纳起来有三大方面：一是治理的碎片化，二是 GDP 主义当头，三是功能错位。按美国经济学家弗里德曼的说法就是中国政府既大又小。根本的问题在于国家权力无法有效地维系乡村社会秩序，进行日常的管理，同时也无法为乡村提供公共服务，提升乡村社会人民的生活品质。安居乐业，前者是指良好的社会秩序，后者是民生。在现代社会中，这两个方面，不管是城市还是乡村，无不有赖于国家各级政权的维系与保证。而今天我们讨论国家治理体系和治理能力现代化，“现代化”就是有别于传统。那么，哪些方面有别？主要是制度的“正式化”、“理性化”、法治，当然，包括建立从中央到地方的行政权力机构。所谓基层治理现代化绝不是乡镇政府的去存问题，而是如何对乡镇政府功能（职能）错位进行纠正的问题，是加强乡镇国家政权的基础性权力的问题。基于这样的认识，笔者认为，基层治理现代化作为制度设计，首先就是乡镇国家权力再造的问题。再造的方向是通过合理地安置党政关系、设置乡镇政府的职能和行政资源的配置而使基础性权力得以强化。另外，还要处理好中央集权与地方分权之间的关系这个老难题。“过度的中央集权限制了地方政府在区域性事务治理上的自主权，往往使中央政府陷入不堪重负的境地；而扩大地方自主权，又很容易助长地方的离心倾向，形成地方势力尾大不掉之势。从秦以后历代有关郡县制与封建制的争论，以及近代有关地方自治和联邦制的讨论，都可以看到缺乏处理政府间关系的有效制度框架所导致的中央集权与地方分权的两难困境。”① 这个困境的根子在中央，而中央到目前为止，所做的放权只是策略意义上的，属于政策性放权措施，而不是基于法律框架下的制度建构。因此，解决问题之关键在于中央如何做整体性的制度建设。

第二，将村民自治转变为村自治。正如城市社区一样（笔者看到过一个社区挂上 28 块牌子，这恐怕是普遍的，并且 28 块也不见得是最多的），目前村级组织多样并且机构繁多而重叠，一个小小的村庄有不少组织机构。

① 何显明：《政府转型与现代国家治理体系的建构》，《浙江社会科学》2013 年第 11 期。

主要有村党支部、村民委员会、村经济合作社、村务监督委员会（小组）、村民大会、村民代表大会、村妇联，另外，还有与社区相关的社区组织、社区公共服务中心等。上面已经指出过村民自治的困境。这里需要重整村级组织，目标是将村民自治变为村自治。因为村民自治不算乡村自治，只有变为村自治才算是乡村自治。也只有这样，作为自治组织的农村社区才是共同体意义的自治单位。

第三，非正式制度应该撤退出治理体系。根据新制度主义的解释，制度有正式与非正式两类。在传统中国，非正式制度确实在地方治理中起到相当重要的作用，并且非正式与正式的耦合的官—绅合作共治构建了一个有效的地方治理模式。从现代化角度来看，制度化、规范化、程序化等正式化的建构才是治理体系现代化的方向。在中华帝国的治理机制中，其核心为正式与非正式制度的同行并用，在强化严密的官僚层级权威的同时，默许甚至鼓励非正式制度的存在，发挥其在基层社会的作用。从这个角度来看，非正式的制度、习惯尽管在乡村治理过程中有其位置，事实上在传统社会的治理中扮演了极为重要的角色，但不是改革的方向，更不是制度建设的重点。强化正式制度的努力压缩了非正式制度灵活性的空间，降低了其有效治理能力。但是，帝国治理中非正式制度的重要性实际上妨碍了中国的法制建设和国家政权的制度化建设。非正式制度的过度扩张又可能削弱正式制度的合法性和稳定性，在相应的制度安排缺失的条件下，民间社会的非正式制度和政府自身的非正式行为会造成基层治理过程的失序。

第四，财政体制的改革。基层治理当然需要财政的支撑，财政是保证基层有效治理的一个基础。财政体制及其管理方式的现代转型，是现代化进程的重要组成部分，同时也是现代国家治理体系建构的核心问题。对于基层治理来说，改革开放以来，最具实质性意义的制度创新，恐怕莫过于分税制改革了。在分权化的财政体制下，地方政府拥有独立的财力和财权。但是，“中央管辖权与地方治理权间的紧张和不兼容”的难题，并没有真正从制度上得到破解，同时由此还带来国家治理的一系列混乱现象。[①] 近些年所推行的如部门预算、收支两条线、国库集中支付等预算改革，“主要内容是政府内部权力重新划分”，只是努力解决“官僚体系自身的建设问题，而不能解决民众参与问题，因此可能导致改革推动力不足的问题”，因而实际上的效

① 参见何显明《政府转型与现代国家治理体系的建构》，《浙江社会科学》2013 年第 11 期。

果十分有限。[①] 因此，在财政制度上，一方面，要改变以往施行多年的预算制度的分散化格局，建设统一的预算制度。另一方面，通过多渠道，筹措资金，建立乡村治理基金。同时厘清并由此理顺县与乡镇的财政关系。

第五，大众参与和监督制度机制。从“管理”到“治理”一个重要的转变，就是改变过去政府的单一性，或者改变有其他主体的参与，但只是政府的补充之状况。大众参与是治理应有之义，“治理”本来就包括大众在内的多元与平等的治理。而大众参与一个重要的功能就是要监督在多元主体中依然强势的政府这个主体。这一点无须多说。

（二）治理技术与乡村治理的现代化

技术是人类在利用自然、改造自然，以及促进社会发展的过程中掌握的各种活动方式、手段和方法。“技术是世界的构成方式，技术是我们认识世界的媒介，是人与世界之间的一个实践意义上的沟通和交流”[②]。技术作为“可治能力”的工具性一面，它在基层治理现代化方面同样扮演着重要的角色。这里，治理技术做广义的理解，一是科技意义上的技术，二是治理术（程序性、手段等）。治理技术，关注的是应用性的层次上同制度安排、实践技能和操作技术有关的知识总和，也包括对于科技新成果在治理过程中的应用方面。因此，在乡村治理现代化过程中，既需要采取新的物质技术，也需要采纳新的技术性程序处理。

1. 技术改变治理、数据治理推进乡村治理

事实上，人类很早就意识到并讨论了技术与政治统治的关系，但是，早期的人们似乎对技术更多的是持排斥的态度。最早谈及将特定技术引入政治生活的西方学者恐怕是古希腊的亚里士多德。亚里士多德在《政治学》中请人们注意钱贷这类知识的重要性，不过，他把政治和技术完全分开，认为政治是实现自由的最好的方式，技术则与物质需求联系在一起，是与自然对立的。中国传统社会也曾经视技术为玩物丧志的“奇技淫巧”而难登大雅之堂。

“社会治理的现代化不是靠安装一些探头、升级网络技术就能实现的”，“不是靠简单的技术指标就能实现的，而需要国家各种制度的现代化给予根

---

① 赵树凯：《乡镇政府与政府制度化》，商务印书馆，2010。

② 吴国盛：《反思科学》，新世界出版社，2004，第135页。

本支撑"①。但是，技术确实很重要。技术改变着（了）治理。因此，排斥技术显然不可取，也是不可能的事。事实上，技术与政治、技术与治理的关系越来越紧密。恩格斯在《英国工人阶级状况》一书中曾指出，（社会）分工、水力特别是蒸汽机的利用、机器的应用，这就是从18世纪中叶起，工业用来撼动旧世界基础的三个伟大杠杆。小工业创造了资产阶级，大工业创造了工人阶级。就如同新文化运动时期的先贤接纳"德先生"、"赛先生"，怀科学救国之心，今天的人们义无反顾地拥抱着新技术，今天的政府也毫不迟疑地采用新技术于政府管理与社会治理之中。例如，科学和技术的思维观念在第三代中央领导集体提出的战略中最为明晰地表达出来，即"科教兴国"战略。

人类借助于技术去认识世界，技术在作为工具的同时也影响人类的认识模式。不同形式的技术以不同的方式影响着政治。例如，信息技术被视为民主制度运行的保障。罗伯特·达尔（Robert Dahl）认为，信息技术提供了多种手段来减少政治不平等，信息技术的发展加强了获取有关政治议程信息的能力，这反过来促进了民众参与，它使得全体民众对公职人员的观察和监督总体上变得更加容易，使得政府更加透明。② 本杰明·巴伯（Benjamin Barber）在《强势民主》一书中认为，将电信技术作为一种手段，用于解决大范围民主所造成的问题和创造沟通的论坛（如"市政厅"），是可能的，它可以摆脱空间上的限制。③

在现代社会的治理中，信息技术的作用和其所扮演的角色显得尤其突出。登力维认为："信息系统几十年来一直是形成公共行政变革的重要因素，政府信息技术成了当代公共服务系统理性和现代化变革的中心。这不仅是因为信息技术在这些变革中发挥了重要作用，还因为它占据了许多公共管理的中心位置。"④ 随着信息技术的发展，有关科学与民主的这个世纪难题，与今日中国的相关程度不逊于过往。在"赛先生"（科学）方面，中国政府在拥抱信息技术时代上并不困难。因此，信息技术的发展被认为是民族国家建设的一项重要工程。

---

① 陈叶军：《林尚立：以制度的现代化推进国家治理现代化——访复旦大学副校长林尚立》，《中国社会科学报》2014年1月15日，第549期。

② 〔美〕罗伯特·达尔：《民主及其批评者》，曹海军、佟德志译，吉林人民出版社，2006。

③ 〔美〕本杰明·巴伯：《强势民主》，彭斌、吴润洲译，吉林人民出版社，2006。

④ Patrick Dunleavy, "New Public Management is Dead — Long Live the Digital Era Governance", *Journal of Public Administration Research and Theory*, 3 (2006): 467.

技术对治理的重要性正发生着明显的变化。要维持一个参与式的、复杂的网络运行，不仅要依靠达成集体行动的制度安排，而且还依赖人类社会的信息传播与沟通技术。信息高速公路、国际互联网、多媒体等信息技术为地方治理价值的实现和将理念转化为一种实践行动，提供了技术支持。[①] 随着信息技术的迅猛发展，新技术已经深深地影响到地方治理的方方面面，过去认为治理中的技术“无关紧要”的观点似乎完全被改变了。信息技术已渗透到了地方治理的全过程，其中最为重要的是推动了地方公民民主参与的热情。“利用技术提高治理水平，推动人类发展正在成为全球潮流。联合国发展署把‘利用新技术用于人类发展’作为2001年人类发展报告的主题。在中国的地方治理改革中也出现了一大批富有效果的技术创新。”为此，杨雪冬教授分析了三个地方治理改革中的技术创新案例（村民选举中设立的秘密划票间；地方政府为减少受贿案件设立的“廉政账户”；地方政府的“政府上网”工程），“希望通过对它们的分析来进一步理解技术创新与治理改革的一般关系，其在中国地方层面上的表现以及中国地方治理改革面临的基本问题”[②]。有学者还从地方治理信息技术、合作技术、市场化技术视角比较了中美两国在地方治理过程上的技术性差异。[③] 新技术如网络技术使政府治理的开放性、透明性与负责任性有了可能，并提供技术保证，因为互联网给政府和社会都增加了权力。网络技术已经改变了公共治理的样貌。运用新兴的科技手段可以增强基层治理的能力。而大数据将带来一场社会变革，特别是公共管理与公共服务领域的变革。[④] 此外，技术拥有超出其本身的价值与意义、作用。例如，它可以再造政府的功能。信息技术对政府的组织再造表现在：应用信息技术改变传统的层级化的公共组织架构，建立网络型组织，促进政府的结构、权力、人力资源等方面的重组。例如，大数据可强有力地推进监督功能。

继云计算、物联网之后，又一股技术革命理念席卷而来——大数据。大数据引擎推动国家治理能力现代化。利用信息技术实现国家治理目标，在“全球化”的当代世界是一个国家治理能力或水平的重要表征。由于“大数

① 孙柏英：《当代地方治理：面向21世纪的挑战》，中国人民大学出版社，2004，第73页。

② 杨雪冬：《技术创新与地方治理改革：对三个案例的分析》，《公共管理评论》2004年第1期，第63～81页。

③ 戴昌桥：《中美地方治理技术差异性比较：基于信息、合作与市场化技术视角》，《湖南大学学报》（社会科学版），第27卷，2013年第6期，第123～128页。

④ 李慧凤、郁建兴：《基层政府治理改革与发展逻辑》，《马克思主义与现实》2014年第1期。

据”具有权力多中心、网络关联性、需求个性化和交互回应性等社会属性，因而其结果是“大数据思维和应用已经开始逐渐渗透到公共管理和政府治理范畴内，对政府治理理念、治理范式、治理内容、治理手段等产生不可忽视的影响”①。“大数据”对基层治理的影响是全方位的。大数据对于公共治理来说，既是挑战也是机遇。挑战是多方面的，但对于公共治理来说，最大的挑战恐怕是对治理机制、制度的挑战。当然，需要有一个正确的“大数据意识”，这个意识就是“大数据”不仅仅只是其物理属性的“大”，对于基层治理来说，更重要的是它带来的社会价值、行为方式等社会属性的“大”之变。那么，大数据时代，中国的基层治理如何完善？

事实上，包括网络技术、云计算、物联网、“大数据”在内的现代信息技术为中国基层治理的制度尤其是基础性建设、创新提供了非常好的技术条件。

2. 技术吸纳治理机制

香港中文大学金耀基用“行政吸纳政治”这一概念来分析英国治下的香港。金耀基指出：“‘行政吸纳政治’是指一个过程，在这个过程中，政府把社会中精英或精英集团所代表的政治力量，吸收进行政决策结构，因而获致某一层次的‘精英整合’，此一过程，赋予了统治权力以合法性，从而，一个松弛的、但整合的政治社会得以建立起来。”② 现在，我们讨论技术与基层治理之间的关系时似乎存在用技术解决政治、治理机制问题的倾向。这显然是同“行政吸纳政治”一样的逻辑。那么，随着技术的发展及技术对乡村治理的进一步渗透，是否会形成技术官僚治理基层的格局？技术化是当前基层治理创新中的一个新倾向。地方治理的技术化倾向，是指把信息社会中的地方治理完全简化为一种技术性的过程，把治理过程中的问题更多地归结为技术因素，从而对治理中的技术表现出更多的关注，并热衷于通过技术革新来达到有效地方治理的目的。地方治理的技术化倾向具体表现为两个方面：一是认知上的技术决定主义，二是地方治理实践中的技术建设偏爱。③ 这个问题实际上就是“技术统治”（Technocracy）。这个概念最早出现

① 唐斯斯、刘叶婷：《以“数据治理”推动政府治理创新》，《当代社科视野》2014 年第 6 期。

② 金耀基：《中国政治与文化》，牛津大学出版社，1997，第 27 页。

③ 杨雪冬：《技术创新与地方治理改革：对三个案例的分析》，《公共管理评论》2004 年第 1 期，第 63 ~ 81 页；陈星平：《新媒体时代地方治理创新中的技术化倾向》，《行政论坛》2014 年第 2 期总第 122 期，第 57 页。

在1882年，在20世纪20年代逐渐在学术界流行开来，其背景在于西方社会工业化的进程中技术对政治的渗透逐渐引起掌握政治学领域话语权的传统知识分子的注意。[①]

技术官僚政治作为一种治理制度的崛起，被认为是现代政治制度和政治治理的复杂本质的结果。技术官僚制度指的是一种治理制度，在这个制度中，受过技术训练的专家凭借他们的专业知识和在重要的政治经济机构中的地位进行治理。

的确存在这样的倾向或趋势：技术建设一旦开始，就具有不可逆性，由此产生了一种技术和结构上的路径依赖，使得后续的技术更新和升级不可避免，从而强化了对技术的依赖。

3. 在基层治理过程中如何定位治理技术

在世界各地，现代信息技术正迅速地运用于国家治理。运用科学技术成果来带动社会治理创新，优化公共事务治理的生态环境，将新技术带来的治理空间之增大转化为有效的制度与机制，同时也能更有效地化解制度与绩效之间的紧张，对国家治理能力的提升以及综合国力的长足增长也是非常重要的。因此，强调治理技术，是推动治理能力现代化的迫切需要。

但是，我们有必要注意并防范信息技术带给中国乡村治理的一种新的风险："数字利维坦"（digital Leviathan）。"数字利维坦"的风险"在于国家依靠信息技术的全面装备，将公民置于彻底而富有成效的监控体系之下，而公民却难以有效地运用信息技术来维护其公民权利，即无法通过数字民主来监控国家的监控体系"[②]。正如罗素所说的，"科学能够告诉人们实现某种目标的最佳方式，却不能告诉人们应该追求什么样的目标"[③]。事实上，在不少人看来，目前中国基层诸多的治理问题或困境，属于政治与治理机制上的问题，并非技术能够解决得了的。信息技术对乡村治理现代化究竟意味着什么，依然是一个值得观察的问题。

总之，在基层治理背景下，我们不妨把技术创新与制度创新区分开来。技术创新能否带来基层治理的改善并不取决于技术本身，它存在不确认性，

---

① 邓丽兰：《20世纪中美两国"专家政治"的缘起与演变——科学介入政治的一个历史比较》，《史学月刊》2002年第7期。

② 肖滨：《信息技术在国家治理中的双面性与非均衡性》，《学术研究》2009年第11期，第36页。

③ 〔英〕罗素：《西方的智慧》，亚北译，中国妇女出版社，2004，第450页。

很大程度上取决于是否存在一个良好的治理机制、制度；而制度创新尤其整体性的创新则必然提高治理的绩效。因此，我们可以说，作为“可治能力”的总体性的制度建构是推进基层治理体系现代化的基础，而作为“可治能力”的治理技术和技术创新则是推进基层治理体系现代化的“技艺”。

四 结语

作为基层的乡村治理在中国治理体系中的重要性当然是明显不过的了，基层治理是整个国家治理的基石，一个国家的治理，根本立足点在基层。而中国乡村治理的成效同“可治能力”有密切的关系。“可治能力”概念体现了治理能力的“静态”与“动态”双面的特性，它是达成基层治理目标的主要手段与保障，同时使我们容易看到中国基层治理现代化的问题所在和关键性的方向。“可治能力”涉及多个方面，其中主要的有两个方面，一个是建构性的，另一个是工具性的。前者是制度，旨在为实现目标提供基础性的框架，后者是治理技术。中国乡村要实现良好治理，关键在于如何通过制度创新来解决治理体制自身的冲突。面对社会的冲突，面对碎片化治理，乡村治理的制度建设、创新需要整体、总体性的思考。而在乡村治理现代化过程中，既需要采取新的物质技术，也需要采纳新的技术性程序处理。当然，强调技术重要性的同时，我们有必要注意并防范治理技术带给中国乡村治理的一种新的风险：“数字利维坦”（digital Leviathan）。

无论是制度还是技术，都需要放在乡村的治理实践之中实施方能检验其实效。这就是基层治理的实践问题，可以做实验性的治理实践。“实验主义治理”，可以理解为通过在实践中提高治理能力而改革，发展和完善治理体系。《牛津治理手册》（2012）中的“实验主义治理”一文指出，实验主义治理“特别适合如欧盟这样异质但相互高度依赖的环境”。中国基层社会差别很大，治理的路径、手段、方式甚至治理逻辑都会有不小的差别，因此，实验主义治理是中国乡村治理应有的思考。事实上，改革开放30多年来，我们在基层治理方面做了大量可贵的探索，这些地方性的实验已经构成了国家治理体系和治理能力现代化的重要来源。

治理民主化：国家治理现代化的必然选择

——基于对政治发展动力模型的分析*

罗大蒙　张　芸**

摘　要： 一个国家的政治发展进程会受到制度形态及其实施状况的影响，具有现代化的制度形态又拥有保证制度运转的现代化治理机制的国家通常能够形成“向心型政治发展动力”，进而促进制度的巩固和国家良性发展。反之，二者的离散则会导致制度的溃败和国家的衰退。我国具有高度民主的社会主义制度形态，但缺乏保证其顺利运转的民主治理机制，致使我国深陷治理的重重困境和政治发展的危机之中。治理民主化构成了决定我国社会主义民主制度能否运转和巩固及国家善治能否达成的关键因素。当下中国所推行的国家治理体系和治理能力现代化，必须以中国特色社会主义民主政治制度的运转和巩固为目标导向，以民主原则为价值指引，对国家治理机制进行改造和重塑，这样才能使中国摆脱治理危机，建立起真正的民主国家。

关键词： 国家治理　治理民主　民主巩固　政治发展

---

* 基金项目：四川省教育厅项目“理论预设与现实表达：川东农民公民身份状况实证研究”（15SB0196）。

** 罗大蒙，四川文理学院政法与公共管理学院讲师，研究方向为当代中国政治、基层治理；张芸，西华师范大学政治学研究所助教，研究方向为农村经济、基层治理。

一 问题的提出

政治发展主要表现在两个层面，一是政治体系由低级形态向高级形态的转变过程；二是政治体系内部的体制、结构、功能及运作机制的发展和完善过程。前者主要表现为制度形态的确立，后者则致力于制度的运转。良性而有序的政治发展则体现了两个层面的结合，新型制度形态的确立是政治发展的根本性标志，制度能否成功运转则是衡量政治发展成败的关键，确立了制度形态而现实中却难以有效运转的国家或地区，通常会面临国家建构的危机。作为“一切国家制度的本质”[①] 和“国家制度一切形式的猜破了的哑谜”[②]，民主无疑是国家制度建构和政治发展的目标，在现代民主—国家建构的视野中，民主制度能否有效运转就构成了区分发达民主政治与不发达民主政治的关键，并直接影响着民主制度的巩固和国家善治目标的达成。但在民主建构的进程中，建立一种民主制度相对容易，民主的巩固却要难得多，亨廷顿对19世纪前期至20世纪后期民主实践史的研究表明，在一波民主化运动之后总要经历民主化的回潮，浪潮与回潮之间“呈现出一种‘进两步，退一步’的模式”，且每次回潮“都给在前一波民主化浪潮中实现了民主转型的部分国家带来灭顶之灾”[③]。

一个国家的政治发展是走向民主的巩固，进而实现国家善治，还是陷入民主崩溃致使国家衰败，治理的体系、结构、机制、能力等是否与民主制度相适应，并促进民主在政治、社会领域扎根便是关键性变量。帕特南通过对意大利南北部地区治理实践的比较分析发现，治理中更多地融入了民主因素的北方要比剥削和依附关系长期存在的南方具有更好的制度绩效，一套建立在公民参与基础上的民主治理机制是意大利北部民主制度得以有效运作的关键因素。[④] 治理体系和治理机制的民主化对民主制度的稳固和国家的政治发展具有极为重要的影响，甚至在一定条件下可以起到决定性作用。中国的民

① 《马克思恩格斯全集》（第3卷），人民出版社，1972，第40页。

② 《马克思恩格斯全集》（第1卷），人民出版社，1972，第282页。

③ 〔美〕亨廷顿：《第三波：20世纪后期的民主化浪潮》，欧阳景根译，中国人民大学出版社，2012，第20页。

④ 〔英〕罗伯特·D. 帕特南：《使民主运转起来》，王列、赖海榕译，中国人民大学出版社，2014。

主政治发展正徘徊于巩固与倒退的十字路口，困境与机遇并存，党的十八届三中全会提出的国家治理体系和治理能力现代化能否在民主的框架内予以推进，直接关系到中国的政治发展进程，在国家治理适应民主制度并实现高度契合的情况下，转型中的中国则会快速步入发达民主政治的序列，但当在治理不适应民主甚至背离了民主原则的情况下，中国所要面临的就是民主制度溃败的危险和国家治理的重重危机。

二　政治发展的动力模型：对制度形态与国家治理二者关系的解释

一套完善的政治制度由制度形态（包括核心制度层和根本政治制度、基本政治制度等）及其治理体系和治理的具体实施机制（包括各项具体的政治制度，如选举制度、协商制度、民众参与机制等，以及其运作的具体程序、规则等）构成。制度形态是一个国家政治体制的本质属性，是价值理性的体现，是国家运作的元规则。治理体系和治理机制则是制度形态的运转过程和具体实施细则，是制度形态的保障机制，体现了工具理性。制度形态反映了主权归属和治权来源，治理体系治理机制则是权力的具体运作。国家制度形态与治理体系具有匹配和一致性，一个国家实行什么样的制度形式，意味着需要有相应的治理体系保证制度的运转。二者的契合可确保政治体制的稳定和国家共同体的和平，且高层次的契合可形成向心合力，推动国家的政治发展。但治理体系具有强大的行为惯性，总会受到传统文化、不成文规则、既存模式等方面的影响，因而它总会落后于甚至偏离于制度的建构，从而构成制度运转的阻力，甚至致使已经形成的制度形态面临崩溃的危险，阻碍政治发展进程。

为了考察制度形态与治理体系选择的关系形态对政治发展带来的影响，我们以民主的发展状况为维度，把国家制度形态简分为非民主政治形态、低度民主政治形态、新兴民主政治形态及发达民主政治形态。同样，由于“民主是现代国家治理体系的本质特征，它是区别于传统国家治理体系的根本所在”[①]，因而，我们以民主作为区分传统与现代的标志，把国家的治理体系和治理模式分为传统治理和现代治理两种样式，现代化治理是在治理

① 俞可平：《推进国家治理体系和治理能力现代化》，《前线》2014 年第 1 期。

体系、治理结构设计、治理机制、治理能力等方面实现了制度化、规范化、程序化、法治化等民主治理要求的治理样式，而传统治理不仅包括专制治理，还包括威权型治理和新兴民主状态下未能实现治理的体系、结构、机制等制度化、规范化、程序化、法治化的治理样态。由此，国家制度形态与国家治理模式之间便形成了四种关系样态，进而构成政治发展的不同动力模型。

（一）超低水平契合—徘徊型政治发展：非民主政治形态与专制统治

专制主义政治形态是与民主政体相对立的概念，国家建基于专制的政治统治体系之上，其治理结构沿袭着"绝对主义国家谱系"发展，整个国家只有一个权力中心，即皇权，皇帝是国家的大家长，集国家最高权力于一身。由皇帝直接掌控的中央系统是整个国家的"权力集装器"，对国家资源，包括经济、政治、文化、军事、人口等具有绝对的配置性权力。专制国家的治理手段主要依赖于监控与暴力，行政力量在道德教化的同时也通过操纵和直接监管的方式"控制着人类活动的时间安排和空间安排"，并辅以暴力机器维持民众与国家的赋税、劳役、兵役和服从关系。在这种专制主义政治系统中，虽然专制型政治体制与专制化的治理模式具有适应性，一定程度上维系了皇权的稳定和国祚的绵延。但就制度发展和政治现代化而言，二者却是在超低水平的契合，虽有朝代的更替、体制的延续，却没有政治的进步和社会结构的变革，政治制度建设及其治理体系始终在前现代化阶段徘徊，自身缺乏向现代化制度体系过渡的动力机制，政治发展陷入了周期性的循环和无限性的停滞（见图 1），且治乱循环的怪圈是其难以逃离的"西西弗斯魔咒"。"其兴也勃焉，其亡也忽焉"，兴衰治乱，往复循环。

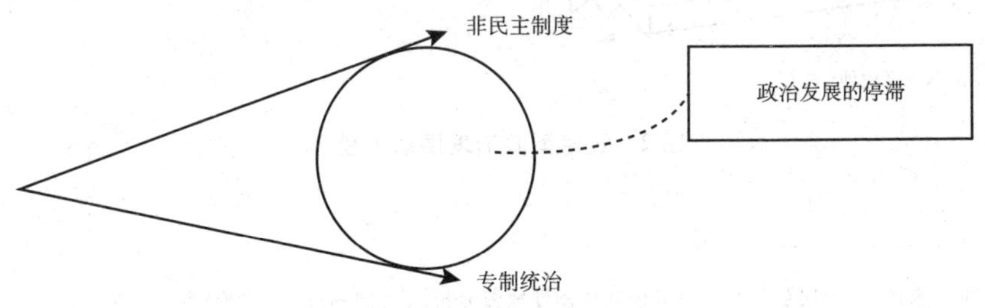

图 1　徘徊型政治发展动力模型

（二）低水平契合—过渡型政治发展：低度民主与威权主义治理

威权主义政治又被称为“过渡型权威主义”或“新权威主义”，一方面，具有一元化的政治、高度强制性的政治动员、统一的官方意识形态等特点；另一方面，它与专制主义政治体系下的层级集权和以皇权为中心的专制独裁政治不同，它属于“半集权”模式，在形式上依然保持着民主的框架。但威权主义体制下的民主是非常弱势的，这类国家一般遵循着后发外源型的现代化进路，经济发展、社会秩序、政治稳定“比个人权利和民主更为重要，而且民主必须为维系整个社会的秩序和改善经济福利服务”①。

“以政治民主和社会平等为代价来促进经济发展”的治理思路，短期内虽然能够带来经济的繁荣和政治的稳定，但这类国家却面临着自身难以解决的困境，容易陷入“过渡型政治发展动力模型”（见图 2）中。成功的经济政策、快速的城市化进程、普及化的大众教育、日益推广的大众传媒显示了威权政治的效能，但也为向民主政治的转型铺垫了基础。由于这类国家所取得的政治支持多依赖于其经济绩效，“一旦无法实现快速经济增长，也无法有效遏制通货膨胀，那么威权体制就会面临统治的合法性危机，从而推进民主化的进程。”② 也就是说，无论威权主义的治理绩效如何，其自身都蕴含着自我毁灭的种子，“如果政绩不佳，它们将丧失合法性；而如果表现良好，政权也将失去合法性”③。因而，面对合法性危机，威权政权要么通过

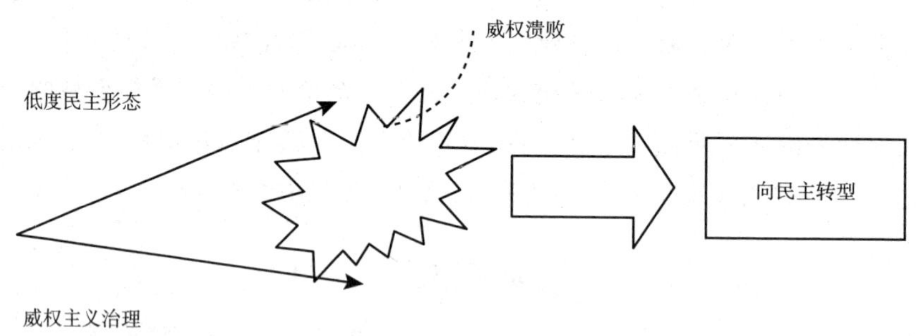

图 2　过渡型政治发展动力模型

---

① 张鑫：《当代东亚威权主义模式体制性疲劳分析》，《国际观察》2003 年第 1 期。

② 毛寿龙：《政治社会学》，中国社会科学出版社，2001，第 75 页。

③ 〔美〕亨廷顿：《第三波》，欧阳景根译，中国人民大学出版社，2012，第 51 页。

回溯专制手段苟延残喘，要么“不畏艰险地主动结束威权统治，并引入民主体制”①。

（三）离散—溃败型政治发展：新兴民主形态与低度现代化治理体系

民主并不必然带来善治的结果，相反，如果民主制度未能建立起一套与之相匹配的治理体系，民主就会成为无序的，多数人的暴政、政治的腐败和行政的低效等问题便会难以遏制。在第三波民主化运动中新兴的亚非拉民主国家便遭遇了民主巩固和政治良性发展的难题，一些中亚国家陷入了政局动荡、民主失范的局面，一些拉美国家徘徊在经济停滞与民主僵局之间，还有些国家出现了民主的回溯，甚至回到前民主状态。这类国家通常在取得民族独立之后，便急切地引入了西方国家的多党政治、竞争选举等现代民主制度，但它们仅学会了西方民主的表皮，却没有领悟其实质，它们移植了西方先进的民主制度形态，却未能有效解决民主的制度化、规范化、法治化和程序化等问题，选举过程充满了舞弊、操纵和暴力，政治权力到处非法和武断的利用却难以制约，特权阶层无处不在且与普通平民之间的“威权式的关系模式”得到了强化，公民自由难以保障，公民权利随时在受到侵蚀，法律治理体系十分薄弱，民主运转所需的法治文化土壤还十分贫瘠……质言之，“民主失败”国家多是由于它们移植了民主外壳，却未建立起保证民主运转的科学化的治理结构、规范化的治理机制和高效的治理能力，致使发达的民主制度形态与落后的治理体系之间产生了极大的内在张力，最终使他们陷入了“溃败型政治发展动力模型”（见图 3）之中，国家治理面临的危机十分严重，民主政治正在加速溃败。

（四）高水平契合—向心型政治发展：发达民主制度与现代化治理体系

现代化治理体系与发达民主制度的高水平契合是民主政治发展的根本动力，是国家善治得以实现的前提。已经成熟的老牌民主国家，如英国、美国等，不仅具有高度现代化的民主制度形态，而且在国家治理层面也充分地贯彻了民主治理的原则，二者形成了“向心型政治发展动力模型”（见图 4），

① 〔美〕亨廷顿：《第三波》，欧阳景根译，中国人民大学出版社，2012，第 53 页。

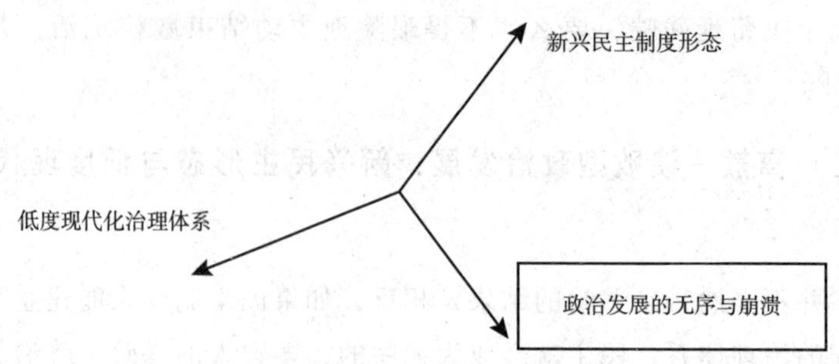

图 3 溃败型政治发展动力模型

不仅保持了长久的政治稳定和常态化的经济发展，而且民主政治建构也愈加成熟和完善。英国于 1688 年光荣革命后，逐步树立起立宪君主制和议会高于王权的政治原则，政党制度也渐成雏形，从而确立了英国现代民主政治体制。随后虽历经波折，但公民普选权、平等选区原则、无记名投票、司法独立、权力制衡、社会监督、地方自治、法治体系等保证民主运转的现代化治理体系也逐渐走向成熟，为英国发达民主政治的建立提供了动力。美国在独立战争之后建立了民主共和体制，颁布了美国宪法，联邦体制、地方自治、分权制衡、集团政治、政党竞争等构成了美国极为珍贵的国家治理体系。英美等老牌发达民主国家具有发达的民主制度和规范化的治理体系、现代化的治理能力，不仅促进了本国政治的良性发展，还成为令世界各国效仿的民主制度建构和国家善治的典范，经济虽时有滞涨徘徊，但国家的繁荣、科技的精尖、政治的高效、官员的清廉、人民的自由、社会的良好治理是其他国家难以企及的。

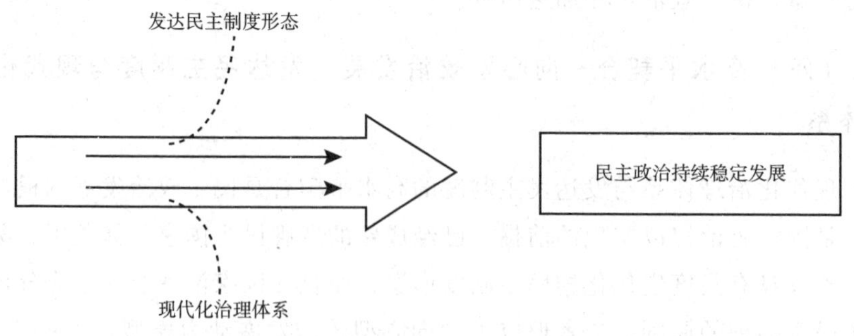

图 4 向心型政治发展动力模型

三　治理民主的缺失：在当代中国政治发展中的表现及挑战

在现代化的进程中，我们既需要民主化的制度形态，也需要民主化的治理机制，二者的高层次契合会对政治发展形成向心动力，从而促进民主制度的巩固。但二者之间并不会自觉联姻，有时会相互背离并相互削减，形成离心型的动力模型，进而导致民主溃败。当代中国的制度建构，从民主制度形态而言，具有相对于资本主义民主更为优越的民主政治体制，但在治理体系层面，制度化、法治化、程序化、规范化水平还比较低，且在现实治理中具有更多的威权色彩。因此，从总体上而言，中国的民主政治建构还处于高度民主的制度形态与低度现代化的治理体系所构成的离心型政治发展模型中，二者之间产生的张力和冲突，最终不仅造成了制度运转的困境与民主的式微，中国的政治发展进程和政治秩序的稳定也受到了挑战。

（一）当代中国政治发展中治理民主缺失的表现

第一，民主并未成为一种现实治理理念，管控型治理思维主导着政治发展方向。民主不仅是一种价值理念，更是一种实践体验，民主的思想只有落实于现实的治理过程，并内化为基本的治理理念，才能对政治发展进程产生实质性影响。而在我国，管控型治理思维和治理模式却长期在政治发展中占据着主导地位，“民可使由之，不可使知之”的传统思想依然根深蒂固。政治权力主体的民主意识还非常淡薄，他们并没有真正地意识到“人民当家作主”和“权由民所授”的实质意涵，还习惯于把民众看作被管控的对象，不相信人民、不依靠人民甚至否定人民，对上负责、对民管控成为政治权力运行的现实逻辑。因而，在我国政治和社会生活中，操控选举、代民做主、侵害民权、压制民意等现象层出不穷，给民主政治发展带来了极大阻碍。

第二，我国一直非常注重实体性民主制度的建构，却忽略了民主的具体实施机制的完善。俞可平曾以陀螺比喻民主，认为“民主是一个陀螺：它只有像陀螺一样运转起来才有意义”[①]。民主陀螺能否旋转起来，其关键性

① 俞可平：《民主与陀螺》，北京大学出版社，2006，第1页。

的影响因素就在于是否建立健全了民主的程序性保障机制，缺少程序民主的建构，实体性民主就是一种抽象化的原则和“悬空”了的愿景，便没有实现的可能。新中国成立以来，我国虽然建立了由国体、政体及各项基本政治制度构成的、相比资本主义民主更加优越的实体性民主政治形态，但由于民主程序的缺失却难以运转，以致造成了我国的选举民主有“过场”无“细节”、有投票而无真实民意的表达，协商民主也异化为“官大说了算”，成为领导意愿合法化的工具。

第三，权力缺乏有效制约，特权思想、特权现象依然存在。权力制约不仅是民主价值得以实现的重要保障，也是现代化治理机制的必然内涵。权力缺乏制约的国家，不仅给腐败留下绝对的空间，也孕育着暴政产生的土壤，无论权力由多数人掌握，还是由少数人行使，情况均是如此，这是历史留下来的教训。因而即使是民主的国家，也要为权力筑笼，在制度之笼里运作的权力才有可能实现好的治理。出笼的权力就如脱缰的野马，难以控制，国家治理便随时可能脱离民主的轨道，成为阻滞民主发展的障碍。无疑，权力集中且缺少有效的制约机制是我国政治生态中难以根除的顽症。邓小平早在改革之初就指出，“权力过分集中的现象，就是在加强党的一元化领导的口号下，不适当地、不加分析地把一切权力集中于党委，党委的权力又往往集中于几个书记，特别是集中于第一书记，什么事都要第一书记挂帅、拍板。党的一元化领导，往往因此而变成了个人领导”[①]。“一把手”个人集权且现行体制又缺乏有效的监督制约机制，进而导致家长式人物的存在和“家长制作风”的形成，整个组织的活动完全由最高领导者个人意志支配，组织的管理主要靠人治，办事无章可循、无法可依，同时在选人用人方面，领导者的私人关系和感情亲疏会发挥决定性影响，进而致使组织内部形成错综复杂的裙带关系和帮派体系。

第四，公民参与国家治理的渠道和机制还不够畅通。公民参与国家治理是治理民主的基本要义，达尔把公民“有效的参与”和“对议程的最终控制”看作民主过程的基本标准，[②] 佩特曼也认为“真正的民主应当是所有公民直接的、充分参与公共事务的决策的民主，从政策议程的设定到政策的执

① 《邓小平文选》(第2卷)，人民出版社，1994，第329页。

② 〔美〕罗伯特·达尔：《论民主》，李柏光等译，商务印书馆，1999，第43页。

行，都应该有公民的参与”[①]。在一个发达的民主政治体系中，公民可以通过对话、讨论等形式参与政治生活，影响立法和决策过程，以修订和完善政策工具，最终实现公共之善。我国虽然也建立了决策之前和决策之中的公民参与机制，如协商会议、政策听证、市长热线、网上议政等，但就现实政治实践及其实施效果而言，与治理民主的参与要求还存在一定的差距。一方面，制度化参与渠道与公民日益扩大的参与需求相比还十分狭窄和不够畅通，在决策的制定过程中，民意所能发挥的影响力十分有限；另一方面，公民参与国家和地方事务治理并不受政治权力主体的欢迎，各种压制民意表达、设置参与障碍，甚至利用公权力对积极参与主体进行打压的事件频繁发生。

（二）治理民主的缺失对当代中国政治发展带来的挑战

在我国当代政治发展进程中，正面临着高度现代化的制度形态与传统的治理机制之间的张力和矛盾，导致我国民主政治发展后劲不足，现代国家治理困境重重，进而中国政治发展险象环生，道途艰难。

第一，政治腐败成为我国国家建设和社会发展的一大毒瘤，极易造成政治的持续衰败。廉政是衡量一个国家政治发展和治理水平的重要内容，政治权威越廉洁，其对民众负责的意识也会越强烈，在民主体制下，国家治理也越可能按照民主的原则来运行，民主政治的终极价值，即“善治”也便有了实现的保障。反之，一个国家的腐化越严重，则其政治越衰败，民主运转的负荷越重，制度溃败的可能性越大。中国目前正处于腐败高发期，不仅存在窝案、串案等现象，也存在高官化的趋势。自十八大以来，我国查处的省部级及以上官员腐败达 180 多位，人员涉及党委、人大、政府、政协、国家部委局以及大型国有企业。除“老虎”、“狮子”型的腐败外，中国还有大量的“苍蝇式腐败”，小官大贪，且难以查处。奢靡骄殆、贪污腐化是一个国家由鼎盛走向衰败的征兆和标志，我国当前的政治腐败已经十分严重，如果不及时去除，便会日益侵入国家和社会的肌体，最终会致使体制难以运转，国家走向衰亡。腐败并不是非民主体制的专利，一些确立了民主制度的国家如果未能在民主运转过程中建立民主化的治理体系同样也可能发生大规模的腐败。中国当前的腐败是治理领域低度民主化带来的必然结果，是民主

① 〔美〕卡罗尔·佩特曼：《参与和民主理论》，陈尧译，上海人民出版社，2012，第 9 页。

运转失灵的表现，只有在国家治理现代化中积极推进治理民主化和治理法治化才能铲除腐败产生的土壤，把腐败降低到最低的水平。

第二，贫富悬殊，阶层出现固化，公平正义受到威胁。公平正义是人类社会的永恒追求，是衡量社会全面进步的重要尺度，罗尔斯把正义看作“社会制度的首要价值”[①]，俞可平也把公平正义看作“现代国家的底线”[②]。公平不彰，则邦国无道，正义不举，则民邪而无耻。在公平正义日渐消逝和公民的公平感较低的社会里，不仅会影响国家政权存续的合法性，还会因民众不满足感和挫败感的长期积累而日渐滋生社会的暴戾之气，进而威胁社会公共安全和国家秩序稳定。而公平正义的制度根基则是现代的民主制度，确立了民主制度并通过治理机制进行运转的国家通常公平度较高，民众的正义感也较强。反之，在治理民主缺失的社会，不仅公民的政治权利难以实现平等，社会财富分配的差距也会随距离权力中心的远近而逐渐拉大。作为判断收入分配公平程度的重要指标，中国的基尼系数已超过了 0.4 的国际警戒线，国家统计局数据显示，2003 ~ 2014 年全国居民收入基尼系数最低为 2014 年的 0.469，最高为 2008 年的 0.491，收入差距过大，给社会秩序带来了不稳定的因子。与此同时，中国社会流动机制也出现了问题，阶层固化现象比较严重，“官二代”、“富二代”、“穷二代”等草根词语的产生与流行正是对这一现象的反映和折射。阶层固化意味着社会成员在不同阶层之间的流动机制不畅，特别是底层民众向社会上层的流动通道被堵塞，精英群体自我复制，草根民众在底层挣扎，社会发展活力受到阻滞。

第三，政治参与日益扩大，现有制度难以承接，政治秩序的稳定受到挑战。政治参与是公民的一项基本政治权利，政治参与的广度和深度也是衡量现代民主政治发展状况的基本标尺。在民主制度形态确立并得以良性运作的国家，公民与政府之间具有平等协商和谈判并达成让步和妥协的机制，公民的正常利益表达通常能够在体制的范围内得到满足和实现。反之，在非民主体制，或民主制度在治理机制上没有得到反映的国家，通常是政府单一中心的主导，民众的合法利益缺乏诉求渠道或渠道狭窄难以达到满足权益维护的需要。在这种情况下，民众就会诉诸突破现有制度框架的极化参与行为，导致官民矛盾加剧，社会秩序不稳。转型中的中国正处

① 〔美〕罗尔斯：《正义论》，何怀宏等译，中国社会科学出版社，1988，第 3 页。

② 俞可平：《国家底线：公平正义与依法治国》，中央编译出版社，2014。

于矛盾的多发期，民众表达和维护权益的需要异常强烈，但制度化渠道却不够畅通，由此，具有必然性的是中国的社会与政治抗争事件甚嚣尘上，而且越来越趋于组织化和集体化。据中国社会科学院统计，中国每年因各种矛盾而引发的群体性事件多达数万起甚至10余万起，而百人以上参与的群体性事件自2000年1月至2013年9月14年间共计871起，其中维权类的事件达55%之多。①

第四，公民政治认同度不高，直接影响党和国家的合法性基础。“政治认同是政治发展的重要变量，它的获得和维持是政治系统得以存续的基础。”② 公民对现行体制、结构、领导及治理模式的心理认可和同意构成政党执政和国家治理的合法性根基，公民的政治认同度越高，则合法性越强，党执政的基础也会越巩固，政治越可能得以持续稳定发展。而随着政治的世俗化和经济的现代化，公民政治认同度的高低则受制度形态的现代化程度及制度的实施状况——国家治理的有效性程度的双重影响，现代化的制度形态为公民认同提供了基础，国家的有效治理则是公民认同保持持久的保障。中国目前正陷入合法性的困境，2013年8月中国社会科学院公布的首份公民政治认同调查结果显示，公民对政党、政策和体制的认同度得分分别为3.63分、3.59分和3.44分（以5分为满分计算），虽处于中等偏上水平，但低于身份认同（4.19分）和发展认同（3.74分），且低于六项政治认同指标的平均分（其他一项指标为文化认同，得分是3.44分，六项平均分为3.718分）。③ 值得注意的是，政治认同度较低的体制认同、政策认同和政党认同都与民主制度建设及其运转状况有关，其中，影响体制认同的主要因素，也是治理民主需要着重推进的三个领域分别是“基层群众自治制度改革”、“人民代表大会制度改革”和“选举制度改革”；在政策认同方面，公民最关注的是政策的公平性、民主性和有效性；在政党认同方面，中国公民认为中国共产党最应该做的三件事是“坚持反腐败”、“保持党的先进性、纯洁性”和“注重政策的科学化、民主化、法治化”。由此看来，公民对我国民主制度的现实运转是不太满意的，需要在实施领域进行改革，推进国家治理的民主化。

① 李林、田禾主编《中国法治发展报告No.12（2014）》，社会科学文献出版社，2014。

② 孔德永：《动态理解政治认同与政治稳定》，《思想理论教育》2014年第9期。

③ 房宁主编《中国政治参与报告（2013）》，社会科学文献出版社，2013。

四 治理民主的建构：国家治理现代化的必然选择

民主与治理属于制度体系的两个组成部分，民主的良性运转与治理的民主化在政治发展的视野中具有统一性，它们共同决定了制度体系的质量及其政治绩效，因而也影响着政治发展的走向和进程。治理体系和治理机制的属性如果是在民主制度形态所厘定的框架内，则有利于促进一个国家或地区的民主转型和民主巩固，反之，非民主化的治理机制必会导致民主的崩溃，政治发展也会陷入重重困境，而问题的解决只能诉诸民主，寻求治理与民主的适应路径，否则就只好坐等政治的全面溃败。当代中国的政治发展唯有以民主规制治理、以治理适应民主才能根治发展困境，并确保中国特色社会主义民主制度的生机和活力。

（一）治理理念层面：由管控型思维向民主思维转变

我国长期的历史，在为国家治理提供了丰富资源的同时，但固化了思维理念也成为国家政治进一步发展的障碍，历史的承继导致的是现实转型的困难。专制社会遗留下来的“家长制作风”和“管控型思维逻辑”依然在我国党政官员的意识中占有主导地位，从而构成了治理民主推进的思想障碍。因此，由国家治理体系和治理能力现代化所开启的中国政治现代化进程，首先必须解决管控型思维与民主政治发展之间的矛盾，为中国政治发展确立民主的政治文化基础。

第一，加强社会主义核心价值观的宣传和教育，以核心价值重塑官德评价导向。历来对“官德”和“民德”的评价便有所不同，“民德”是对普通公民个人的道德评价，是以基本的社会伦理规范为价值导向的，而国家的治国理政者和国家公职人员具有双重身份：公职身份和普通公民身份，因而他们在遵守“民德”的同时，更应该坚守“官德”。在民主的政治视野和善治的目标取向中，“官德”除了指传统的为民服务和以民为本外，更重要的是对民主价值的信仰和坚守，民主是最为重要的“官德”之一。社会主义核心价值观从国家、社会、公民个人三个层面确立了国家建设的基本价值规范和奋斗目标，是衡量国家是否正义、社会是否和谐、公民是否道德的最高标尺，也是“官德”的最高价值标准。在社会主义核心价值24字方针中，“民主”被列入第二位，是继“富强”之后中国共产党最为珍视的价值规范。因而，在国家治理现代化进程中，应加强社会主义核心价值观的宣传和教育，并以民主引领“官德”走向和社会风尚，从而促进治国理政者民主意识的提高。

第二，坚持开展党的群众路线教育实践活动，以群众观点引领民主思维。民主在理念层面就直接表现为是否相信群众的问题，只有相信群众，才敢于依靠群众，才能真正地在国家治理实践中还政于民、还权于民。群众路线是党的生命线，是共产党员和官僚队伍民主作风的集中体现，也是国家在治理领域推进民主建设最直接的依据。继续开展党的群众路线教育实践活动，加强党员和干部的作风建设，重塑群众思维和群众观点是国家治理民主化的当务之急。

第三，加强马克思主义民主观的宣传和教育，以民主思想统领民主观念。在马克思主义民主思想中，一方面，把民主看作阶级统治的工具，是实现阶级利益的政治形式；但另一方面，他也并未以民主的特殊性而否定民主的普遍价值，马克思甚至明确说过“只有民主制才是普遍和特殊的真正统一”①，他对民主的理解也遵循着民主的一般规定，认为民主是“人民的权力”，是“主权在民”的体现，由普通人民群众进行统治和治理是民主的本质，“在民主制中，国家制度本身就是一个规定，即人民的自我规定……并被设定为人民自己的作品”②，因此，马克思主义并未拒斥民主的一般实现形式，代议制、普选制、社会自治、公民政治参与、公民对国家权力的监督、政府“廉洁”并“廉价”等在巴黎公社中所建立的基本机制，在马克思看来是为“人民群众获得社会解放的政治形式”，“给共和国奠定了真正民主制度的基础”③。当代中国的民主建构中，许多权力主体总是以民主的特殊性否定民主的普遍性，喜欢抽象而空洞地谈论民主，却在现实治理机制上采取拒斥甚至否定民主一般实现形式的态度，不仅与马克思主义的民主思想相背离，而且直接阻碍了中国民主政治的良性发展。因此，中国国家治理现代化建设应当以马克思主义民主观为指导，加强治国理政者的民主思想教育，培育其民主观念和民主意识。

（二）制度建构层面：由注重实体向注重程序转变

实体民主与程序民主是民主政治建设的两个基本维度。实体民主侧重强

---

① 《马克思恩格斯全集》（第 3 卷），人民出版社，1972，第 40 页。

② 《马克思恩格斯全集》（第 3 卷），人民出版社，1972，第 39～40 页。

③ 《马克思恩格斯全集》（第 3 卷），人民出版社，1972，第 58 页。

调民主的价值性内涵和目标性设定，具有一定的抽象性和概括性；程序民主则更为注重民主的过程、规则、机制和策略，具有一定的具体性和应用性。民主政治文明的建构，应将实体民主和程序民主并重，程序民主以实体民主确立的价值为目标，实体民主以程序民主为实现形式，二者结合方可达致民主制度的制度化、规范化和程序化要求。当代中国的民主政治发展，民主实体已逐步建立健全，但民主程序一直受到忽视，不仅导致了中国民主发展的困境，而且还引发了国家治理危机。“在民主价值与原则得以确立的情况下，民主技术就是使民主能够运转起来的力量，直接决定着民主价值的实现程度。”[①] 就当前我国的民主发展阶段来看，程序民主在民主政治文明建构中更具有决定性意义，国家治理现代化应重点推进治理领域的民主程序建设，以程序民主促进治理的现代化，进而实现治理民主与制度民主的契合。

首先，民主程序的法定化。在立法、决策、执行、司法、监督、选举、管理、公开等各个领域确定民主程序并纳入法律体系，民主程序的实施要经过合法性审查，凡有违法定民主程序的行为都应当及时纠正，执意不改者要追究法律责任，从而以程序贯彻的强制性，促进柔性民主向刚性民主的转变。

其次，民主程序的细致化和可操作化。细节往往会决定民主的成败，民主不仅是一种理念和至上的价值，它更是——在现实中也更加需要的是一套可操作化的流程。民主程序的设定应基于现实操作的考量，注重细节化设计和流程化再造。

最后，程序的民主化。由民主实施的程序能否达致民主的端的，还有赖于程序本身的民主化。只有在民主的细节和程序上下功夫，并做到每一道程序的民主化，民主的过程才会形成连续的输送带，由一步步民主程序的积累而达到最终的民主价值归属。

（三）治理结构层面：由等级化结构向合作网络治理转变

合作网络治理是随着治理理论的兴起而提出的一种新型的民主治理机制，它是建立在由政府、市场、社会、公民个体等因相互信任和合作的需要而构成的网络状组织结构基础上的，奥斯特罗姆称之为“多中心治理”，[②]

① 王海稳：《当代中国民主技术的发展困境及其原因分析》，《经济社会体制比较》2013 年第 3 期。

② 〔美〕埃利诺·奥斯特罗姆：《公共事务的治理之道》，余逊达、陈旭东译，上海译文出版社，2012。

科尔曼把其视作促进集体行动达成的“社会资本”,[①] 帕特南也把它看作是维持民主运转的“公民参与网络”。[②] 合作网络治理结构是民主运行的载体，是国家治理民主化的必由之路，合作治理以参与、信任、合作、规范等为重要价值，能够为公民参与国家治理提供规范化的路径，并在加强政府与社会、市场、公民个体等合作共治的基础上提高相互的信任度，从而为民主治理构建丰富的社会资本。等级式结构则是一种以政治权力为中心的治理结构，政府、市场、社会等组织主体之间存在明显的等级分层，整个国家只有一个权力中心，市场、社会虽有名义上的自主性，但政治权力却可随时进行滋扰；公民虽有参与的权利，但参与的范围和力度完全取决于国家权力甚至权力主体个人的让渡和允许；国家与社会组织之间的合作也不需要遵循契约平等的精神，政治权力具有强势的支配地位。

民主治理必以合作网络为基础，中国的国家治理民主化需要打破以权力为主导的等级化治理结构，建立民主的合作治理网络。而合作网络的基础与其说在政府，不如说在发达的公民社会，由自主性的自治组织和具有独立人格的公民个体所构成的自治结构是民主治理的内源性组织资源，不仅能够对国家权力从社会领域退出形成倒逼性机制，也会诱致国家的治理机制变革，推动国家与社会的合作。因此，要构建民主的合作治理网络，我们需要鼓励和培育公民自组织的成长，完善现代公民资格，建立发达的公民社会，在“党委领导、政府负责”的前提下充分发挥“社会协同、公民参与”国家和社会公共事务治理的作用。

（四）权力运行层面：由“一把手集权”和“家长制管理”向“放权、控权、还权”转变

“一把手集权”和“家长制管理”是人治模式在当代的延续，是权力缺乏有效制约的表现，构成了治理民主推进的最大障碍，中国的国家治理能否实现“放权”、“控权”和“还权”直接关系到民主转型的成败。

首先，就“放权”而言，十八届三中全会提出，要加快政府职能转变，“进一步简政放权，深化行政审批制度改革，最大限度减少中央政府对微观

① 〔美〕詹姆斯·S. 科尔曼：《社会理论的基础》，邓方译，社会科学文献出版社，2008。

② 〔英〕罗伯特·D. 帕特南：《使民主运转起来》，王列、赖海榕译，中国人民大学出版社，2014。

事务的管理，市场机制能有效调节的经济活动，一律取消审批，对保留的行政审批事项要规范管理、提高效率；直接面向基层、量大面广、由地方管理更方便有效的经济社会事项，一律下放地方和基层管理。”通过把权力下放给地方、市场和基层，既有利于地方积极性和主动性的发挥，激发基层创新社会治理模式的活力，也有利于促进政府公共服务、市场监管、社会管理、环境保护等职责的履行，加快有限政府、服务型政府的建设。

其次，就“控权”而言，典型表述即“把权力关进制度的笼子里”，使有权不任性，用权受监督，真正地把“权力运行纳入制度轨道，用制度监督、规范、约束、制衡权力，保证权力正确行使而不被滥用”①。具体表现为：一是通过优化权力结构配置，形成“决策权、执行权、监督权既相互制约又相互协调的行政运行机制”，打牢笼子根基；二是通过织密制度“笼条”，对权力的来源、运行、监督的各个环节进行制度规范，从而减少权力出笼的概率；三是通过严厉“出笼”惩戒，“不论什么人，不论其职务多高，只要触犯了党纪国法，都要受到严肃追究和严厉惩处”，坚持“老虎”“苍蝇”一起打，进而“保证领导干部做到位高不擅权、权重不谋私”。

最后，就“还权”而言，要通过健全社会主义民主制度，丰富民主形式，从各层次、各领域鼓励公民政治参与，保障人民当家做主的主体地位。一是进一步健全人民代表大会制度，巩固人大的权力机关地位；二是推进协商民主广泛多层制度化发展，拓宽人民参政的渠道和方式；三是积极发展基层民主，实现人民群众在基层领域的自我管理、自我服务、自我教育、自我监督。

（五）制度保障层面：由人治向法治转变

人治与法治是国家治理的两种不同模式，它们具有不同的制度基础，人治依赖于专制主义或威权主义政治体制而存在，法治则立基于民主制度的发展。现代法治不仅供应了国家治理所需的良法，还为善治的实现铸就了坚强的后盾，民主制度的稳固与治理民主化的实现必以法治为保障。在国家治理现代化的命题下，要反对人治，推行法治，构筑权力入笼的体系，应重点处理好以下两组关系。

一是要处理好政策与法律的关系。法治的基本内涵在于宪法和法律具有最高权威，任何组织、个人及政策都不能与法律相冲突。党和国家的政策作

① 李法泉：《把权力关进制度的笼子里》，《求是》2013 年第 9 期。

为指导国家运行和实施国家治理的重要工具，相比法律而言具有一定灵活性，可以根据现实治理的需要做出变更和调整，但宪法和法律所体现的法理必须是政策制定与创新的底线，绝不允许政策与法律相混淆，或以政策代替法律甚至凌驾于法律之上的现象存在。政策要上升为法律必须要经过法定的程序，政策法律化之前，法律是国家治理的最权威依据，否则就会出现以“土政策”冲击法律，甚至以领导者的个人意愿代替法律执行的乱象。

二是要处理好党的领导与依法治国的关系。十八届四中全会报告指出，“社会主义法治必须坚持党的领导，党的领导必须依靠社会主义法治。只有在党的领导下依法治国、厉行法治，人民当家做主才能充分实现，国家和社会生活法治化才能有序推进。”党的领导是社会主义法治的政治立场和基本政治原则，是不能动摇的根本，法治是党领导人民治理国家的基本方略，二者相辅相成，须臾不可分离。但我们需要坚决反对一些党政组织和党政干部以党自居，把坚持党的领导核心地位等同于以党委甚至以“一把手”为核心的现象，他们总是以加强党的领导为挡箭牌而以言代法、以权压法、徇私枉法，将个人意志和私利凌驾于法律之上，从而严重损害了党的领导权威，并践踏了法治精神。

（六）能力建设层面：由注重发展能力向注重制度创新与制度执行能力转变

改革开放以来，我国坚持“发展才是硬道理”的基本路向，“一切以经济建设为中心”和“稳定压倒一切”构成了政府及官员的基本行事依据，经济发展能力与维护稳定能力也成为对政府官员能力测评及升迁、晋升最重要的两个考核维度，维持稳定是底线，经济绩效则是最重要的加分项。虽然发展主义逻辑促进了经济的持续高速增长和社会的总体稳定，但也埋伏了国家治理的深重危机，腐败沉疴泛起、民意在强压下的反弹、“仇官”心理甚嚣尘上等都加剧了政治发展的困境。同时，政府的权限及职责定位依然不明，服务型、责任型与有限型政府还远未成形，国家治理的民主化、法治化水平依然低下。国家治理体系和治理能力现代化是国家治理理路的重新建构，是由传统治理手段和治理思路向一种新型的、民主的治理理念转变的过程。在治理现代化视野中，政府治理能力的衡量标准重心不应该放在经济增长与维稳能力上面，更应该注重的是对国家核心制度与基本制度的执行与创新能力的提高，因为，随着中国经济发展，转型期的矛盾会越来越凸显和扩大，社会对治理民主化的需求会越来越高涨，治理与民主之间的张力会日益加剧，发展主义思路、经济绩效导向的评价、强力维稳的措施等已不足以为非民主治理提供合法性基础，只有通过民主治理制度的落实和创新才能使国家摆脱转型期的困境，保持经济“新常态”下的国家有序治理。

而要实现政府治理能力由经济发展向制度执行和制度创新的转变，第一，要改变我国政府官员的晋升机制，由以经济绩效为中心转向对政治绩效的衡量。第二，要进一步建立健全政治绩效的测评指标体系，把民主发展能力和法治建设能力作为硬性指标，并加大民意在民主测评中的分量。第三，进一步鼓励地方制度创新，加大对官方或民间智库政府治理创新奖和社会治理创新奖评定的支持力度，继续坚持以集体为主体的奖项评定的同时，还可以考虑设立个人创新奖项，对在国家治理领域具有创新性精神和创新性措施的个人进行奖励。同时要努力寻求政府与智库组织的合作机制，对由智库评定的创新组织或个人予以官方确认，并成为政绩考核和官员晋升的依据。

五　结语

作为人类社会的永恒追寻和政治现代化建设的目标，民主既是一种规范性的价值，也是实践领域中的一种治理机制。作为价值的民主已经取得了广泛的共识，无论是在民主政治已经成熟的国家，还是正在向民主转型的国家，甚至在威权主义国家，几乎所有人无不在宣扬民主的理念和歌颂民主的价值。但作为治理机制或现实治理实践的民主，却没有受到治国理政者太多的重视，他们总以为确立了民主制度就等于建成了民主国家，甚至以民情、传统、经济发展阶段等拒斥和否定治理民主的推行，以致出现了治理模式与制度形态的张力和矛盾，治理体系和治理机制的民主化程度远远落后于制度形态层面的民主建构，二者的离散造成了离心化的政治发展局面，导致的结果是民主建设的举步维艰甚至民主的回溯和崩溃。

确立民主制度只是民主国家建设的第一步，建立民主化的治理体系以保持民主的有效运转才是决定民主能否巩固的关键，因而，治理民主化是转型中的国家必须要采取的“历史行动”，否则国家治理困境会越加严重，民主制度的衰败和国家的崩溃也在所难免。当下中国所推行的国家治理体系和治理能力现代化，必须以中国特色社会主义民主政治制度的运转和巩固为目标导向，以民主原则为价值指引，对国家治理机制进行改造和重塑，这样才能使中国摆脱治理危机，建立起真正的民主国家，实现伟大中国的复兴之梦。

政府创新

地方政府改革的动力机制

——以顺德区容桂街道改革为分析对象*

郭　明**

摘　要：改革开放以来，中国经济在取得举世瞩目的成就的同时，社会矛盾和社会冲突正在逐年加剧。出于经济与社会同步发展的需要，一些地方政府正在探索新的解决机制，并形成了丰富的改革经验。本文着力探讨地方政府改革得以持续的动力机制。与既有的“自上而下的改革模式”和“自下而上的改革模式”不同，顺德区容桂街道“简政强镇”事权改革的案例表明，“上级驱动”、“基层推动”、“主体主动”是地方政府改革得以持续的原因，唯有三个因素之间的相互支持与配合才能提升地方政府改革的成效。我们认为，对容桂街道改革经验的分析可以为如何强化地方政府改革效果提供某种思路。虽说容桂街道“简政强镇”事权改革得以持续与地区非制度性因素有关，不能照搬到其他欠发达地区，但这一改革仍然给省内其他县市，乃至全国其他地区地方政府改革提供了示范。

关键词：地方政府改革　简政强镇　上级驱动　基层推动　主体主动

---

* 本文是笔者的博士学位论文的重要部分之一；感谢肖滨教授对本文的指导和建议。
基金项目：国家社科基金青年项目“我国地方政府简政强镇事权改革模式跟踪研究”（11CGL076）；2013年度中山大学博士研究生创新人才培养计划资助；2013年度笹川博士生重要创新研究项目资助。

** 郭明，毕业于中山大学政务学院政治学理论专业，政治学博士，广东警官学院公共管理系讲师，研究方向为当代中国政治与政府、社区治安管理。

随着市场经济的渗透与国家发展战略的调整，一方面，中国维持了30多年的经济快速增长；另一方面，在经济快速发展的同时，社会矛盾和社会冲突正在逐年加剧。时代的变迁及社会发展过程中所面临的困境激发了党和政府对创新地方治理模式的探寻和摸索。近年来，浙江、广东、山东、湖北等一批经济发达的市县下辖基层启动了"强镇扩权"改革，并取得了较好成效。2009年7月，时任广东省委书记汪洋提出在佛山市和东莞市一些经济实力强大的镇街作为"简政强镇"改革的试点单位，以此来寻求新的治理机制以解决经济社会发展过程中行政管理体制滞后的问题，实现经济社会协同发展。经过四年多的改革实践，这轮改革取得了显著效果，初步实现了党政组织结构的重塑、政府公共权力的优化、公共服务水平的提升，为政府职能的转型奠定了基础。我们需要追问的是：这一轮地方政府改革为什么能够持续？背后的动力机制是什么？为此，我们以容桂街道"简政强镇"事权改革为例，分析地方政府改革得以持续的原因。通过对这一改革的动力机制分析，我们可以更深入地理解容桂街道改革的经验和意义。

一 地方政府改革的"第三种路径"

综观国内地方政府改革实践，地方政府改革主要有两种路径：其一是自上而下的改革路径，即目标型改革线路；其二是自下而上的改革路径，即环境型改革线路。

（一）自上而下的改革路径

这种改革模式通常是根据中央的相关政策精神及战略部署，地方政府高层官员确定改革的目标、线路等相关方案，对下级政府进行驱动的改革模式。这一改革的驱动力来自上级政府。政绩的可预见性和自上而下的干部任用制和考核体系决定了地方政府领导必须准确领悟中央政府、地方高层政府的文件精神及战略部署，扎扎实实地进行地方政府改革创新的实践。[①] 这一改革模式的优势在于上级政府能够给予下级政府较多的优惠政策，大大提高了改革的成功率。某种意义上，上级政府对下级政府的推动和支持往往会促进地方政府改革的推进，营造改革创新的氛围。然而，在压力型行政体制

① 陈家喜、汪永成：《政绩驱动：地方政府创新的动力分析》，《政治学研究》2013年第4期。

下，上级政府大都把地方政府改革作为目标控制对象，其改革的具体实施路径往往受其左右，这在一定程度上会影响改革的效果。由于地方政府对改革的目标及改革的利益具有不可预测性，虽然它们不会以公开的方式反对改革，但往往采取“弱者的武器”的隐蔽方式进行消极抵抗，从而弱化了改革预期效果。此外，上级政府往往为了争取政绩，实现政治晋升，而忽视地方政府的实际情况，把改革方案强加给地方政府，并要求其在规定的时期内完成改革任务。这在一定程度上将导致上级政府的改革目标与基层社会实际情况的脱节，从而导致改革期待与执行背离的悖论。

（二）自下而上的改革路径

这一改革模式可以定义为地方政府自我调适的改革模式。随着经济社会的深化发展，经济发展和社会矛盾之间的张力不断地尖锐化对地方政府的地方治理结构和能力构成一定的压力。此外，地区经济的发展催生出大量的民间组织，它们对政府的治理能力、治理理念提出了更高的要求，这在一定程度上给地方政府带来了巨大压力。为了解决经济社会发展所带来的社会问题，地方政府根据自身的发展需求进行必要的机构改革以适应经济社会发展的客观需求。某种意义上，随着经济社会的快速发展，地方政府应该主动地进行创新，这样才能不断地强化自身能力，使发展危机转化成发展机遇。然而，在中国的复杂化的中央政府与地方政府关系中，地方政府的自主探索往往会因缺乏上级政府甚至高层政府的政治支持，导致改革与原有的制度和社会实践不相符，从而迫使改革回归到原来的路径上去，出现改革回流。此外，在中国现有的干部任用制、干部考核体制及政绩政治性的影响下，由于政绩的个人化和不可继承性，地方政府新上任官员必须拥有属于自己的政绩标签，这将导致原有地方政府改革项目的夭折，而另起炉灶开展新一轮改革举措。这就是导致改革过程中“昙花现象”、“孤岛现象”不断出现的原因之一。①

（三）地方政府改革的第三条路径

与自上而下的改革路径和自下而上的改革路径不同，2009 年启动的佛

① 郭正林：《专家论坛：乡镇体制改革中的“孤岛现象”》，《半月谈》2004 年 7 月 30 日；黄卫平、邹树彬：《乡镇长选举方式改革：案例研究》，社会科学文献出版社，2003，第 219 页；黄卫平、陈家喜：《中国乡镇选举改革研究》，人民出版社，2009，第 223 页。

山市顺德区容桂街道“简政强镇”事权改革提供了一个地方政府改革的“第三条路径”（见图1）。

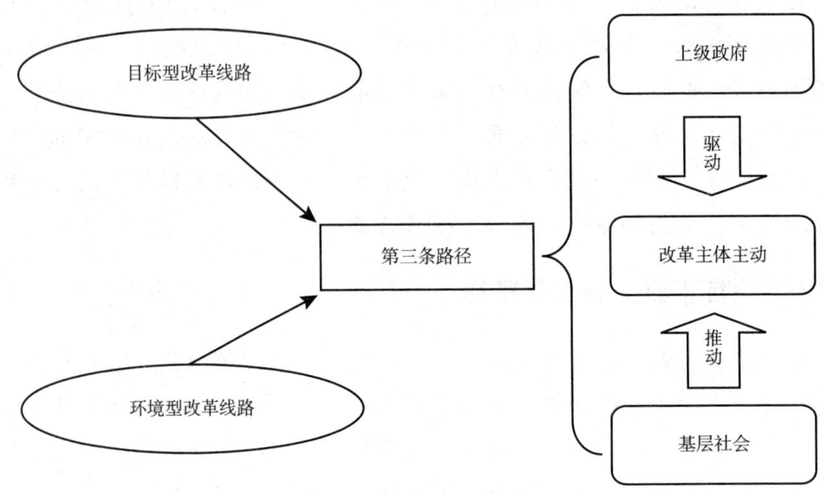

图1　地方政府改革的第三条路径

2009年以来，作为广东省“简政强镇”事权改革试点，容桂街道以重构党政组织架构为突破口，以厘清政府、社会与市场的关系为改革核心，打出了一套基层政权改革的“组合拳”。综观“简政强镇”事权改革实践，这一改革主要包括两个组成部分：“变革党政机构内部治理结构”和“理顺党政机构外部治理结构”。内部治理结构改革包括优化公共权力、重塑党政机构、提升政府服务水平等；外部治理结构改革包括培育社会组织、政府还权于社会、理顺政府与社会关系等。

经过一年多的试点改革，稳健的改革过程表明其并没有陷入某些地方政府改革所出现的“改革回流”、“昙花现象”等困境。容桂街道“简政强镇”事权改革实践逐步扩散到顺德区其他10个镇/街道，并吸引了专家、学者及新闻媒介对这一改革的持续关注，形成了广泛的社会效应，并得到高层政府及其他地区的持续关注。某种意义上，容桂街道改革得以持续与容桂地区的地方文化和改革环境具有一定的相关性，不可能完全照搬到其他地区。但是无论如何，2009年以来容桂街道的改革实践是中国地方政府改革中一个相对完整、较为系统的改革案例，其改革经验给省内其他县市，乃至全国其他地区地方政府改革与地方治理创新提供了一定的示范意义。

二 上级驱动：地方政府改革的政治保障

自上而下的政策制定和执行关涉到中央政府、省政府及市区政府。“有效的国家行为要求国家各组织内部及其彼此之间至少存在最低程度的一致性和协调性，这反过来也预设了国家独立于公民社会中诸种力量的最低程度。”[①] 对地方政府而言，上级（高层）政府的支持是地方政府改革成功与否的重要指标。在中国的行政体制下，上级政府拥有绝对的权力来控制下级政府，然而在很多改革创新项目上，上级政府并非以命令的方式来驱动改革，而是为改革主体创造更多的优惠条件，配合改革主体进行改革。在容桂街道“简政强镇”事权改革实践中，正是在中央政府、广东省政府、顺德区政府的驱动下，容桂街道改革得以成功地持续下去。

（一）中央政府深化乡镇改革意见为容桂街道改革提供了制度环境

2008 年，国务院启动了改革开放以来的第六次行政体制改革，此次改革的任务是合并职能相近或相似、职责交叉、多头管理的职能部门为一个较大的职能部门进行联署办公，进而提高政府的行政效率。因此学界和政府领导称之为“大部制改革”。为此，2008 年 2 月，中国共产党第十七届中央委员会第二次全体会议通过的《关于深化行政管理体制改革的意见》文件指出：“根据各层级政府的职责重点，合理调整地方政府机构设置。在中央确定的限额内，需要统一设置的机构应当上下对口，其他机构因地制宜设置；调整和完善垂直管理体制，进一步理顺和明确权责关系；深化乡镇机构改革，加强基层政权建设。”[②] 2009 年，中央机构编制委员会办公室颁发了《关于深化乡镇机构改革的指导意见》，规定基层政府要以转变政府职能为核心，理顺职责关系，建立精干高效的乡镇行政管理体制和运行机制，实现农村发展，建设服务型政府的重任。2010 年，中央编办、中农办、国家发改委、公安部、民政部及财政部等相关单位联合发文要求发达地区试点乡镇

---

① 〔美〕彼得·埃文斯、迪特里希·鲁施迈耶、西达·斯考克波编著《找回国家》，方力维、莫宜端、黄琪轩等译，三联书店，2009，第 74 页。

② 《关于深化行政管理体制改革的意见》，2008 年 2 月 27 日，中国共产党第十七届中央委员会第二次全体会议通过。

政府开展行政管理体制以适应经济社会的发展。①

正是在这样的背景下，全国各级地方政府纷纷出台了地方政府机构改革方案，以行政体制改革为突破口理顺政府机构管理体制、权责关系，最终确保行政管理体制适应经济社会发展的需要。因而，中央政府深化乡镇行政管理体制改革的相关文件为容桂街道“简政强镇”事权改革提供了制度环境。

（二）广东省政府“富县强镇”战略为容桂街道改革提供了实践空间

改革开放以来，广东凭借政府主导的外向型经济发展模式实现了经济社会的快速发展，然而在经济发展取得重大成绩的同时，政府、社会、市场之间出现了不均衡发展。为此，广东省政府把国务院启动的第六次行政体制改革作为契机，以行政管理体制改革为突破口，实现经济社会发展的顺利转型。2009 年 12 月，为了深入创新行政管理体制机制，增强县级、乡镇/街道的基础性权力，广东省委、省政府出台了“富县强镇”事权改革方案，规定：“以加快政府职能转变为核心，着力减少审批层次和行政干预，创新社会管理方式，健全公共服务体系，完善决策与监督机制，建立适应城乡统筹协调发展需要的行政管理体制和运行机制。”②

为了解决人口规模和经济总量较大的乡镇/街道基础性权力弱小、权责不对等等困境，广东省委、省政府选取佛山市顺德区容桂街道、南海区狮山镇及东莞市长安镇、石龙镇作为“简政强镇”事权改革试点，解决经济发达乡镇/街道“人大衫小”、“权责失衡”等问题。为了调动容桂街道改革的主动性和积极性，广东省委、省政府赋予其优惠政策以增强改革效果。例如，在“宏观决策权上移，微观管理权下移”原则的指导下，在维持目前建制不变的基础上，容桂街道在城市建设、社会管理、市场监管、公共服务等领域获得了县级行政管理权限。这在一定程度上创新了政府社会管理和服务的手段，激发了改革者的热情。

---

① 《关于开展经济发达镇行政管理体制改革试点工作的通知》（中央编办发〔2010〕50 号），2012 年 4 月 1 日。

② 《中共广东省委办公厅广东省人民政府办公厅关于富县强镇事权改革的指导意见（摘要）》，《南方日报》2012 年 1 月 4 日。

（三）顺德推行的综合改革为容桂街道政府改革提供了持久动力

2009年9月，根据中共中央、国务院通过的《关于地方政府机构改革的意见》及广东省委、省政府《关于印发佛山市顺德区党政机构改革方案的通知》的相关规定，顺德正式启动以大部制改革为突破口的顺德综合改革。这次改革“把原有的41个部门整合为16个较大部门，其中6个属于区党委部门，10个属于区政府部门”①。一定程度上，顺德区委区政府相关部门的整合提高了政府机构的运作效率，原来部门机构之间相互推诿的现象有所缓解和改善。

某种意义上，容桂街道改革既是广东省委、省政府深化地方政府改革的重要战略部署，也是顺德综合改革的延续。如果顺德综合改革没有延伸到最基层的单位，顺德的改革也是不彻底的。正如佛山市委常委、顺德区委书记刘海认为：“要做好综改工作，推进顺德经济社会发展，最基层单位街道的改革也是重点，否则我们的改革就不彻底。”②

为了使顺德综合改革持续推进，对接顺德“大部制”的改革进程，2009年11月，根据广东省委、省政府文件精神，佛山市顺德区启动了“简政强镇”事权改革试点工作。因此，容桂街道“简政强镇”试点工作同顺德区党政机构改革一样具有重要意义。容桂街道改革不仅是广东省委、省政府深化行政管理体制的重要举措，也是顺德“大部制改革”的延续。在此过程中，容桂街道积极配合顺德区政府的指导，主动抓住机遇，充分发挥自身优势，推动改革顺利进行。同时，顺德区政府也以扶持者、引导者的身份来鼓励和支持容桂街道进行改革，这是容桂街道“简政强镇”事权改革得以顺利进行的重要条件。“今年6月我们在向省委汪洋书记汇报工作时，主动提出要在推进区大部制改革的基础上，同步推进镇街改革，得到了汪洋书记的充分肯定……区委还就此成立了专门的工作小组，专题研究镇街行政管理体制改革工作。”③

三　基层推动：地方政府改革的重要力量

改革开放以来，在香港工业化的影响下，容桂街道凭借自身的商业意识

① 《关于印发佛山市顺德区党政机构改革方案的通知》（粤机编〔2009〕21号）。

② 刘海：《在顺德区容桂街道“简政强镇”事权改革试点工作动员大会上的讲话（录音整理）》，2009年11月9日。

③ 梁维东：《简政放权、协同共治》（讲话稿），2012年9月12日。

和创业精神壮大了草根经济的发展，走出了一条富有草根特色的经济发展道路，为容桂街道经济的腾飞奠定了坚实的基础。2012 年，容桂街道实现地区经济生产总值 386.6 亿元。随着市场经济的不断推进，经济社会的持续发展，民众对政府提供公共产品和公共服务的期望值逐渐提高、公民的民主意识不断增强、企业发展对政府提出的要求逐渐增多，这些外部压力势必给基层政府带来一定的治理压力，促使其进行政府改革。

（一）民众对多元化公共服务的需求给政府带来巨大的压力和挑战

改革开放以来，尤其是 20 世纪 90 年代顺德企业产权改革后，容桂地区经济水平取得长足发展，并形成了具有一定特色的产业优势和体制优势，企业的总体实力明显增强。在街道党工委和办事处的带领下，容桂地区的经济总量实现较大突破，一举成为顺德地区著名的“千亿元大镇”，响彻全国的“中国品牌名镇”。在地区经济发展取得较大成绩的同时，容桂城乡居民的储蓄存款总额不断突破，大量财富集聚于民间。其中，2007 年，容桂街道城镇人均可支配收入为 24455 元，是全国平均水平的 1.77 倍，是广东省平均水平的 1.38 倍和佛山市平均水平的1.12 倍。[①] 容桂街道经济水平的快速发展使得地区民众的收入水平和生活水平显著提高。民众对政府提供的公共服务需求不断增长。这必然要求政府不断满足民众的公共服务需求。

首先，政府能力方面。“简政强镇”事权改革前，容桂街道党工委和办事处共有 90 个公务员编制，而所面对的服务对象却是 50 万人口。基层政府的公共服务和社会管理不堪重负。因而，民众对政府公共服务供给水平提出更高要求的现实不断地推动着政府创新公共服务供给模式。

> 结合我们社区来讲吧，根据那个马斯诺需求理论嘛，社区居民的物质水平上升了，温饱问题已经解决了，人家可能就心里有需要这种服务了，邻里关系需要改善啊，等等。此外，生活压力也增大了，自然而然地就会出现很多的社会问题，发展社会组织，提供专业性的社会服务是解决这些问题的一项很重要的措施。（DS－D 社工，2013 年 5 月 31 日）

① 《广东顺德区容桂街道经济发展战略研究（2009～2014）》，内部资料。

随着市场经济的推进与容桂地区经济的快速发展，大量外来务工人员涌到社区（村）中，根据笔者调查的9个社区，大部分社区的外来人口已经超过本地人口。在推动本地经济发展的同时，各种社会问题、社会矛盾也日趋增多且复杂化。这给政府的社会管理能力和公共服务供给能力带来前所未有的压力。

> "大部制改革"的动力就是群众有要求，政府就得改的嘛，政府要有危机意识嘛，要转变政府职能。就像企业要升级一样。你为什么要升级？因为，你原来的企业规模和科技含量不行了。政府也一样，如果不转型，就不能实现本地区的更好发展，所以"大部制改革"是必须要推进的……你不改，群众的意见肯定是大的啦。你说办一个准生证要盖20多个章，而且还跑来跑去，很麻烦。群众也希望政府的效率更高一些的。……政府也需要改革，政府为什么改革？就是为了方便企业和群众。这样才能吸引人才来我们地区嘛。（LCK－C支委，2013年5月17日）

其次，民众诉求方面。随着市场经济的发展，尤其是20世纪70年代以来，大多数威权政体国家正在式微并向民主化政体转型。[①] 市场经济渗透所引起的利益格局的变化、社会结构的变迁有效地推动了民众的利益表达和参与意识。在此背景下，自由的经济运行机制和民主化浪潮增强了民众的民主参与意识，具有自主品格的公民精神逐渐形成。民众的民主精神和参与意识迅速觉醒，要求政府拓展民众参与公共政策的路径。由于基层政府直面民众的参与诉求，这些政治诉求更为直接和具体，且直接影响了基层政府的应对策略。同时，由于公民利益诉求的多元性和复杂性，政府越来越需要民众的积极参与以便有效地搜集具有代表性和广泛性的民众意见，制定出合乎各方面利益诉求的公共政策。这也意味着传统的民众利益诉求路径已经难以适应不断变化的社会环境。为了回应这一现实，政府需要建立一套完善的民众政治参与和民主表达的组织体系来应对复杂多变的社会环境以满足民众多元化和复杂化的利益诉求。

① 〔美〕亨廷顿：《第三波：20世纪末民主化浪潮》，刘军宁译，上海三联书店，1998。

（二）现代企业制度下的企业要求政府能够提供优质的服务满足其自身发展需求

20世纪90年代企业产权制度改革以来，在容桂街道党工委、办事处的带领下，容桂地区的企业产业格局不断形成，优势产业日益突出，逐渐形成了以智能家电、电子信息、医疗保健、化工涂料为主导产业，汽车配件、精密机械、电子商务、物联网等产业领域蓬勃兴起的发展浪潮，形成了完整的地区产业体系。

然而，虽然具有优势地位的制造业是容桂经济发展的主体，并支撑着容桂经济发展的各个环节，形成了容桂的经济总量优势，但这种工业主导的经济发展模式的后劲不足，急需加快产业结构转型和增强企业自主创新能力。为了实现容桂地区经济的进一步发展，容桂街道必须扮演引路人角色，为地区企业提供优质的公共服务以满足企业的需求，保证其在（国际）市场中具有一定的竞争力。

> ……在我们看来，还是社会（主要是企业）的倒逼机制推动我们进行改革，还有就是政府的政绩冲动。因为你不解决这些问题，你顺德的经济没有办法向前上一步的。（顺德区官员访谈材料，2013年5月16日）

容桂地区大部分企业已经成为国际市场的佼佼者，但是这些企业（如海信科龙）的总部还是在容桂。虽说它们是国际化大企业，但它们还具有一定的本土性，具有浓烈的地区情怀，对容桂地区具有强烈的归属感。它们不仅关心自己企业的发展，而且关心容桂地区的整体发展。这些具有国际视野和本土意识的企业会以开阔的视野和更高的标准来要求政府。

> 其实，我们（领导）也经常和顺德企业家开座谈会。官员和企业家会有接触的。一个项目那么慢，服务也不好等。如果企业没有发展到一定的程度，企业家对你的要求也不会那么高的，科龙、美的都已经走上国际化了。他肯定是以国际的水平来要求你顺德进行改革。……顺德改革最主要的动力是企业家，是企业家影响了他们（官员）。（顺德区官员访谈材料，2013年5月16日）

此外，容桂街道的企业家具有一定的“慈善意识”和“奉献精神”。他们不仅关注企业的发展，同时关注地区的整体发展。他们会通过助学、助困、助残等形式为社区（村）提供经济上的资助和精神上的支持。例如，在街道办慈善会的引导下，容桂街道各社区（村）都成立了福利会以帮扶社区（村）需要帮扶的民众。其中，MG村福利会已收集到2000多万元的慈善基金，这些基金主要来自本村走出去的企业家。因而，企业发展对政府服务的需求和企业家的慈善奉献精神对容桂街道“简政强镇”事权改革具有一定的推动作用。

总之，容桂街道政府改革有其自身的社会基础和社会需求。如果没有社会力量的倒逼，政府并不会产生改革的动力。与其他地区地方政府改革的动力相比，容桂街道政府改革的动力则更多地源自社会力量（民众、企业）的推动。随着经济社会的发展，容桂地区的民间财富不断壮大，企业的力量逐渐增强，形成一股源源不竭的动力推动着政府进行改革。正是改革开放以来容桂地区经济社会的持续发展倒逼政府改革，使改革有了可能。

四　主体主动：地方政府改革的主观条件

虽说上级政府的驱动和基层社会的推动在一定程度上推动了基层政府进行改革的积极性和主动性，但是，作为理性人的基层政府往往会担心自身利益受损而采取隐蔽性反抗的方式来抵制改革，进而削减了改革的预期效果。而容桂街道的改革主体积极配合省委省政府、区委区政府的要求，积极推进改革的深化，充分体现了作为改革主体的积极性和主动性。例如，在推动和培育社会组织方面，容桂街道主动将以体制内运行为主的工作交由体制外加以实施，最大限度地调动群众参与社会建设的积极性和主动性。某种意义上，上级政府的支持与经济社会的变化是政府改革的前提和外部条件，改革能否持续则取决于政府的自身条件和政府改革的能动性。

政府官员是地方政府的重要组成者、操作者，地方政府改革是在地方官员的操作和主导下进行的。地方领导的“精英作用”和改革政策空间是推动地方政府创新的主体力量。[①] 杨雪冬对既往三届地方政府创新奖获得提名

① 陈雪莲、杨雪冬：《地方政府创新的驱动模式——地方政府干部视角的考察》，《公共管理学报》2009年第3期。

资格的63个项目统计发现，大部分改革项目的启动主体是各级政府官员，尤其是具体部门中的“一把手”及其决策团队。[①] 在容桂街道改革的实践中，从改革主体的改革目的到改革实践过程的学习过程，容桂街道领导干部扮演着重要角色，并以较为积极的姿态把改革推向深处。

（一）改革目的上，容桂街道领导干部以“解决经济社会发展中遇到的问题”作为容桂街道改革的重要目标

一般而言，地方政府改革的动机主要有两个，一个是完成上级政府的改革目标和任务，获取政绩和实现官员晋升；另一个是为了解决经济社会发展中所遇到的实际问题，实现地方治理模式创新。杨雪冬通过对过去10年地方政府改革的统计分析认为，“解决当时工作中出现的问题”成为第四届和第五届中国地方政府改革的主要目的，分别占72.9%和81.2%。[②] 然而，在强烈的官本位意识和相对集中的行政体制下，为了在“政绩锦标赛”中获得优异成绩，实现晋升，地方官员进行政府改革的目的更多是实现政治抱负。这便导致地方政府改革带有领导者个人色彩，使改革周期与领导者任职周期勾连起来，从而导致“人在政在、人走政息”现象。[③] 因而，有学者指出，地方政府改革应从“政绩合法性”向“政治合法性”转变，使民众能够真正参与改革并从改革中得到改革所带来的好处。[④] 而在容桂街道“简政强镇”事权改革的过程中，容桂街道领导干部及社区（村）主要干部并没有把实现政治抱负放在首位，而是利用改革试点的机遇，主动解决容桂地区经济社会发展所面临的实际问题。

首先，在广东省委、省政府的指导下，顺德区政府主动提出在区大部制改革的基础上，同步推进镇街改革。为了有效地推进这一改革，区党政机构还成立了专门的工作小组，对镇街行政管理体制改革进行专门研究。其次，容桂街道领导干部及社区（村）主要干部主动配合顺德区党政机构相关职能部门的要求按部就班地推进改革，积极稳妥地制订改革工作计划，以试点

---

① 杨雪冬：《简论中国地方政府创新研究的十个问题》，《公共管理学报》2008年第1期。

② 杨雪冬：《过去10年的中国地方政府改革——基于中国地方政府创新奖的评价》，《公共管理学报》2011年第1期。

③ 常健、郭薇：《“人走政息”现象剖析》，《人民论坛》2013年第3期。

④ 何增科：《政治合法性与中国地方政府创新：一项初步的经验性研究》，《云南行政学院学报》2007年第2期。

改革工作为契机，有效地落实改革的各项工作，大大提升了改革的成效。如在容桂街道开展试点政社分离改革实践中，容桂街道选取的4个试点社区（村）并没有把这次改革当成一个负担，而是把此项试点改革作为上级领导重视本社区（村）的发展来看待。在大量的外来务工人口涌入和民众公共服务需求不断多元化和复杂化的背景下，社区（村）社会管理和社区治理面临前所未有的挑战。居（村）委会借助试点改革的有利机遇，努力探索改善社区管理和社区治理的有效方法。

（二）改革过程中，容桂街道领导干部主动学习、借鉴发达地区的先进经验来为容桂街道改革提供实践支持和智力保障

地方政府改革不仅是一个行为，而且是一个过程。成功的地方政府改革可以不断地进行扩散。地方政府改革有两种类型：原创型地方政府改革和学习型地方政府改革。根据前五届中国地方政府创新奖的统计分析，原创型改革为60项，学习型改革为57项。其中，超过10%的受访对象认为本地区地方政府改革属于借鉴其他地区的先进经验。[①] 某种意义上，大部分地方政府改革行为都会或多或少地借鉴先进地区的创新经验。综观中国地方政府改革实践，可以把学习型改革划分为体制性学习、自主性学习及无意识性学习等三种类型，体制性学习的政府改革类型使用最为频繁。[②] 通过容桂街道"简政强镇"事权改革实践的观察，容桂街道改革探索了三种学习类型的混合型改革过程。

首先，在改革的过程中，在广东省委、省政府的支持下，顺德区委、区政府不仅通过下放管理权限等方式支持容桂街道推进改革，而且颁布相关的法规、政策为改革扫除障碍。正是体制性的学习过程赋予了容桂街道"简政强镇"事权改革得以持续的重要因素。

其次，容桂街道根据本地区改革的实际情况，有针对性地学习和借鉴国内外相关实践和做法。例如，在容桂街道改革前，顺德区相关领导组织容桂街道领导干部赴浙江等地区学习和借鉴浙江省"强镇扩权"改革的先进经验；在培育和发展社会组织实践中，容桂街道一直把香港社工发展经验作为

① 杨雪冬：《过去10年的中国地方政府改革——基于中国地方政府创新奖的评价》，《公共管理学报》2011年第1期。

② 杨雪冬：《简论中国地方政府创新研究的十个问题》，《公共管理学报》2008年第1期。

借鉴对象。通过对这些先进经验的借鉴和学习，容桂街道可以根据地区实际情况有目的、有意识地进行改革。

> 我们这里靠近港澳，我们有30万~40万的港澳乡亲，而且我们比较早地去跟新加坡学习，新加坡和中国还没有建交的时候，我们就已经去学习过了。90年代以后，包括现在，也派出了大批的干部去学习。虽说成效不大，但是总会“偷”到点儿东西。就像大批的港澳企业来到顺德一样，我们引进的这些团队基本上都是来自港澳那边。经济的发展也好，社会的发展也好，都是“偷”人家的东西，学人家的东西。这个地缘的关系也是很重要的。（顺德官员访谈材料，2013年5月16日）

此外，容桂街道领导干部具有较强的思考意识，他们喜欢和专家、学者、记者等交流。这个学习和交流的过程开阔了官员的视野，丰富了官员的知识构成，为容桂街道改革的推进奠定了智力基础。

最后，当政府改革遭遇困境或已有的相关做法无法解决实际问题时，地方政府便会凭借自己的知识构成和实践经验主动加以解决。在引进现代社工制度的过程中，由于现有的运作模式（福利会—社工服务站）难以解决容桂街道社工发展所面临的困境。在香港社工运作模式的启发下，容桂街道探索出“社区（村）福利会—专业社工机构—项目化服务”运作模式，从而解决社工人员监管难、社工站行政化等困境。因而，混合型改革过程为容桂街道改革持续推进奠定了重要基础。

五　结论与讨论

与既有的“自上而下改革”和“自下而上改革”不同，容桂街道改革的案例则提供了地方政府改革的第三条路径：这种改革既来自自上而下的有力驱动，又来自基层社会的有效推动，最终“上下双动”激发了改革主体主动进行改革的决心。正是在“上级驱动、基层推动、主体主动”的共同作用下，容桂街道“简政强镇”事权改革得以持续推进。容桂街道“简政强镇”事权改革揭示出唯有三个因素之间的相互支持与配合才能改善地方政府改革的成效。

首先，对地方政府而言，上级（高层）政府的支持是关系到地方政府改革成功与否的重要指标。上级政府的政策支持是改革得以推进的重要前提。正是在中央政府、广东省政府、顺德区政府的驱动下，容桂街道改革得以成功地持续下去。其次，随着民众收入水平的提高和生活品质的提升，传统的社会管理手段和公共服务供给能力难以适应新时期的客观需求。民众对政府提供公共产品和公共服务的期望值逐渐提高、公民的民主意识在不断地增强、企业发展对政府提出的要求逐渐增多，这些外部压力势必给容桂街道带来一定的治理压力，促使其进行政府改革。最后，上级政府的支持与经济社会的变化是政府改革的前提因素和外部条件，改革能否持续则取决于容桂街道的自身条件。在改革者的目的上，容桂街道领导干部及社区（村）主要干部着力利用改革试点的机遇，主动解决容桂地区经济社会发展所面临的实际问题。在改革的实施过程中，容桂街道领导干部主动学习、借鉴发达地区的先进经验来为容桂街道改革提供实践支持和智力保障。

虽说容桂街道“简政强镇”事权改革得以进行与地区非制度性因素有关，不能照搬到其他欠发达地区，但无论如何，这一改革仍然给省内其他县市，乃至全国其他地区地方政府改革与地方治理创新提供了一定的示范价值。

合理性、合法性与正当性：地方政府改革创新的多重张力及其重构

陈科霖*

摘　要：改革创新往往是出于现实法律制度的实施与公共利益需求的矛盾而产生的，但在追求公共利益的“合理性”过程中，面临着与既有法律制度“合法性”的张力，从理论意义上，这源于“合法性”、“合理性”以及“正当性”数个概念在价值取向上的冲突。将法律制度作为一个重要变量加以考察，可以看到：政府创新与技术创新以及一般意义上的制度创新有不同的运行逻辑。并且在这一逻辑之下，改革创新合理性与合法性之间的张力存在三种不同的模式。地方政府的改革创新行为可以通过一定的机制设计平衡三大要素之间的张力，进而实现公共利益导向的合法性、合理性与正当性的有机统一。

关键词：改革创新　合理性　合法性　正当性　张力　重构

肇始于十一届三中全会的“改革开放”政策无疑对当代中国产生了十分重大的影响，中国由此逐步走向了一个“大变革”的时代。在这个时代，“改革”与“创新”正在成为当代中国各级政府的重要议题。如果从改革创新的向度加以区分，我们可以将其分为两类：一是“顶层设计”（自上而下的变

* 陈科霖，河北石家庄人，浙江大学公共管理学院博士研究生，主要研究方向为中国政府与政治、地方政府创新、法治政府。

革，对应中央政府）；二是“地方政府创新”（自下而上的变革，对应地方政府）。地方政府创新行为在当代中国呈现普遍化的特征，但是，在“欣欣向荣”的地方政府创新“大潮”背后，地方政府创新的内生矛盾逐渐产生，其中最为突出的矛盾便体现在改革创新的合法性与合理性之间。当前，越来越多的地方政府创新行为呈现这样的特点，即地方政府的改革创新往往具有违背当前法律，而遵守当前法律往往更加具有不利性的双重性特征。这样的双重特征交织在一起就导致了诸多的改革创新行为陷入了一种“合理性—合法性”困境：一方面，法律天然地具有滞后性，而处于大变革时期的当代中国，改革创新又成为常态，那么当新的内部生产关系以及新的外部政治环境出现时，落后的法律应用于新环境势必造成脱节，那么坚持形式合法性标准便会丧失实质合理性的诉求；另一方面，允许突破法律的实践，即坚持“个案正义”以及纯粹的合理性标准，又会产生一个重大矛盾，即法治具有普遍性，允许“各自为政”的创新或选择性执法，即便具有“个案正义”或个案效用的最大化，但因其动摇了法治作为整体性的基础，在实质上又存在“破坏法治”的弊端，而法治作为整个社会的“最后一道防线”，显然不能随意破坏。这一“成本”与“收益”显然也不能简单地对等衡量。

自党的十八大以来，“法治中国”逐渐成为中国改革与发展的总目标。特别是在中央全面深化改革领导小组第二次会议上，习近平总书记更是指出：“凡属重大改革都要于法有据。在整个改革过程中，都要高度重视运用法治思维和法治方式，加强对相关立法工作的协调。”[①] 可见，在地方政府改革创新长期实践的基础上，中央逐步形成了对改革创新及其合法性这一问题矛盾的认识。从作用的向度分析，改革创新，特别是来自基层的地方政府创新，往往具有“摸着石头过河”的属性，属于自下而上的探索；而法律制定与法律修改，一般由较高层级的权力机关发起，往往具有“顶层设计”的属性。相比之下，“当改革需要有一个整体性的、全局性的规范的时候，只有顶层设计能够承担这样的使命”[②]。同时，“顶层设计”的改革路径具有高度的合法性，因其是权力机关自身对法律的修改与完善，从本质上讲是一个法律更替过程，故而不会存在合法性问题。但与此同时，“顶层设计”又

① 《习近平：凡属重大改革都要于法有据》，新华网，http://news.xinhuanet.com/fortune/2014-03/01/c_126207261.htm。

② 竺乾威：《辩证看待顶层设计与摸着石头过河的关系》，《北京日报》2013年1月7日。

存在合理性之不足，因为法律的制定与修改过程往往不能实现“普遍正义”；而“摸着石头过河”的改革路径往往具有高度的合理性，因为“摸着石头过河作为一种渐进改革方法，是在实践基础上摸规律，是有效的”[①]。但与此同时，“摸着石头过河”实际上允许地方政府在特定条件下的“各自为政”，这又违背了法律的统一性。可见，单纯的“顶层设计”思路或“摸着石头过河”的路径都存在合理性与合法性之取舍矛盾。

因此，在改革创新的过程中，其合理性与合法性之间始终存在明显的张力，这一张力实则为合理性原则与合法性原则在政府管理领域的外在表现形式。为此，本文旨在厘清合理性、合法性与正当性三个基本概念的基础上，指出合理性原则与合法性原则本质性的内在冲突。并在此基础上，揭示这一核心命题在政府管理领域的外在表现——改革创新过程中的合理性与合法性之张力，阐述这一张力的基本形态与内在机理。进一步，本文将探索如何对改革创新的合理性与合法性进行取舍与平衡，并试图重构改革创新与依法行政之间的关系，从而回归改革创新应有的正当性取向。

一　合法性、合理性与正当性之辨

在展开进一步的论述之前，首先明确三个概念，即“合法性”、“合理性”以及“正当性”。

（一）“正当性”（legitimacy）

在学术界，关于“legitimacy”一词的翻译，通常被译作“合法性”，例如学术界惯以称之的“韦伯的合法性理论”（Marx Weber's Legitimacy Theory），便将“legitimacy”一词翻译为“合法性”。由于中西方语境中对“法”一词的理解大不相同，这便导致了“合法性”作为“legitimacy”一词的翻译从而出现的诸多误解。[②]

政治学意义上的“合法性”概念源于马克斯·韦伯的《经济与社会》一书，在该书中，韦伯关于合法性的论述主要集中于第三章“统治

① 竺乾威：《辩证看待顶层设计与摸着石头过河的关系》，《北京日报》2013 年 1 月 7 日。

② 关于正当性与合法性概念的辨析，参见刘杨《正当性与合法性概念辨析》，《法制与社会发展》2008 年第 3 期。

的类型”。在该部分的论述中，韦伯特别指出：“‘统治’应该叫做在一个可能标明人的群体里，让具体的（或者：一切的）命令得到服从的机会……任何一种真正的统治关系都包含着一种特定的最低限度的服从愿望，即从服从中获取（外在的和内在的）利益”、“习俗或利害关系……不可能构成一个统治的可靠的基础。除了这些因素外，一般还要加上另一个因素：对合法性的信仰”、“当然，一种统治的‘合法性’，也只能被看作是在相当程度上为此保持和得到实际对待的机会……‘服从’应该意味着，服从者的行为基本上是这样进行的，即仿佛他为了执行命令，把命令的内容变为他的举止的准则，而且仅仅是由于形式上的服从关系，而不考虑自己对命令本身的价值或无价值有什么看法”[①]。

可以看出，韦伯所论述的“合法性”（legitimacy），实际指称一种存在于统治者与被统治者之间的“服从关系”，这种服从关系体现在被统治者因为什么服从于统治者的统治。因此，韦伯的“合法性理论”（Legitimacy Theory）描绘的是在政治学意义上的统治关系，并未涉及法律意义上的“法”（law），这是值得我们注意的。

韦伯在论述中进一步将一个“合法的统治”分为三种纯粹的类型：[②] 第一，法理型权威（rational - legal authority）。建立在相信统治者的章程所规定的制度和指令权利的合法性之上，他们是合法授命进行统治的（合法型的统治）。第二，传统型权威（traditional authority）。建立在一般的相信历来适用的传统的神圣性和由传统授命实施权威的统治者的合法性之上（传统型的统治）。第三，克里斯玛型权威（charismatic authority）。建立在非凡的献身于一个人以及由他所默示和创立的制度的神圣性，或者英雄气概，或者楷模样板之上（魅力型的统治）。

紧接着，韦伯对这三种纯粹的权威类型做了简要的解释说明，而其核心的论述句式即“由于……而服从他”。这就说明，韦伯所论述的“合法性权威”实质上指称为“正当性支配”更为妥当。[③] 所以说，“正当性”是统治者统治被统治者的权威来源，也是被统治者认同现有统治的理由所在。

---

① 〔德〕马克斯·韦伯：《经济与社会》（上卷），林荣远译，商务印书馆，1997，第 238、239、240 页。

② 原译著中分别将三种权威译为“合理的性质”、“传统的性质”与“魅力的性质”，正文行文采取当前学术界通说，故而标注其英文翻译以明晰之。

③ 谢立中主编《西方社会学名著提要》，江西人民出版社，1998，第 46 页。

（二）“合法性”（legality）

在中文的语境中，“合法性”通常指称“legitimacy”，而与此相对的“legality”一词则被翻译成“合法律性”，或者将前者称为广义的合法性，而将后者称为狭义的合法性。就“legality”一词而言，它最早起源于著名思想家托马斯·阿奎那（Thomas Aquinas）。阿奎那认为，“因执行而产生（ex parte exercitii）的暴政意味着不法（illegality），因无权力而产生（ex defectu tituli）的暴政意味着非法（illegitimacy）”①。这一论述首先对正当性（legitimacy）与合法性（legality）进行了区分。

法国思想家奥古斯特·孔德（Auguste Comte）的《论实证精神》一书提出了新的“实证哲学”，并成为法律实证主义（Legal Positivism）的滥觞。实证主义法学（Positivist Jurisprudence）对传统的“自然法标准”提出了挑战，它的核心观点认为，自然法准则是“形而上学”的，而法律实证主义则以实证材料为依据。因此，实证主义法学相对于“法律应该是怎样的”，更加关注“法律实际上是怎样的”。在科学主义逐渐兴起的时代，“实证主义法学”的出现无疑成为西方学术界追求科学精神在法理学领域的表现形式。由此，法理学界的分析模式也形成了“自然法”与“人定法”的分野，并由此演化成长达世纪之久的学术争论。

“合法性”（legality）这一概念正是在法律实证主义出现之后逐渐具有了丰富的理论内涵。作为“legality”层面的合法性，它强调的是“合法律性”，这里的“法律”特指人定法、实在的法律，而不是虚无缥缈的“自然法准则”。因此，“合法性”体现出了实际存在的法律秩序以及行为人对这一法律秩序的服从与遵守。在这一层面上，“合法性”并不具有价值判断属性，它仅仅具有事实判断层面的属性，即判断是否“合法”（legal）的标准在于行为人是否遵守了“人定法”，而并不考虑到“人定法”本身的善恶属性。在追求科学主义、理性主义的大背景下，合法性标准以其简洁直观的特性获得了诸多法学家的认可。现代的司法审判也遵循了合法性的判断标准，而当采用合法性标准出现“明显不合理”的时候，才会援引合理性标准进行评判。故而，在法律的实务操作层面，发端于实证主义法学的“合法性标准”成了主流的判断标准。

---

① 刘毅：《“合法性”与“正当性”译词辨》，《博览群书》2007年第3期。

（三）“合理性”（rationality）

合理性原则与另一重要法学流派——“自然主义法学”密切相关。自然主义法学在价值观上追求法律在终极意义上的正义，因此人类的行为应当服从于自然法（Natural Law）的价值判断。自然法具有三大共性：（1）自然法是永恒的、绝对的；（2）人的理性可以认识、发现自然法；（3）自然法超越于实在法之上，后者应当服从前者。可以说，合理性原则是对自然法“理性认知”的结果，它与人定法无关，仅仅依赖于人们的价值判断。

“合理性”一词中的“理”大体可归纳为四种用法：（1）合于言辞之理或言之成理；（2）合于思维形式的理即逻辑；（3）合于人伦之理；（4）合于自然之理或真理，即事物的规律。①

“合理性”这一概念的核心在于“合理”，即“合乎人的理性”。人的理性可以分为两种：一是纯粹理性，二是实践理性。纯粹理性出于人类的认识，是先验性的，它不依赖于人类的经验而求助于先天的、普遍的、天然的、形而上学的评价标准。在法律的合理性评价中，纯粹理性表现出的是“形式合理性评价”；实践理性出于人类的实践，是后验性的，它依赖于人类在社会活动中形成的实践。在法律的合理性评价中，实践理性表现出的是“实质合理性评价”。

在法学意义上的“形式合理性”主要体现在三个方面：合逻辑性、可预测性以及可操作性和有效性。② 也就是说，当法律具有协调统一完整的逻辑，结果又是非神秘的、可知的，以及法律能够给人们带来实际的效果时，形式合理性标准便达到了。形式合理性评价主要是从法律的内在结构和外在形式等方面进行评价，它是合理性的直观体现。

“实质合理性”与“形式合理性”不同，它的价值判断意味更加浓厚。实质合理性具有四个特点：第一，判断标准的实质正当性；第二，价值观的主流性；第三，个案的最优性；第四，人治色彩的浓厚性。③

形式合理性与实质合理性之间存在多重张力。从历史唯物主义的角度出发，首先，人类社会的价值判断中存在某些共性的东西，这些东西可以被概

① 严存生：《法的合理性研究》，《法制与社会发展》2002年第4期。

② 严存生：《合法性、合道德性、合理性——对实在法的三种评价及其关系》，《法律科学》1999年第4期。

③ 江必新：《论形式合理性与实质合理性的关系》，《法治研究》2013年第4期。

括为“普世价值”。这些诸如平等、自由、法治等基本价值往往是不变的、永恒的，这是实质合理性最为抽象的表达方式。而与此同时，人类社会中现实的政治环境又是处于不断变化之中的，法律等社会规范在不同的历史时期有不同的表现方式，这就带来了形式合理性的流变性与实质合理性的不变性之间的张力。其次，社会规范，特别是法律往往具有相当程度的稳定性，当一个社会处于转型期时，社会的价值观随着经济政治环境不断发生变化：旧有的价值观随着时间的推移得以扬弃，新的价值观得以不断生成。作为形式合理性的法律本身又往往是落后于现实变化的，那么这时就会带来实质合理性的流变性与形式合理性的不变性之间的张力。

由此可见，形式合理性与实质合理性之分野类似于马克斯·韦伯的“三种权威类型”之分，属于在理论探讨层面的纯粹一极。我们可以分别就法律与人、道德、政治目标和社会事实的关系等维度对法治的两极进行比较（见表 1）。

表 1 法治的形式合理性与实质合理性两极之比较

比较项目 / 比较维度	形式合理性（过分强调“合法性”之法治）	实质合理性（过分强调“合理性”之法治）
法律与人的关系	法律优先	法律受执法者意志主宰
法律与道德的关系	法律优先	法律受伦理束缚，受人情支配，受舆论左右
法律与政治目标的关系	法律优先	法律绝对服从政治目标，不符合的可以随时被改变或废止
法律与社会事实的关系	法律优先	个案优先，法律成为一种“可变”的、不稳定的因素

资料来源：根据孙笑侠《法治、合理性及其代价》（《法制与社会发展》1997 年第 1 期）一文中的观点整理而成。

毋庸置疑，对一个行为做出“合法不合理”或“合理不合法”的判断，其中的“合理”显而易见指称的是“实质合理性”，其中的“合法”则是指追求纯粹合乎法律的“形式合理性”。因此，纯粹的“形式合理性”几近等同于“合法性”（legality）。故而本文所论及之“合理性”，几乎等同于这里的“实质合理性”；而“合法性”，即是“合乎法律性”之简称，并几乎等同于在遵从人定法层面上的纯粹的“形式合理性”；本文之“正当性”，则与政治学界通用的“合法性”（legitimacy）一词同义。

二 改革创新合理性与合法性之张力：基本形态与具体表现

在明确合理性与合法性这一对概念的基础上，我们再来观察中国在1978年以来的改革创新行为，便不难发现诸多的改革创新行为都存在合理性与合法性的张力。

地方政府的改革创新行为浩如烟海、纷繁复杂，这里我们选取了历届“中国地方政府创新奖”中最具有代表性的三个案例加以研究，从而挖掘并概括改革创新合理性与合法性张力的基本形态。在贵州省贵阳市的案例中，创新行为几乎不涉及合法性层面的问题；在天津市南开区的案例中，创新行为在一定程度上变通了法律的执行，从严格意义上说仍属于违反了现行法律；四川省遂宁市的案例中，创新行为直接与现行法律产生了冲突，在合法性与合理性之间产生了较大的张力。

案例一 贵州省贵阳市人大常委会：市民旁听制度①

1999年1月，贵阳市第十届人大常委会决定：从第十一次会议开始，贵阳市民可以自由旁听常委会会议并在会上发言。到2001年9月贵阳市人大常委会第三十二次会议为止，全部21次常委会会议都实行了该制度，参加旁听的市民超过200人。贵阳市人大常委会在全国首创了市民旁听并发言的制度。

实行市民旁听的基本办法是：人大常委会每年分两次在贵阳市的报纸、广播电台和人大的墙报上公布未来半年常委会各次会议的议题。市民可以根据自己的兴趣报名参加某次或某几次会议的旁听。然后，人大常委会根据报名的情况通知报名的市民参加具体某次会议的旁听。

实行这一制度后，首先，人大的工作与广大群众的距离拉近了。群众的许多意见可以通过旁听市民的发言直接反映出来，是对人大代表工作的有益补充。其次，人大常委会的立法和执法检查质量提高了。一方面，由于有市民的旁听，人大常委的工作更加认真负责；另一方面，在立法和执法检查的

① 案例一的有关详细信息请参见第一届中国地方政府创新奖相关申报材料。

过程中，市民的参与起到了集思广益的作用。再次，人大的监督得到了落实。由于有市民旁听并有市民发言，人大对一府两院的监督从过去的谈成绩变成了谈问题。在第三十二次常委会会议上，市政府有两个局的候任局长的供职报告没有通过。人大监督的加强推动了政府有关干部的工作态度和工作作风的转变。最后，旁听具有有效的政治社会化功能。市民以及部分干部对国家权力结构的运行、重大法律规定有了深刻的了解。市民的政治参与能力通过发言也得到了训练和提高。

围绕人大常委会会议开放普通市民旁听并听取旁听市民发言这项制度，贵阳市人大还实行了立法公示、公开征集执法检查项目、设立市民谏言信箱、上任干部要在常委会做供职报告、在任干部每半年要向常委会做述职报告、述职报告不评功摆好等一系列的改革。

目前，贵阳市人大常委会会议的市民旁听席位有 12 个，市人大常委会的领导表示，今后随着会议场地的扩大，市民旁听的席位要大大增加。此外，贵阳市人大常委会的市民旁听制度还产生了良好的示范效应，市各区县的人大常委会已经在 2000 年开始陆陆续续实行了开放市民旁听并听取旁听市民发言的制度，省人大常委会在 2001 年 9 月也做出了从第九届省人大常委会第二十四次会议开始开放公民旁听的决议。

《中华人民共和国宪法》（以下简称《宪法》）、《中华人民共和国地方各级人民代表大会和地方各级人民政府组织法》（以下简称《地方组织法》）都规定，人民代表大会是国家权力机关，并且《地方组织法》还详细规定了各级人民代表大会的职权，其中县级以上地方人大可以“讨论、决定本行政区域内的政治、经济、教育、科学、文化、卫生、环境和资源保护、民政、民族等工作的重大事项”，而乡镇一级人大可以“根据国家计划，决定本行政区域内的经济、文化事业和公共事业的建设计划”。概括来说，各级人大均具有本地区重大事项的决定权，并且重大事项的决定只有经人民代表大会通过方可生效。人民代表大会的重大事项决定权体现了国家机关权力相互制约的原则，可以有效地遏止决策腐败以及决策失误的产生。并且从理论意义上讲，人民代表大会作为代议机关，是人民当家做主的直接体现，符合社会主义民主的基本要求。

但与此同时，密尔在《代议制政府》一书中也指出，“和其他政府形式一样，代议制政府的积极的缺陷和危险可以概括为两条：第一，议会中的普遍无知和无能，或者说得温和一点，智力条件不充分；第二，有受到和社会普遍福利不同的利益影响的危险"[①]。这两大危险在现实中的表现：第一，作为一个发展中国家，我国人大代表的知识素养尚不够高，参政议政的能力还有待加强。例如十二届全国人大代表当中，具有大专以上文化程度的仅占82.76%[②]，也就是说，仍有近两成的全国人大代表尚不具有大专学历。因此在涉及专业领域的决策过程中，人大代表往往也难以依据科学合理的标准对其做出评判，从而影响了决策的信度。第二，在我国的人大代表中，政府官员占到了相当一部分的比例，仍以十二届全国人大代表为例，党政领导干部代表1042名，占代表总数的34.88%，也就是说，有1/3左右的全国人大代表是政府官员，如此高比例的政府官员进入代议机构，就有可能增加"部门立法"、"本位主义"的风险，从而使权力机关的决策偏离了公共利益导向。

贵阳市人大常委会的这项创新举措，通过开放普通市民旁听并听取旁听市民发言的方式，实现了民意的畅通表达。从整个创新举措的实施来看，地方人大的运行仍然依据《地方组织法》展开，但在具体实施过程中，增加了普通市民旁听以及发言的环节。《地方组织法》中有关列席会议的规定有四处，[③] 虽然没有直接规定普通市民可以"列席会议"，但从整个立法精神来看，允许普通市民列席会议并发表意见，显然也是合乎法律精神的。《宪法》第二条也规定"人民依照法律规定，通过各种途径和形式，管理国家事务，管理经济和文化事业，管理社会事务"。允许普通市民旁听人大会议并发表意见，属于宪法所规定的管理国家事务的方式。可以说，贵阳市人大常委会的这个创新案例，是在符合相关法律精神的基础上，增进法律实施的公共利益的一项有益尝试。

---

① 〔英〕J. S. 密尔：《代议制政府》，汪瑄译，商务印书馆，1982，第85~86页。

② 《全国人大代表官员比降至35%　习近平李克强等当选》，腾讯新闻网，http://news.qq.com/a/20130228/000012.htm。

③ "县级以上的地方各级人民政府组成人员和人民法院院长、人民检察院检察长，乡级的人民政府领导人员，列席本级人民代表大会会议；县级以上的其他有关机关、团体负责人，经本级人民代表大会常务委员会决定，可以列席本级人民代表大会会议"（第十七条）；"在主席团会议或者专门委员会会议上答复的，提质询案的代表有权列席会议，发表意见"（第二十八条第二款）；"省、自治区、直辖市、自治州、设区的市的人民代表大会代表可以列席原选举单位的人民代表大会会议"（第三十七条第二款）；"质询案由主任会议决定交由受质询机关在常务委员会全体会议上或者有关的专门委员会会议上口头答复，或者由受质询机关书面答复。在专门委员会会议上答复的，提质询案的常务委员会组成人员有权列席会议，发表意见"（第四十七条第二款）。

案例二　天津市南开区“超时默许新机制”[1]

2002年8月，天津市南开区开始试行“超时默认”行政审批机制，2003年1月正式实行（2004年2月改称“超时默许”机制）。“超时默许”的主要内容是：行政审批部门对受理的事项，如果在规定时间内未作出准予或不予许可决定，又未经法定程序延长审批时限，逾期未办结的，将自动视为默认同意。“超时默许”机制的运行主要借助OA系统软件来完成，其流程为：行政受理、抄告相关、并联审批、限时办结、超时默许。在受理事项到期前一天，系统自动将该事项标成红色，同时每三十秒有两声提示音作为警示，警示24小时后行政许可部门仍未作出准予或不准予的决定，则由该部门事先授权的计算机系统将自动生成并打印出盖有该部门公章的许可证件。送达相应人后，按规定追究相关部门和人员的责任，补办相关手续。

目前，在南开区行政许可服务中心设有办公窗口的职能部门有24家，涉及工商、税务、卫生、文化、旅游、环保、质量监督、公安、消防、国土管理、市容管理、市政等几乎所有行政部门。行政许可中心对各职能部门的窗口没有管辖权和约束力，各职能部门授权微机系统对其行政审批窗口进行自动监管。

“超时默许”机制的创新性体现在以下几个方面。（1）有效地限制了行政审批部门审批权力的滥用，简化了审批环节，提高了审批效率；（2）有效地利用了计算机技术，具有“电子政府”的基本特征。通过计算机系统落实了《行政许可法》的基本精神，实现了行政管理的电子化、自动化。（3）“超时默许”机制通过各职能部门对微机系统的授权，在一定程度上保证了在行政审批过程中行政人员未能作出相应措施的情况下，维持审批程序的不间断运作，实质上发挥了“影子审批”的作用。

“超时默许”机制明确了行政审批责任，避免了传统行政审批中的人为因素，提高了行政审批的效率、提高了行政审批的透明化、有效地优化了经济发展软环境。

首先必须说明的是，这项创新发端于2002年，而我国首部规范行政许可行为的法律，即《中华人民共和国行政许可法》（以下简称《行政许可法》）于2004年1月方付诸实行。因此，这项创新首先具有填补法律空白

[1] 案例二的有关详细信息请参见第三届中国地方政府创新奖相关申报材料。

的意义。其次，就这项改革的合理性而言，应当说是十分明显的：就行政审批的主体——行政许可而言，根据《行政许可法》第十二条的规定，行政许可主要包括普通许可、特许、认可、核准以及登记五类。[①] 需要注意的是，一般意义上的行政许可在形式上虽然是赋予相对人权利，但实际上却是相对人权利在法律上的恢复，故设定行政许可的实质是对相对人权利的限制。那么，行政许可就是对行政相对人的授益行为，由于行政行为的双方——公权力机关与行政相对人呈现过于不平等的状态，法律便有义务通过督促公权力机关，甚至是设立有利于相对人的条款的方式平衡行政行为双方的地位，从而更有利于促进相对人权益的实现。

根据行政许可的性质，虽然行政许可是对相对人权利在法律上的恢复，但这并不代表这些权利是相对人可以在日常生活中随意行使的。根据《行政许可法》第一条，法律设立行政许可，是为了“保护公民、法人和其他组织的合法权益，维护公共利益和社会秩序，保障和监督行政机关有效实施行政管理”。也就是说，国家为了实现“公共利益”与“社会秩序”，并兼及作为一个整体意义上的“自然人、法人和其他组织”的“合法权益”，故而采取“行政许可”的方式，对作为个体意义上的“自然人、法人和其他组织”行使权利做出一定的限制。那么，当相对人提出希望从事某项特定活动的需求（提出行政许可申请）时，公权力机关需要对相对人提出的申请做出判断，当相对人从事某项特定活动不会影响到其他人的合法权益，并不会对公共利益、社会秩序以及行政管理活动带来负面的影响时，行政许可自应被准许。如果行政许可的设立机关由于怠惰等因素拖延了对行政许可的审查过程，便造成了对相对人利益的损害。

即使“超时默许”机制存在充分的合理性依据，但是在特定的情形下其仍然面临着合法性困境。我们将“超时默许”行为分为两类：一类是许可证到期的“续期申请”，另一类是相对人首次提出的“初次申请”。在《行政许可法》中，第一类申请的“超时默许”存在法理依据，即《行政许可法》第五十条的规定[②]。这意味着，对于相对人的“续期申请”，当

① 还包括法律、行政法规规定可以设定行政许可的其他事项。

② 《行政许可法》第五十条规定：“被许可人需要延续依法取得的行政许可的有效期的，应当在该行政许可有效期届满三十日前向作出行政许可决定的行政机关提出申请。但是，法律、法规、规章另有规定的，依照其规定。行政机关应当根据被许可人的申请，在该行政许可有效期届满前作出是否准予延续的决定；逾期未作决定的，视为准予延续。”

相对人在法定时间内提出行政许可申请，行政机关如因为怠惰等原因未能在规定时间内准予（或不准予）相对人的申请，法律规定视为自动续期。

但对于第二类情形下的“初次申请”，则与“续期申请”有很大的不同：“续期申请”的前提在于相对人已经提交过初次申请，并且初次申请经过行政许可机关的形式与实质审查，予以通过。这说明，提出“续期申请”的相对人在此之前已经达到了该申请的资质条件，之后的“续期申请”仅仅为行政许可机关对相对人资格的审查。从常理可以确信，能够通过“初次申请”的相对人在“续期申请”时，除因时间流逝带来的客观变化或能力衰退，或因突发事件带来的重大改变，相对人往往仍具备行政许可的基本条件。在这时，我们可以在“一般意义上”认为相对人仍具有取得许可的能力，因此为了防止行政机关的怠惰，默认一个高概率的事件（相对人仍具有资质）所可能出现的不利，相较于怠惰所导致的相对人利益的无法实现更容易为我们所接受。与之相反，提出“初次申请”的相对人往往具有各种不同的情况，设置行政许可正是为了通过行政机关的实体审查，将不符合条件的申请人“拒之门外”，以防止这些申请人获得行政许可后所可能给公共利益与社会秩序带来的损害。如果因为行政机关的怠惰而导致相对人在不经过实体审查的基础上获得行政许可，将会带来对公共利益的更大不利。

实际上我们可以看到，就由于行政机关的怠惰而致使相对人无法在法定时间内获得行政许可这一法律关系来看，关系的双方分别是行政主体以及行政相对人。而行政主体的意思表示需要公职人员加以完成，由于公职人员产生了怠惰行为，影响到了相对人的利益，那么根据法理的一般原则，应当受到惩戒的应当是“公职人员的怠惰行为”，救济的方式也应当在如何尽快完成行政许可这个层面上进行。故而，对于超时的行政许可行为，其责任关系应当是“公职人员因怠惰而导致的相对人的利益受损”。这时，有两种补救性问责方式①可供选择：其一是“督促公职人员尽快处理完成行政许可申请”；其二是“默认（同意）相对人的行政许可申请”。在形式上，这两种

① 通说认为，补救性行政责任包括以下七种形式：第一，撤销行政违法行为；第二，履行职务；第三，返还权益；第四，恢复原状；第五，赔偿损失；第六，恢复名誉、消除影响；第七，承认错误、赔礼道歉。

问责方式在形式上似乎都属于“履行职务”型的补救性行政责任，但对于第一种问责方式而言，可以对直接责任人员给予通报批评或行政处分，或者通过一定的方式督促其尽快完成，这是最为直接体现“履行职务”的救济方式。而对于第二种问责方式，虽然也是形式上的“履行职务”，但“默许”机制使得行政许可的通过失去了实体审查的过程，从而仍然是公职人员“不作为”行为的一种延续形式，故而“超时默许”不应当属于行政审批机关的“履行职务”行为。所以针对相对人的“初次申请”行为，“超时默许”仍然是公职人员怠惰疏忽的结果，行政许可的通过仍以未经过实体审查为前提，所以该行政许可不能成立。这也与相关条款的规定精神是相符的。①

案例三　四川省遂宁市市中区步云乡“乡长候选人直选”②

1998 年 12 月，步云乡采取村民直接投票的方式，选出了乡长，被称为“中国大陆直选第一乡”。2001 年 12 月，该乡根据《宪法》和《地方政府组织法》，对直接选举乡长的方式进行了调整，采用全乡选民直接选举产生唯一的乡长候选人，然后交乡人代会进行等额选举的方式，成功地进行了乡长换届选举。

两次选举都力图充分贯彻村民直接参与选举的精神，并在具体程序和做法上不断完善。这体现在两个方面：一是在制度层面上，前一次选举采用的是直接选举乡长的方式，第二次采用的则是由选民直选产生唯一的候选人再由乡人代会通过等额选举加以确认的方式，从而实现了直选的精神实质与宪法规定的有机统一。二是在操作层面上，第二次选举比第一次在程序上更加完善，有利于提高程序的公正性。这体现为：（1）选票上印有候选人照片，以利于不识字选民选择；（2）不能代票，一人一票；（3）规定必须设秘密

① 《行政许可法》第六十九条及其第一款规定：“有下列情形之一的……可以撤销行政许可：（一）行政机关工作人员滥用职权、玩忽职守作出准予行政许可决定的”，这指出，“玩忽职守”做出的准予行政许可决定属于可撤销的行政许可；第七十四条及其第二款规定：“行政机关实施行政许可，有下列情形之一的，由其上级行政机关或者监察机关责令改正，对直接负责的主管人员和其他直接责任人员依法给予行政处分；构成犯罪的，依法追究刑事责任：……（二）对符合法定条件的申请人不予行政许可或者不在法定期限内作出准予行政许可决定的”，这指出，超时未能作出准予行政许可决定的，其法律责任仅包括“行政处分”、“刑事责任”两类，并不包括“做出准予行政许可决定”。

② 案例三的有关详细信息请参见第二届中国地方政府创新奖相关申报材料。

划票间；（4）候选人在同一地点演讲根据抓阄决定发言次序；⑤计票时，候选人双方都可以派人监督。除了这些程序外，第二次选举为了提高竞争的公平性，还取消了组织提名候选人的方式。

步云乡的两次直选对当地社会政治经济生活产生了明显影响。首先，通过选举，村民清楚地认识到自己的民主权利，熟悉了选举程序，坚定了对直接选举的信心以及对政府的认同感。其次，直接选举产生的乡长对选民负责的责任感明显增强。竞选时的承诺在换届时基本兑现。最后，乡政府充分考虑当地的实际情况和村民的利益，减少了决策失误，避免强制推行自己和上级的意志。

步云乡直选的直接动因是“保石镇事件”的出现，1998 年 3 月，该镇的书记与镇长因经济原因被免职，包括镇人大主席团主席在内的 20 多位工作人员均有不同程度的违法乱纪行为。整个镇的工作陷于停滞状态。[①] 由于上级党委任命并通过人大选举的乡镇长出现了严重的腐败行为，使得乡镇领导班子的执政正当性受到质疑，故而步云乡首先试验了“公推直选”的方式，即通过选民直接投票的方式直接选举出乡镇长。经过不断的发展与完善，最终形成了这样的一个创新举措。

就合理性而言，步云乡的创新意义无疑是十分巨大的，它是提升执政党执政正当性的一次有益尝试。从实践层面可以看到，通过选民直接投票选举乡镇长候选人的“直接式选举”相对于通过人民代表大会制度选举乡镇长的“间接式选举”具有更高的正当性：首先，直接选举相对于间接选举，对民意的反映真实度更高；其次，直接选举更好地调动了公民参与国家事务的积极性，特别是公民监督政府施政的意愿将更强；最后，对当选者而言，由于其直接对选民做出了承诺，这对当选者的激励机制相较于代议制更强。

但这一创新自始便面临着合法性的重大问题。《宪法》第九十六条规定：“地方各级人民代表大会是地方国家权力机关”；第九十七条规定：“县、不设区的市、市辖区、乡、民族乡、镇的人民代表大会代表由选民直接选举”；第一百〇一条规定：“地方各级人民代表大会分别选举并且有权罢免本级人民政府的省长和副省长、市长和副市长、县长和副县长、区长和副区长、乡长和副乡长、镇长和副镇长”；第一百〇二条规定：“县、不设

① 杨雪冬：《局部创新和制度瓶颈——四川省遂宁市市中区“公推公选”乡镇长和乡镇党委书记》，载俞可平主编《地方政府创新与善治：案例研究》，社会科学文献出版社，2003。

区的市、市辖区、乡、民族乡、镇的人民代表大会代表受选民的监督。地方各级人民代表大会代表的选举单位和选民有权依照法律规定的程序罢免由他们选出的代表”。以上四条规定表明：在我国，人民行使参政权的方式是通过“委托－代理”的方式进行的，即首先由人民选举人大代表，并由人大代表组成人民代表大会选举政府组成人员。

《中华人民共和国全国人民代表大会和地方各级人民代表大会选举法》（以下简称《选举法》）更加明确了《宪法》中就权力机关的选举问题的相关规定，明确了“由选民选举人民代表大会代表，而由人民代表大会代表组成人民代表大会，根据《地方组织法》第八条所规定的职权选举人大常委会委员、本级行政机关正副职领导、人民法院院长、人民检察院检察长以及上一级人民代表大会代表”的运行规则。

对于县级及以下人民代表大会而言，人民代表是由选民直选产生的，而对于县级以上人民代表大会来说，人民代表则通过间接选举产生。无论是任何一级人民代表大会，行使职权的方式均由人大代表代表人民作出，而不是由选民通过“公投”、“直选”的方式直接作出，这是国家权力机关运行规则与居民自治、村民自治规则之间的本质区别。

故而，乡镇长的“直选”是明确违反相关法律的选举行为，具有明显而直接的违法性。因此，在这一创新案例的申报材料中也特别指出：“步云乡直选充分显示了在宏观制度没有变动的情况下局部创新面临的制度困境。现有法律规定乡镇长选举要采用间接选举方式，造成了村民直选与人代会选举的紧张关系。如何协调直选乡长与党委、其他上级任命的官员之间的关系也是一个重要的问题。主要创新者的离任又使在下届选举中是否依然采用直接选举的方法成为未知数，创新在当地的可持续性不确定。这些显然都会影响到该创新的推广价值。”

这一具有突破性的创新逐步扩散到了全国，但具体的操作模式则由“公推直选”转变为“公推公选”。顾名思义，“公推直选”是由全体选民进行投票直接从若干候选人中直接选举；而“公推公选”则是由全体选民投票选出唯一（或有差额）候选人，再由该候选人依据法律程序经权力机关加以确认。由“公推直选”到“公推公选”，虽然只有一字之差，但“公推直选”毕竟是违背现行《选举法》的行为，而“公推公选”则使得这一创新机制完全在宪法和法律框架下运行，从而消弭了这一创新行为的“合法性－合理性”张力。

基于以上三个案例的分析，改革创新的合理性与合法性之间的张力大体可以呈现出三种形态，我们分别将其概括为“增量改革型”、“填补空白型”以及“直接冲突型”。通过表2，可以说明三种张力类型的各自特征。

表2　三种改革创新“合法性－合理性”张力

比较维度 \ 类型	增量改革型	填补空白型	直接冲突型
产生张力的原因	地方政府主动推动公共利益的增进	法律规定产生了空白，或当法律的规定做另行解释时可以增进公共利益时	法律明显属于“恶法”性质，或法律的实施遇到了个案不正义
产生张力的大小	很小	中等	极大
产生张力的形态	几乎不存在	隐性	显性
张力的化解方式	适应创新，获得合法性合理性的统一	赋予自由裁量权、对法律作合理解释	修改既有法律、创新自身做出修正或转向“死亡”

对改革创新合法性与合理性张力的划分，有助于我们区分不同的情形，从而采取与之相对应的处理方式。对“增量改革型”，我们只需要顺势而为，平稳完成创新的过渡；对“填补空白型”，我们需要保证公权力在自由裁量权的范围内行使，并且力图实现法律对这一自由裁量行为的追认，从而使政府创新行为的合法性得到加强；对“直接冲突型”，我们则无法在既有合法性的框架下直接实现改革创新的“正名”。面对这种情形，我们有必要试图重构改革创新与依法行政之间的关系，从而实现改革创新行为逻辑的辩证统一。

三　重构改革创新与依法行政之关系：实现公共利益导向的合法性、合理性与正当性之有机统一

创新“不破不立”的属性决定了在政府的改革创新过程中，不可避免地会遇到改革创新的合法性与合理性之间的张力。从历史唯物主义的角度观察，没有持续的创新产生，社会也就不可能取得良性发展，人类社会也就不会取得进步。既然创新是客观存在的现象，也是一个社会发展的正常趋势，

因此我们不能拒绝改革创新，这是我们重构改革创新与依法行政之间关系的一个重要前提。

面对改革创新的“合法性 - 合理性”张力，单纯否定地方政府的“违法”尝试行为的想法是脱离现实的，但也不应因此而“放任”地方政府的创新行为。如何平衡这一张力，可以从这一关系的两极——创新与法治两个维度展开，从而寻求改革创新与依法行政之间关系的重构。

就法治维度而言，“新行政法学”的出现使我们感到了法学领域的某种“调适”，这一调适既是对传统行政法理论的一次系统检视，又为“能动的行政”创造了良好的基础。“新行政法”引入了专家与大众，构建了“政府 + 专家 + 大众”的三方结构模型以及“形式合法 + 理性 + 民主性”的三元价值模型。[①] 在“新行政法”的框架下：“政府”一方无疑体现了合法性的实现进路，它要求政府依据形式合法性的原则行使公共权力；“专家”一方则体现了合理性的实现进路，专家在决策过程中往往没有特殊的自身利益，故而可以利用其专业知识充当合理决策的辅助角色；“大众”一方体现了正当性的实现进路，因为基于“主权在民”的思想，公民自身无疑是统治的最终权力来源。这一重要思想对重构改革创新与依法行政之关系的贡献在于，它通过转变行政法的固有理念，将合法性、合理性与正当性统合起来，从而实现了这三大要素的有机统一。

就创新维度而言，首先必须述及的是创新论的鼻祖——著名管理大师约瑟夫·熊彼特（Joseph A. Schumpeter）。他曾经指出，创新（innovation）就是一种“创造性破坏”（creative destruction），[②] 通过打破旧的、低效的工艺与产品，可以促进新的、高效的生产力产生，进而创新本身实现了经济的进一步发展。在企业创新管理领域，创新的原动力来源于企业对超额利润的追求以及企业家精神，在此基础上，学者通过总结得出了熊彼特创新模型 I，如图 1 所示。

傅大友、宋典结合了马克思主义哲学的经典理论与新制度经济学理论，认为制度创新既是一个经济学范畴，也是一个社会关系范畴，因此考察制度创新应当考察到人的活动的观念更新、创造性以及对制度发展的扬弃与质的

① 王锡锌：《行政正当性需求的回归——中国新行政法概念的提出、逻辑与制度框架》，《清华法学》2009 年第 2 期。

② Joseph A. Schumpeter, *The Theory of Economic Development: An Inquiry into Profits, Capital, Credit, Interest, and Business Cycle*, Harvard University Press, 1934.

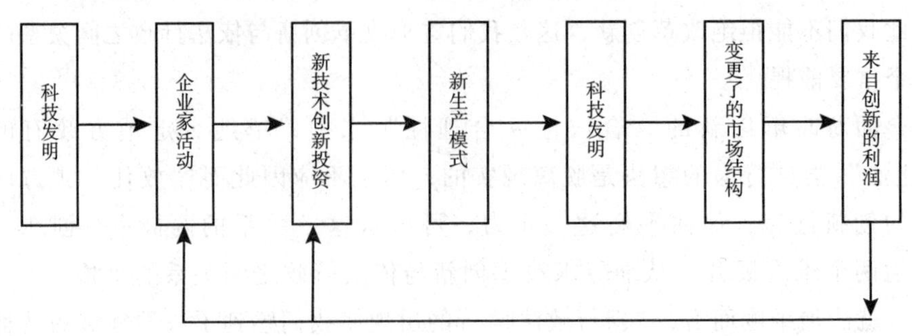

图 1 熊彼特创新模型 I

资料来源：向刚、汪应洛《企业持续创新动力机制研究》，《科研管理》2004 年第 6 期。

飞跃，因此地方政府创新的动力机制首先是地方政府制度创新的动力反应与作用链，它表明作为一个系统的政府，在接受外部刺激后，形成制度创新的动力，并经过动力的转换和贯彻，最终完成制度创新、动力得以终止的过程，整个过程可以用图 2 来表示。

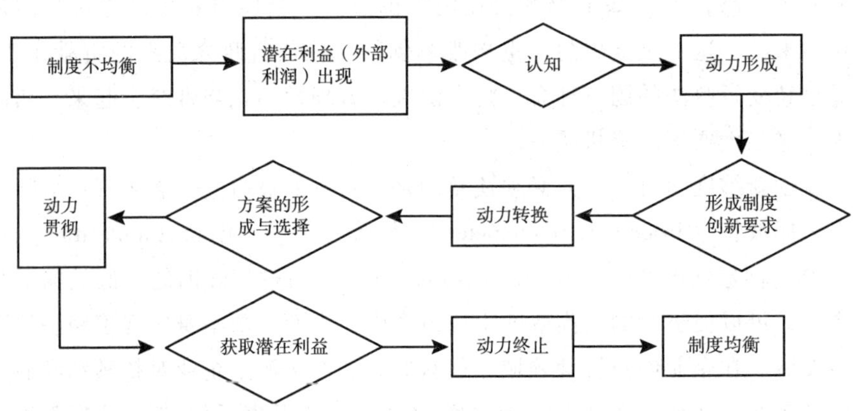

图 2 地方政府制度创新的动力机制

资料来源：傅大友、宋典《地方政府制度创新的动力机制研究》，《苏州大学学报》2004 年第 1 期。

通过分析不难看出，图 1 所示的企业管理创新层面的创新作用机制，其出发点是新产生的科技发明，动力来源于企业对超额利润的追求以及企业家精神，随着创新活动的进行，市场结构得以改变，企业家获取了来源于创新的超额利润，从而可以使该利润用于进一步的创新活动，直至创新所带来的超额利润趋近于零时，创新活动趋向结束。图 2 所示的地方政府制度创新层面的创新作用机制，其出发点是制度不均衡，动力来源于潜在利益诱使的驱动，随着创新活动的进行，潜在利益得以获取，制度又趋向于均衡化，进而创新活动逐渐趋向于结束。

以上两类创新动力机制存在一个共性的特点，即创新活动所处的约束条件较为单一，推动创新进行的动力仅有利益（利润）一个维度，而忽视了其他因素对创新活动的影响。这一分析框架在技术创新管理领域的应用具有较高的效度，但将其放置在政府创新领域考察，这一框架则忽视了创新行为客体，即制度本身对整个创新活动的影响机制。实际上，在政府创新领域，“利益”维度已转变为“公共利益”，“制度”更多地被代之以“法律”。因此，在考虑到这一转变的基础之上，地方政府的改革创新行为实际上已经形成了这样的一套运行逻辑，如图 3 所示。

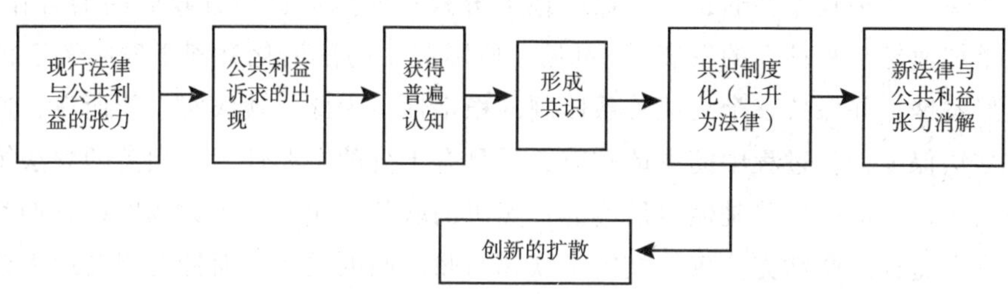

图 3　地方政府改革创新行为的运行逻辑

这一逻辑指出了当前中国地方政府改革创新行为的运行特征。突破法律的创新行为往往首先由于现行法律在实施过程中与公共利益之间形成了张力，即出现了“合法不合理”，或“合理不合法”的状态，随后现行法律与公共利益之间的张力逐渐外显，从而出现了修改法律而实现更大的公共利益的诉求。公共利益诉求的不断出现以及规模效应的产生，会逐渐凝聚成整个社会对于改革创新的共识。进而，共识通过制度化的表现形式形成公共制度——法律。随着新法律的实施，社会关系的调整方式发生了改变，法律与公共利益之间的张力便得到了消解，整个社会又回复到稳定状态。

无疑，合法性（legality）、合理性（rationality）以及正当性（legitimacy）均在地方政府改革创新行为的这一运行逻辑中扮演了重要的角色。而连接这三大概念的重要纽带则是公共利益（public interest）。具体来说，这四者的关系可以概括为表 3 所示。

表 3 地方政府改革创新行为中诸要素之表征

要素 \ 测量	状态变化	作用主体	表现机制
合法性	违背旧法→符合新法	政府	立法过程
合理性	不合理→合理	专家	思维过程
正当性	不足→充足	公民	参与过程
公共利益	有限→增进	政府、专家、公民三位一体	综合过程

重构改革创新与依法行政的关系，应当在兼顾合法性、合理性的基础上进行，并以遵循正当性的方式为基础实现公共利益为依归。

首先，为了兼顾合法性，就要通过立法保障央地政府创新关系。薛刚凌指出，将府际关系纳入法律调整有如下必要性：一是建立理性的府际关系；二是保障中央政令畅通；三是保障地方分权；四是促进地方政府间的合作；五是加速经济和社会的发展。[①] 可见，府际关系的法治化有利于府际关系的良好发展，并保持整个央地关系体制的稳定性。为此，就政府创新而言，通过立法保障创新过程中的央地政府关系具有十分的必要性。就相关的立法策略而言，美国的经验是值得借鉴的：美国的联邦与州都是中央政府，它们都具有立宪权。联邦宪法仅仅规定了联邦与州之间的关系，而针对州与地方政府之间的关系，美国的《迪龙法》（*Dillon's Rule*）和《地方管理特许权法》（*Home Rule*）一张一弛，既确定了州政府对地方政府的绝对领导权，又给了地方政府发挥自主能动性的巨大空间。这些法案是集权和分权的底线、政府创新的边界，它们既维护了上级政府的领导权，保护了公民的基本权利，又给予地方相当的自主管理权和发展空间。[②]

为此，有必要通过立法的形式对央地政府间的法律关系加以规范。为了保障地方政府创新的活力，对中央一级的权限应当偏重于“限权”，即对起到维系国家法治统一的全国性法律，应当就法治的基本问题做出规定，而不宜规定过细、过繁，特别是由于地区差异所致的在司法过程中容易产生差异的部分，上位法更应当做原则性规定；与之相反，对地方一级的权限则应当偏重于“赋权”，即对具体操作层面的裁量权应当倾向于扩大，特别是基于区域发展不平衡所导致的执法差异性，应当将更多的裁量权下放至地方。在

① 薛刚凌：《论府际关系的法律调整》，《中国法学》2005 年第 5 期。

② 蓝志勇：《给分权划底线，为创新设边界——地方政府创新的法律环境探讨》，《浙江大学学报》（人文社会科学版）2007 年第 6 期。

此基础上，整合并构建合理的央地间权力关系。一个理想的纵向府际权力关系应当能够兼顾分权、制约与协调三大要素。[①] 其中，分权是基础，一个良好的央地关系一定是在科学的权力划分基础上的，这样的权力划分既能够保障中央政府的“号令统一”，亦能保障地方政府具有相当的“自主权”；制约是关键，所谓“制约关系”，它是“双向的，是权力主体之间相互约束牵制的关系”[②]。上下级政府之间形成良好的制约关系，既避免了上级政府过度干预下级政府，从而“一收就死”的困局，又可以避免地方政府的无序改革，从而利于维护法治的统一性；协调是目的，“协调”表明了央地间的权力关系本质仍然是合作性的，而不是对抗性的。实现央地关系的协调，有利于央地政府之间在较为缓和的机制下沟通对话，进而保障公共利益的良好实现。

其次，为了兼顾合理性，应当通过一定程度的机制设计保障专家决策与专家意见在改革创新中的作用。目前在我国现行体制下，专家能够发挥作用的机制如下。其一是人民代表大会的专门委员会；其二是专家通过参与政治协商会议的方式建言献策；其三是政策研究室、参事室、发展研究中心；其四是高校、科研院所的决策辅助作用。就法律层面而言，最为直接的将专家意见上升为合法性渠道的方式当属人民代表大会专门委员会的形式。为此，应当探索实现人民代表大会专门委员会的专职化、专业化。这样，人大专委会与人民代表大会将形成专兼职并存的格局，这样的格局既有利于发挥兼职代表“广泛性”的特点，亦能够实现专家集中高效决策的优势。

再次，发挥人大的“载体”作用，从而实现合法性与合理性在正当性层面的有机统一。在改革创新取得合理性与合法性的基础上，我们亦不应忽视其正当性问题。我国“人民当家作主”的社会主义民主体制决定了政治正当性成为一切改革的最终依归。因此，群众满意不满意、高兴不高兴、答应不答应才是衡量政府工作好坏的唯一标准。[③] 在既有的改革创新案例中，不难看到大多数的创新行为都是由公权力机关“一厢情愿”实施的，这就

① 吴帅：《分权、制约与协调：我国纵向府际权力关系研究》，博士学位论文，浙江大学，2011。

② 陈国权、周鲁耀：《制约与监督：两种不同的权力逻辑》，《浙江大学学报》（人文社会科学版）2013 年第 6 期。

③《衡量政府工作群众满意不满意是唯一标准——温家宝就政府工作报告和“十二五”规划纲要草案征求基层代表意见座谈会侧记》，《人民日报 · 海外版》2011 年 2 月 14 日，第 4 版。

导致改革创新过程中的公民参与水平大大下降。通过将重大改革创新纳入人民代表大会体制中，可以使改革创新取得高度的正当性。人民代表大会制度作为载体，可以将改革创新的合法性、合理性与正当性有机统合：第一，人民代表大会作为立法机关，是立法权的终极来源，经过人民代表大会表决通过的事项，无疑具有完整的合法性。相比于政府单方面的决策与实施，人大机制下产生的创新行为具有更强的合法性。第二，人大专委会的专职化、专业化可以营造一种专家独立决策的氛围，从而有利于专家理性的表达。此外，专家理性通过人大的表达方式相较于其他方式具有直接性、高效度的特征，因此人民代表大会制度有利于改革创新合理性的达成。第三，人民代表大会是公民重要的参政议政途径，是表达民意、汇集民声的重要渠道。与此同时，相较于其他的公民参与渠道，人民代表大会又具有其独特的权威性。因此，通过人大代表参政议政，可以将发源于人民大众的正当性汇集于此，从而促进正当性的实现。基于以上三点，利用人民代表大会制度实现改革创新合法性、合理性与正当性的统一，是一种简便、高效、易行、稳定的改革路径。

最后，改革创新的价值判断应以公共利益的实现为依归。虽然合法性、合理性以及正当性分别具有不同的逻辑进路，但就价值判断而言，三者的共同目标无疑是“公共利益”。就正当性而言，正当性是一个政权赖以执政的基础，也即“人民支持不支持”的问题。我们可以看到，古今中外任何一个具有正当性的政权无一不是代表所统治对象的公共利益的，当一个政权能够实现公共利益时，它必将具有其正当性，反之则得不到被统治者的支持，从而丧失执政地位；就合法性而言，在一个民主体制下，当公权力受到制约与监督时，重大公共政策以及法律的制定必将以实现绝大多数人的利益为依归，否则便无法通过立法途径得以实现；就合理性而言，符合公共利益的行政行为因其使公民获得了更多的利益，也易于得到公民认可，进而使其得以推进。反之，不符合公共利益的行为因其违背了人们追求进步的基本理念，从而难以获得公民认可。因此，“公共利益”作为核心的判断价值，对统合正当性、合法性以及合理性这三大要素具有重要的作用。

“公共利益”的实现有赖于两个要素。第一，是坚持事实判断与价值判断相结合的判断标准。“公共利益”是一个复杂的概念，它兼具事实判断与价值判断双重属性。所谓公共利益的“事实判断”属性，是指公共利益应当尊重现实，当现实的改革创新能够增进绝大多数人的利益，同时具备广泛的公共性时，我们就应当认为这样的改革创新是具有（事实）合理性的，是具备“公共利益”的。否认了公共利益的事实判断属性，将会使改革创新踯躅不前，因此坚持公共利益的事实判断属性，“不管黑猫白猫，抓到老鼠就是好猫”，将有利于促使整个地方政府创新氛围的形成。所谓公共利益的“价值判断”属性，是指公共利益应当符合绝大多数人的基本价值判断，例如作为社会共同认知的“人人生而平等”的价值观，就否认了剥削少数人的利益从而增进多数人的利益的行为，当一项改革创新突破了这种最基本的价值观时，我们就应当认为这样的改革创新是不具有（价值）合理性的。因此，作为改革创新依归的“公共利益”，应当是事实与价值双重判断的辩证统一。第二，是建构政府、专家以及民众三方互为制约的权力关系。在改革创新合法性、合理性以及正当性的实现过程中，上述三方均在其中发挥了不同的作用，但与此同时上述三方亦具有各自的不足。政府一方往往具有强烈的自利性，容易导致腐败现象的产生；专家一方往往由于对专业知识的充分自信，容易在价值判断过程中脱离实际，从而导致决策实用性的降低；民众一方往往容易忽视长远利益而注重短期效益，从而使其决策不能真正实现公共利益的最大化。故而，建构三方相互制约、相互促进的权力关系显得尤为重要，即合理的制约机制能够在促进公共利益最大限度增进的基础上，同时保障决策的信度与效度，进而实现地方政府改革创新的有序、高效、合理发展。

社会抗争与知识分子公共角色的回归

——基于广州两个案例的研究

宋菁菁*

摘　要：白云山隧道工程修建事件及恩宁路旧城改造拆迁事件是以知识分子为抗争主体、地方政府为抗争对象，基于城市发展与生态环境保护、历史文化建筑保护的冲突所引发的社会抗争案例。通过公共议题的提出，以互联网和人际关系网络为动员方式，各个领域的知识分子联合起来，以集体发声的形式在公共空间展开交流讨论，积极扮演公共角色。从这两个案例可见，知识分子通过借助社会抗争的契机逐渐回归公共角色，其行为方式也形塑了社会抗争的理性特质。但当下知识分子在公共角色的扮演中也存在缺乏对事实与逻辑的反思、对专业知识过于自信与傲慢等问题，需要知识分子处理好公共角色与公共知识分子的关系，积极介入互联网与公共文化空间的交流和讨论，用谦卑和开放的姿态同草根社会互动，并通过专业和独立思考形成批判，从而促进各个领域知识分子在公共领域结构转型、公共人衰落的环境下重建公共角色。知识分子应摒弃传统的精英立场而转向平民立场，在公共角色扮演中不仅需要庙堂关怀，更需要民生关怀。

关键词：社会抗争　知识分子　公共角色　平民立场　民生关怀

* 宋菁菁，华南师范大学政治学理论专业2014级硕士研究生。

一 绪论

（一）研究背景与研究意义

20 世纪 90 年代以来，随着大学教育的普及以及市场经济的发展，知识体系专业化与知识分子学院化成为普遍态势，加之文化生产商业化及市场化的发展使得新一代知识分子受制于学科专业标准的规训和市场文化消费逻辑的束缚，传统“自由漂浮的”[①] 公共知识分子死亡，边缘化和公共性丧失的新一代知识分子在公共领域中丢失了传统的价值和使命。近年来，政府与市民由于城市发展与生态环境、历史文化建筑保护的冲突所引发的社会抗争行动频现，新一代专业知识分子与媒体知识分子在社会抗争中摒弃了以往“面向学院，背对公众”的形象，以抗争形式积极扮演公共角色，介入公共话题，维护社会公共利益，在涉及公共利益的领域利用专业知识与社会良知，成为社会抗争中一支不可忽视的重要力量。对新一代知识分子社会抗争个案进行研究，其意义在于展现城市化进程中，在利益格局相互冲突的情况下，知识分子如何利用专业知识与理性以社会抗争的形式回归知识分子的公共角色，重拾知识分子使命。

（二）文献综述与问题提出

20 世纪 80 年代“文化热”开始，知识分子公共角色问题一直成为中国知识界经久不息的研究话题。无论是西方学界还是中国学界，对知识分子的界定在不同的历史环境下存在不同的看法。但对知识分子通过独立身份，借助专业知识和精神的力量，对社会表现出强烈的公共关怀与社会良知的公共角色的定义应该是没有意见分歧的。西方从启蒙运动以来，知识分子的公共角色和社会贡献长期受到肯定，而中国从春秋战国时期的“士人”阶层演变到五四运动以来的知识分子，“士志于道”、“以天下为己任”一直是中国知识分子公共角色和公共使命的重要阐释。知识分子公共角色所表现出的公共理性与公共关怀更是在政治进程中发挥了重要作用。

① 本概念引自〔德〕卡尔·曼海姆《知识阶层问题：对其过去和现在角色的研究》，《卡尔·曼海姆精粹》，徐彬译，南京大学出版社，2002。

在20世纪八九十年代，中西方学者对知识分子的研究出现了新的高潮，对知识分子公共角色的探讨以批评声音居多。“在西方，有人认为知识分子正在退化，知识不再是他们探索真理的武器，而是买卖的资本，他们失去了使命感，成为追逐名利的庸人；也有人认为知识分子的天职是保持独立人格，做社会的良心和监督者，而现实的知识分子为了个人利益，大多投靠政治集团与商业集团，对既定社会的秩序丧失了批判的锋芒。”[①] 英国牛津大学的保罗·约翰逊认为，“现代知识分子大多都是极端的个人主义者和自我中心主义者”[②]。美国学者拉塞尔·雅各比在《最后的知识分子》中指出，“学院体制已经驯服了知识分子，使他们屈从于金钱、地位和权力，心甘情愿地为专业成果而放弃老一辈知识分子运用纯熟的语言和思辨。专业化非但没有促进，公共文化与公共生活随之衰落”[③]。而在中国，20世纪90年代的市场化改革导致企业家崛起，他们成为社会的新宠；进入21世纪之后，大学日益行政化与分层化，政府成为利益分配的决定性力量。在经济精英与权力精英的双重挤压下，知识分子逐渐失去了社会影响力，其地位越来越边缘化。“外在环境和知识结构的变化使得知识分子公共性丧失，九十年代国家控制下的知识体制和教育体制的日益完善、世俗社会的功利主义、工具理性大规模侵入学界，也强有力地诱导着大批学人放弃公共关怀与公共角色，在体制内部求得个人发展，在这种情况下，很多知识分子不再扮演公共角色，只是某个知识领域的专家，甚至是缺乏人文关怀的技术性专家”[④]。还有学者认为，当代中国知识分子出现了“去精英化”并逐渐向平民阶层转变的趋势。[⑤]

时下，随着社会经济的迅猛发展和城市化进程的逐步推进，经济利益结构与社会阶层结构出现了多元化的趋势。政府与市民由于城市发展中城市化进程与生态环境、历史文化建筑保护、环境安宁的冲突所引发的社会抗争行

① 王金红：《知识分子的政治文化、公共意识及其对地方治理的挑战——基于2007年对K省高校教师问卷调查的分析》，载《中大政治学评论》第四辑，中央编译出版社，2010，第161页。

② 〔英〕保罗·约翰逊：《知识分子》，杨正润译，江苏人民出版社，1999，第2页。

③ 〔美〕拉塞尔·雅各比：《最后的知识分子》，洪洁译，江苏人民出版社，2006，第65页。

④ 许纪霖：《中国知识分子十论》，复旦大学出版社，2003，第40页。

⑤ 王金红：《知识分子的政治文化、公共意识及其对地方治理的挑战——基于2007年对K省高校教师问卷调查的分析》，载《中大政治学评论》第四辑，中央编译出版社，2010，第161页。

动频现，专业知识分子、媒体知识分子与青年知识分子在这些社会抗争中积极扮演公共利益代言人角色，利用专业知识与社会良知介入公共话题，维护社会公共利益，成为社会抗争中一支不可忽视的重要力量。在这些抗争中，知识分子主要运用专业知识，对涉及公共利益的议题同政府展开抗争性互动。社会抗争作为现阶段学界研究的热点，相关文献资料很多，理论体系也日臻完备，涵盖抗争理论、抗争群体分析、抗争方式策略、抗争影响因素、抗争效果及影响等方面。根据研究需要，本文主要侧重于抗争群体中官—民对抗研究，在中国现阶段，与政府形成抗争关系的社会群体主要侧重于四个方面：一是农民与政府的抗争，主要集中在征地拆迁、收益下降等方面。二是工人与政府的抗争，主要涉及工人的维权抗争。三是农民工与政府的抗争。四是市民与政府的抗争，主要涉及的是环境治理、社区管理等问题。在民对官抗争研究中，以知识分子同政府的抗争作为研究对象的案例很少，对知识分子以社会抗争形式回归公共角色的具体个案进行分析，能够对社会抗争理论做出更深入的探讨。

广州市在城市化进程中分化出了多元的利益主体和阶层结构，同时也逐渐形成一个粗具雏形的公民社会，媒体行业和社会公共文化空间的发展较为成熟。在特殊的环境孕育下，广州的知识分子具有较强的公民意识和公共参与能力，在涉及公共利益的领域涌现了较多知识分子与政府之间的社会抗争个案。这些社会抗争个案是否彰显了知识分子公共角色的回归？这些社会抗争又是如何促进知识分子公共角色回归的？其中存在什么问题？广州白云山隧道工程修建事件及恩宁路旧城改造拆迁事件是近年来知识分子同政府之间围绕公共利益进行社会抗争较为具有代表性的案例。在这两起案例中，知识分子积极介入相关议题，引导公共舆论，在其中发挥重要作用，并推动了政府政策的完善。对这两起抗争案例进行探讨，原因在于两起案例具有一定的相似性，且都具有完整的叙事结构，能够清晰呈现社会抗争的全过程，具备知识分子公共角色回归及社会抗争的各项要素，案例之间能够通过相互补充，增强文章的说服力，有助于形成对上述问题的理论答案。

（三）概念界定与研究方法

本文将知识分子界定为通过独立身份，借助专业知识和精神的力量，对社会公共利益表现出强烈的公共关怀、社会良知与社会参与意识的文化人。具体而言，知识分子包括大学生、媒体人、公益组织成员以及高校教师，他们都接受过高等教育，且在社会抗争中彰显自身价值立场，借助专业知识参与到公共利益的维护中。为便于区分，下文案例中，将大学生界定为青年知识分子，将媒体人界定为媒体知识分子，高校教师界定为专业知识分子。知识分子的公共角色包括公共意识的传播、公共精神的担当、公共问题的参与与公共利益的维护四个方面。按照查尔斯·蒂利的定义，“抗争即提出对他人之利益产生影响的要求”[①]。在社会抗争中，“行动者提出一些影响他人利益或导向为了共同利益或共同计划而做出协同努力之要求，政府则在这些互动中作为所提要求的对象、要求之提出者或第三方而介入其中”[②]。本文拟对社会抗争中知识分子公共角色的回归进行研究，涉及知识分子在社会抗争中的协作、互动与博弈，属于社会抗争范畴。

本文关注的核心问题是“社会抗争是否促进知识分子公共角色的回归”和“社会抗争何以促进知识分子公共角色回归”，这一类问题需要诉诸实证研究才能做出定性判断。因此，本研究中白云山隧道工程修建事件采用的是深度访谈和参与式观察法，从 2013 年 3 月至 7 月通过对参与抗争的广东外语外贸大学的高校教师、大学生以及南方都市报媒体人进行访谈及开展实地调研形成这一调研案例。通过二手资料整理，参考中山大学政务学院黄冬娅副教授对恩宁路事件的研究形成恩宁路旧城改造拆迁事件案例。采用案例研究法对两个案例进行分析提炼，勾勒知识分子在社会抗争中回归公共角色的图景，力图把握其回归路径与存在的问题。

二　两个案例的基本陈述

（一）白云山隧道工程修建事件

为连通白云山东西两麓地区，缓解市区北部交通压力，带动白云新城的发展，广州市政府于 2012 年 10 月提出了作为战略性基础设施项目的白云山隧道工程。按照规划，隧道入口位于白云山茶趣园处，在黄婆洞水库南侧穿过白云山后，于广州军区 157 医院用地西侧出洞。2012 年 11 月 20 日，广东外语外贸大学校方在收到广州市建委的意见函后，召开校工会和教师代表出

---

① 〔美〕查尔斯·蒂利、西德尼·塔罗：《抗争政治》，李义中译，译林出版社，2010，第 3 页。

② 〔美〕查尔斯·蒂利、西德尼·塔罗：《抗争政治》，李义中译，译林出版社，2010，第 3 页。

席的“校园建设重大项目规划征求意见会”，告知隧道规划的相关情况。

白云山隧道工程的修建一方面可能会对白云山的生态环境、历史文脉以及广东外语外贸大学的学术科研环境造成一定的影响，另一方面工程未经论证便被提上议事日程难免有程序不合法的问题。在广东外语外贸大学，“一开始学校就没有把这个怎么样，学校是知道它作为一个文化的重地，再一个就是这个高校的校长的任命制，它也是受政府权力制约的，所以学校不好摆出坚决的反对态度来”①，一方面“很多高校老师在体制内被牵制”②，另一方面“平时没有参与公共生活的习惯”③，所以很多教师虽然对工程修建表示反对，但参与的积极性不高。

与此同时，由于白云山是国家5A级景区和国家重点风景名胜区，享有“羊城第一秀”的美誉，媒体人通过工程信息披露和对“保护市肺”议题的提出使得社会各界的关注持续发酵，各大高校学生、社会学者、民间环保组织等都得知了这一消息。他们开始通过微博、博客、论坛等形式表达质疑和反对。2012年11月21日，广东外语外贸大学中国语言文化学院大二在读的李同学在学校图书馆连夜就白云山隧道规划写信建言。2012年11月22日，广州学者李公明在《新快报》发表文章，质疑该隧道规划的程序合理性——“不但市建委原先发布的‘十二五’重大市政项目建设计划列表中根本无此项目，而且各相关部门均表示不知情，例如应负责该工程征地工作的白云山管理局是从报纸上获悉，此前完全不知情；而涉及城建审批部门则表示该项目还没有开始走程序；连作为该项目建议书的审批单位的市发改委也只是从领导的透露中才获悉这个工程，没有实际规划。随即规划局表示，该局确实正在起草白云山隧道的具体规划方案”④。此后两天，南方都市报专栏记者陈扬发表评论《白云山修隧道，急什么》、中山大学教授罗可群发表博文《救救白云山》，均表达对白云山隧道规划的质疑和不满。

2012年11月26日，广州市中心区交通项目领导小组办公室首次正式公布白云山修隧道的三个方案，市规划局副局长孙玥也于同日带领该局建管处、市政处、公关处、白云分局、交研所等部门，前往广东外语外贸大学进

① 摘自广东外语外贸大学何老师访谈稿。

② 摘自广东外语外贸大学何老师访谈稿。

③ 摘自广东外语外贸大学张老师访谈稿。

④ 李公明：《白云山隧道核心议题是该不该建而非如何建》，南都网，2013年1月14日。

行调研和沟通。2012 年 11 月 27 日，以广东外语外贸大学中国语言文化学院刘同学、李同学等几名学生自发组成的“白云山守护小组”通过其“白－云－山守护小组”微博发布《广外学子联署公开信》，开始网上联署签名活动。公众议题的提出所带来的知识分子间的互动联系与各大高校学生对抗争的积极参与使得原本参与积极性不高的高校教师也投入抗争中。2012 年 12 月 2 日，广东外语外贸大学中国语言文化学院何老师在其博客上发表《反隧道万言书》一文，详述广东外语外贸大学反对修建白云山隧道的事件经过，表达对该规划的质疑和反对。2012 年 12 月 3 日，广东外语外贸大学罗同学向广州市建委申请公开有关白云山隧道工程可行性报告等材料。2012 年 12 月 24 日的广州市建委接访日，部分“白云山守护小组”成员携带收集到的 4610 份网上联署有效签名前去上访，与市建委相关负责人进行沟通。市建委针对成员提出的环评等信息公开要求，称“现在处于比较方案阶段，你说的环评和民意征集之后才会做，要深入到写好方案才会做，如果我什么都没有投，我怎么做项目？所以还处于资料收集阶段”①。

2012 年 12 月 26 日，广州市市长陈建华首次正面回应白云山隧道工程，称该工程只是广州众多打通断头路工程的一个，在规划过程中要充分听取大家意见，以“个体理性”与“公共理性”回应社会对隧道规划的质疑，呼吁社会应从公共理性的角度通盘考虑。此外，据何老师回忆，“12 月底看到学校附近每隔一百米就有一个标记，大家就开始紧张，担心隧道就要动工”②。2012 年 12 月 5 日，“白－云－山守护小组”微博公开了部分共 14 名参与联署签名的高校老师的姓名。当天晚上，由广州公共观察、中山大学公益慈善研究中心、广东外语外贸大学云山论道－新闻家论坛主办的“白云山与生态保护”沙龙在中山大学熊德龙学生活动中心举办，广东省委政协文化文史委员会特聘委员王则楚、广东省政协常委孟浩等嘉宾参与了沙龙。他们讨论并达成“建议白云山隧道缓建”的共识。活动现场还汇集了来自中山大学、华南师范大学、华南农业大学等高校的学生、媒体、民间环保组织。活动结束后，他们将活动视频上传至互联网。

2013 年 1 月 19 日，广州市建委发出通告，称白云山隧道项目因条件尚不具备暂缓实施。至此，白云山隧道工程建设一事也暂且落下帷幕。

---

① 摘自广东外语外贸大学学生与广州市建委座谈的录音。

② 摘自广东外语外贸大学何老师访谈稿。

（二）恩宁路旧城改造拆迁事件[①]

恩宁路位于广州市荔湾区多宝街道，与龙津西路、第十甫路、上下九步行街骑楼相连，是一条具有浓厚西关特色的道路，是广州市最长、最完整的骑楼街，遍布了上百座历史文化建筑。从2007年起，在完全没有拆迁改造规划的情况下，广州市以“危破房连片综合改造项目”为名，启动了对恩宁路的动迁和拆迁。

2007年12月，恩宁路居民通过信访表达自己的拆迁补偿诉求，对这些信访诉求，荔湾区规划局和城市更新办的负责人要么推诿不答，要么含糊其辞。2007年12月，《新快报》的媒体知识分子推出了“看旧城改造与文化传承之广州”系列报道，由“猎德遗憾”、“沙面困境”、“广州检讨”三个系列共13篇文章组成。在“广州检讨”中，首次提出恩宁路改造应规划先行，并要求引入公众参与。紧接着，《新快报》的媒体知识分子进一步聚焦恩宁路改造，刊发了《恩宁路骑楼街大部分要拆?》的报道，表达了对拆骑楼的质疑和反对。在媒体知识分子的报道下，恩宁路旧城改造中的文化保育议题被提出，并在媒体、学者、公众参与者之间不断扩散和强化，吸引了更广泛的公共关注，青年知识分子 Sealong 是厦门大学本科生，广州本地人，在看到报道后于2010年在豆瓣上成立了“恩宁路学术关注组”，吸引了包括厦门大学、中山大学、华南理工大学、暨南大学、广东外语外贸大学等多个高校经济学、社会学、人类学、管理学、城市规划和新闻的不同专业背景的阿立、小蚊、Doris、斯羽等青年知识分子，他们通过深入地参与到恩宁路改造事件中，从撰写恩宁路民间规划和社会影响评估报告到深入社区派发问卷，接触社区民众，记录社区影像，举办社区历史记忆展览和旧城改造研讨会，再到社区口述史项目和社区志的记录，形成了《针对恩宁路地块更新改造规划意见书》及《恩宁路更新改造项目社会评估报告》两份研究成果，对恩宁路的规划时序、公众参与、公共利益界定等问题进行了讨论，在听取了居民及一些专家学者意见的基础上提出了几点意见。同时开通了“恩宁路学术关注组”的QQ群及微博，发布恩宁路旧城改造拆迁进展情况，吸引更多的人参与到恩宁路文化保育实际行动中。

---

① 该案例采用二手资料搜集法，参考中山大学政治与公共事务管理学院黄冬娅副教授对恩宁路事件的研究。

此外，许多专业知识分子透过新闻媒体对恩宁路改造提出了批评建议，引导了公共舆论，从外部向政府施加压力。这些批评建议既关注恩宁路改造的规划方案以及历史文化建筑保护范围，又关注恩宁路改造的程序合法性和扩大公共参与问题。在2008年6月，市人大常委会举办的“旧城保护和改造大家谈”论坛上，广州大学建筑系教授汤国华就指出：规划未获批怎能拆迁？哪来的有法可依？他认为，这也正是恩宁路拆迁推进过程中困难重重的关键。广州市律师协会民法委主任詹礼愿律师也提出，确定一个项目是否涉及公共利益，要看其详尽的规划而不是叫什么名称，旧城和危房改造并不意味着就一定属于公共利益。中山大学教授李以庄则致信当时的广州市委书记朱小丹，呼吁连片保护开发，打造广州靓名片。

2011年广州举办亚洲运动会前夕，广州市相关领导召开各界人士座谈会，谈广州迎接亚洲运动会问题。在座谈会上，市人大代表陈安薇将恩宁路改造引起的公众不满问题提出来，并希望广州市相关领导能够到恩宁路现场去看一看。至此，恩宁路规划改造问题才暴露在广州市政府这一核心决策层面前，也正是这一事件推动了恩宁路规划方案的更改。在媒体知识分子、青年知识分子、专业知识分子等非直接利益相关者的先后卷入后，原初的居民抗议演化为一个声势浩大的公共事件，最后迫使政府放弃了全部拆迁的商业开发方案，扩大公共参与的空间，并提出从原则上保留骑楼街、名人故居等大部分历史文化建筑，恩宁路大部分历史文化建筑才得以保留。

在两个社会抗争案例中，媒体知识分子、专业知识分子、青年知识分子等各个领域的知识分子通过媒体舆论平台发声讨论、运用专业知识论证调研、借助互联网社交工具扩散动员等形式针对两起事件中的公共议题与政府展开抗争博弈，并最终通过各个领域知识分子的联合形成较大的公共舆论场，推动政府提高决策过程的公众参与度并完善相关政策。知识分子在其中摒弃了以往的精英姿态，通过广泛的公共参与，以平民姿态，借助专业知识与独立身份在推动两起社会抗争朝良好方向发展上发挥了主体作用。

三　社会抗争与知识分子公共角色回归的内在关系

（一）社会抗争为知识分子公共角色的回归提供契机

在白云山隧道工程修建事件及恩宁路旧城改造拆迁事件中，知识分子的行动路径具有相似性。最初都是政府程序不合法的拆迁规划行动导致规划区域内的利益相关方权利受损，通过法律程序上访申诉利益诉求未果。媒体知识分子以独有的敏锐观察力和新闻嗅觉，通过媒体舆论平台以新闻报道、专栏评论及图片展示等形式发掘出其中涉及公共利益的公共议题。青年知识分子在看到报道后出于对共同城市文化记忆或历史文化环境保护的动机，通过微博、豆瓣等新型互联网社交工具组织起来，以搜集签名、上访、社区调查、评估报告撰写以及及时发布最新动态壮大抗争队伍等形式投入抗争中。媒体知识分子在专题策划中通过采访各个领域的知识分子，也使专业知识分子和政府体制内知识分子投入反对规划拆迁的抗争中，利用专业知识分析政府决策的合理性与合法性。公益组织中的知识分子出于组织的使命与宗旨也参与到抗争声援中。由此各个领域的知识分子被动员起来联合成一个群体参与到社会抗争中，推动政府政策的完善。从动机上看，各个领域的知识分子更多的是出于对公共利益的维护而参与到抗争中，媒体知识分子和公益组织中的知识分子不排除出于组织利益的考量，但从具体抗争行为上看，媒体知识分子和公益知识分子的“发声”更多的是基于自身的价值立场。从具体行动上，各个领域的知识分子通过专业知识参与到公共问题的讨论中，在其中也体现出了公共精神的担当，可以推断在这两起社会抗争案例中，知识分子积极扮演了公共角色。

在两个案例中，通过社会抗争中共同关注的公共议题提出，借助公共媒体舆论平台，知识分子运用专业知识与理性积极扮演公共角色，参与公共问题，维护公共利益。由此可见，社会抗争为知识分子公共角色的回归提供了良好的契机。通过社会抗争回归公共角色的知识分子一方面自身具备很强的公共意识和公共关怀，在社会抗争以外缺乏公共参与与公共讨论的平台；另一方面体制内部知识群体与权力拥有者之间影响力的差异使知识分子边缘化，这决定了知识分子的回归需要依托社会抗争的契机和平台。知识分子的社会抗争属于黄万盛在《知识分子困境与公共性危机》中所提出的“参与的建设性”，即对社会的贡献是通过与政府的批判与合作来体现的。在其中，知识分子与政府之间是一种合作关系。“它通过知识精英的政治参与，建树一个既有合作又有抗议的政治生态，保持对天下苍生的现实关怀，又不失理想对现实的永恒照察。既避免单纯突出稳定而导致的‘沉默社会’，又防止一味抗议所出现的‘动荡社会’”①。其实质在于通过专业知识和理性，

① 黄万盛：《知识分子困境与公共性危机》，《现代大学教育》2008 年第 6 期。

积极扮演公共角色，介入公共话题，通过社会抗争形式扩大公共舆论压力，形成国家与社会的良性互动，推动政府政策的完善。

（二）知识分子的行为方式形塑了社会抗争的理性特质

学者黄万盛在《西方知识分子的困境与理论》中指出，现代知识分子的谱系发源于法国的批判性，强调知识分子的自我责任在于保持永远的批判精神，由此发展成为一种“批判的建设性”，即对社会的贡献通过批判的建设来实现。但知识分子“批判的建设性”也容易通过滥用“象征权力”获取自身的话语权和影响力，违背理性的基本价值，这是值得警惕的。在两个社会抗争案例中，知识分子在社会抗争中体现了理性的特质，将抗争限度控制在国家对社会抗争的容忍底线范围之内。那么，知识分子是如何在社会抗争中基于理性发挥“批判的建设性”，各个领域的知识分子又是如何在元话语体系消失、专业化区隔的情况下被动员起来，以社会抗争的形式联合成一个知识分子群体扮演公共角色的？这就需要进一步讨论知识分子在社会抗争中的行为方式。

1. 基于互联网的动员

知识分子群体公共角色的缺席很大程度上源于专业化的区隔，共同的利益和元话语体系的逐渐消失。互联网作为20世纪90年代逐渐发展起来的社交工具，其特点在于在碎片化和利益多元化的社会中基于共同的利益和话题将不同领域和地域的知识分子联结起来，“它在推动公民政治参与的广度、促进社会秩序的稳定和政府决策的优化等方面具有积极的作用”[①]。在白云山隧道工程修建事件和恩宁路旧城改造拆迁事件中，青年知识分子通过微博和豆瓣小组建立“白－云－山守护小组”和“恩宁路学术关注组”，并成立了相关的网站和QQ群，及时发布两起抗争事件的发展情况和最新动态，并在网上开展联署签名，以此话题凝聚起更多的知识分子关注到这两起公共事件中。另外，互联网在知识分子抗争中也发挥了知识动员的作用。专业知识分子和青年知识分子、公益组织的知识分子通过互联网了解媒体报道的关于白云山生态和恩宁路旧城历史文化遗迹破坏的知识。“在互联网抗争动员过程中，动员主体和动员客体之间的互动是通过知识和信息传递、挖掘、扩

① 陈剩勇、杜洁：《互联网公共论坛：政治参与和协商民主的兴起》，《浙江大学学报》2005年第3期。

散、加工、转换进行互动，并在这个过程中逐渐形成信息或知识的‘共识’”[①]。互联网从一定程度上将分散于各个领域和专业的知识分子基于共同关注的话题联结起来，并通过知识分享和信息交流形成互动与共识，实现以知识和理性为载体的互联网动员。

2. 基于人际网络的影响力放大

基于互联网动员起来的成员数量有限，由于分布于不同领域和地域，异质性较强，在行动目标与方向上存在较大差异，往往使得群体的联合失去持续性。在两起社会抗争案例中，在互联网动员的基础上，基于成员的人际关系网络动员而形成各个领域的庞大战线在扩大舆论影响力、联合各个领域知识分子上发挥了重要作用。在白云山隧道工程修建事件中，广东外语外贸大学的何老师在一次采访中结识了南方都市报的记者也是广州公共观察的特约观察员苏少鑫，何老师在广东外语外贸大学中国语言文化学院创办了“云山论道”这一师生讨论时政的论坛，基于共同反对白云山隧道工程修建的立场，苏少鑫联系了广州公共观察的成员孟浩、李公明、王则楚、吴楠和赵绍华等媒体知识分子和专业知识分子，和何老师一同合办了一期沙龙，其中，何老师也通过自身的人际关系网络邀请到了广东外语外贸大学文学院的张老师等知识分子以及广东外语外贸大学、中山大学、华南师范大学的青年知识分子参与到沙龙的讨论中。通过人际网络，更多不同领域的知识分子投入到关注守护白云山生态环境的公共议题中。在恩宁路旧城改造拆迁事件中，“恩宁路学术关注组”的成员招募除了互联网动员外，更多的成员是基于人际关系网络的发展，他们通过人际网络在中山大学招募了第一批参与者，并通过中山大学的教授和新快报的记者认识了一位做城市规划社会影响评估的德国教授和广州大学建筑系的汤国华教授，由此开始了恩宁路规划的社会影响评估。知识分子在区隔化的情况下，通过人际关系网络，打通了领域的区隔，共同进入了公共领域。

3. 基于公共文化空间的交流与讨论

被互联网和人际关系网络动员联结起来进入公共领域的知识分子，如何围绕公共议题发挥公共角色，是知识分子公共角色回归需要讨论的重要问题。在两起社会抗争案例中，公共讨论与互动交流是知识分子发挥公共角

---

① 王金红、黄振辉：《基于互联网的学习、动员与中产阶层的社会抗争——以广州番禺区居民反对垃圾焚烧发电厂事件为例》，《中国社会科学内部文稿》2012 年第 2 期。

色，实现公共性的重要途径。“诉诸公开讨论而非小圈子中的密谋，乃公共知识分子的公共性使然”①。知识分子在公共讨论中发挥公共角色需要有承载的公共文化空间，在两起社会抗争案例中，媒体、专栏、云山论道、广州公共观察、恩宁路研讨会都是承载知识分子公共角色的重要平台。一方面，不同领域的知识分子在公共文化空间中从各自专业的角度阐述公共立场，有利于知识分子从不同的角度交流议题把握事实，建立起不同领域知识分子的共识，通过集体交流与讨论，达到抗争行为的理性克制。另一方面，知识分子在交流与讨论中建构共同的话语体系与影响力不断扩大的舆论场。哈贝马斯的公共领域理论着重突出通过交流产生公共性。他认为知识分子的主要责任是建立生活方式的共识，建立社会的公共舆论。共同话语体系的建构有利于消解元话语体系缺失使知识分子原子化、边缘化的问题，也吸引更多的知识分子投入到公共讨论中，这对政府完善决策产生更大的压力。同时，公共文化空间的交流与讨论也有利于抗争策略与公共角色扮演的学习与迁移。掌握了文化资本的知识分子面对权力与资本处于一种“统治者中的被统治者”角色，通过交流学习，在以往成功的社会抗争案例中习得公共角色扮演的技巧与同政府互动的策略，从而将批判的建设性控制在理性范围内。

4. 基于草根互动的公共角色

知识分子公共角色的回归不仅仅体现在自身公共性的回归，更体现在社会公共性的实现上。知识分子获取社会公共性需要草根与政府的接纳，即知识分子表达的言论能被接受或上升为政策建议，这需要知识分子保持独立身份和价值理性与草根的互动。知识分子与民众的脱离、知识分子精英意识的傲慢与自负、特权意识都割裂了知识分子与草根社会的关系，这使得知识分子“自说自话”，丧失了公共舆论的中心地位。在两个社会抗争案例中，基于民众利益所引发的公共议题虽然涉及公共利益，涉及生态保护与历史环境保护，但在发言讨论的过程中，知识分子需要深入草根社会开展实地走访调研，并与草根形成互动，以保证自身的观点是基于事实情况的。同时，从草根社会民众的角度，知识分子是站在他们的角度为他们说话的，这也拉近了草根与知识分子的距离。但需要强调的是，知识分子与草根的互动不意味着

① 王晓华：《现代性与公共知识分子的兴起》，共识网，http：//www.21ccom.net/articles/sxpl/article_2010072013718.html。

知识分子为草根代言，而是在与草根的互动中逐渐褪去精英的傲慢与文化资本拥有者的自负，“回归一个拥有独立身份和价值中立的社会公民，不是为了某个群体发言，而是基于社会基本价值与事实情况发言”①。就像王晓华在《现代性与公共知识分子的兴起》中所言：“知识分子是以关切、思考、言说公民共同体为志业，他不是任何阶层的代言人，而是从普遍的公民立场出发的独立发言者。”

四 知识分子公共角色回归面临的问题与路径选择

（一）知识分子公共角色回归面临的问题

扮演好公共角色是对知识分子的伦理要求。在当下社会环境中，随着知识分子公共角色的回归，知识分子在公共空间中发挥的舆论引导作用越来越重要，同时，知识分子在扮演公共角色的过程中出现的问题也越来越明显。托马斯·索维尔在《知识分子与社会》一书中指出，“知识分子在整个二十世纪的全世界尤其是美国经济、社会、法律和外交领域的所作所为的评价是‘添乱’”②，主要体现在这样几个方面：“一是他们急于对社会负责，对自身的知识和理性过度自信傲慢，对未来过度乐观主义，总相信有一个尽善尽美的未来，担当精英设计派而忽视了自发秩序的形成；二是懒惰，总是被一个词语、一个陈述或者一个场景带来的‘第一印象’俘虏，却缺少对其背后的事实与逻辑刨根问底的耐心和反思，倾向于诉诸道德直觉而不是实证论据来支持其观点，也无须对自己的行为付出任何代价；三是对批判对象的道德脸谱化上”③。托克维尔在《旧制度与大革命》批判文学政治时也指出，“由于知识分子自身缺乏政治经验，对于政治的了解停于表面，未能深入分析整个政治的结构和框架，从而在思想宣传上往往大而空，价值宣泄多于理性建构，主义之争掩盖事实上的问题”④。在白云山隧道工程修建事件及恩宁路旧城改造拆迁事件中，各个领域知识分子的联结与讨论的议题始于媒体

① 王晓华：《现代性与公共知识分子的兴起》，共识网，http：//www.21ccom.net/articles/sxpl/article_2010072013718.html。

② 〔美〕托马斯·索维尔：《知识分子与社会》，张亚月、梁兴国译，中信出版社，2013，第402页。

③ 刘瑜：《把世界搞得一团糟的糊涂蛋》，《东方早报》2013年11月8日。

④ 〔法〕托克维尔：《旧制度与大革命》，冯棠译，商务印书馆，1992，第182页。

提出的生态环境保护及历史文化环境保护的议题，这其中已经界定了知识分子在其中的反对立场，知识分子公共角色的扮演不应该是为了反对而抗争，而是应该从政府规划本身展开基于专业知识的论证，而非仅仅只是道德脸谱化地批判资本与权力的关系，导致更多“邻避效应”的出现。当然，这其中也与政府内部决策不透明、不公开有关。

在两起社会抗争案例中，媒体知识分子本身的公共角色以及专业知识分子与媒体之间的关系也存在一些问题。作为市场经济条件下的媒体，不可避免地深受市场消费逻辑的裹挟，但作为组织内的媒体知识分子，如何处理好自身价值立场与组织目标之间的关系也是需要思考的问题。同时，在白云山隧道工程修建研讨会上，政府借用公权力对知识分子施压，要求在“两会”中必须有两个提案是涉及支持白云山隧道修建的，这体现了专业知识分子公共身份与公共话语被权力与媒体滥用，成为为权力辩护的工具，这也是案例中体现出来的知识分子在担当公共角色时遇到的问题。

（二）知识分子公共角色回归的路径选择

知识分子在公共舆论中的重要性决定了公共知识分子需要在公共角色担当上做出以下努力。

一是积极介入互联网及公共文化空间的交流与讨论。网络与公共文化空间在公共舆论构建中发挥着越来越重要的作用，网络社交工具的不断发展与完善带动了社会不同领域的人投入到虚拟空间与社区中交流思想开展互动。知识分子公共角色的回归建立在社会公共性的基础上，首先需要有庞大的受众愿意接受知识分子的意见，知识分子的公共角色才得以发挥与确立。因此，知识分子公共角色需要在“触网与触媒”中实现，这不仅在于防止知识分子的边缘化，也在于在公共舆论空间建构知识分子群体的影响力，防止资本与权力以“伪公知”的身份进入公共场域，诱导草根社会，损害知识分子的名声。同时，不同领域知识分子的交流有利于共识的形成和话语体系的建立，破解专业区隔与元话语缺失的问题。

二是出于专业与独立思考的批判，捍卫基本价值。知识分子在看待公共议题时出现的道德脸谱化、被陈述词语俘获等问题的原因在于缺少独立思考和反思的能力。知识分子在公共舆论中发表意见是基于专业知识，专业能力是知识分子获取文化资本的重要凭证。“将理念简化为空疏的口号，对经验事实的选择性失明，以道德讨伐甚至人身攻击替代知识讨论，是左翼右翼知识分子都经常犯下的错误”[①]。因此知识分子的批判和发言应该是基于专业训练或事实基础上发言，并对自身的发言负责任，而不应该在公共领域对自己不太懂的问题乱发言。

三是保持知识上的自信开放和同草根互动的谦卑姿态。知识分子在涉及自身专业领域的公共问题上应该积极自信地介入公共讨论，利用自身专业知识阐述事实情况，防止“伪公知”占据文化资本，诱导草根社会。另外，知识体系专业化使得当下知识分子具有专业性，对问题的把握和观点的阐述不免从涉及自身专业知识的角度出发，缺少综合的视角看待问题，有时会以偏概全或难以把握问题的实质，因此需要知识分子在公共领域交流与讨论中也应该保持开放的姿态，综合各个领域的视角做出正确判断。同时知识分子要以谦卑的姿态积极参与草根互动，加强与民众的联系，以增加自身的社会公共性，引导民众学会独立思考。

四是处理好知识分子公共角色同公共知识分子的关系。在全社会进入一个追逐自我利益与世俗财富的时代，知识分子应该处理好公共角色同公共知识分子的关系，公共角色的扮演不同于遵循纯粹的市场逻辑，具有娱乐化、媚俗化倾向的公共知识分子。知识分子公共角色的扮演应该运用理性参与到重大价值与走向问题的讨论中，坚持价值的讨论判断与反思批判，在日益崛起的互联网时代摒弃迎合公众的情绪发泄与作秀，做出“基于理性价值判断的批判，以平衡激进的网络意见领袖和民粹主义的批判力量”[②]。

五 思考与结论

在哈贝马斯的公共领域理论中，18～19 世纪早期的资产阶级社会公共领域经历过两次社会结构的转型：第一次是由封建君主专制转向资产阶级自由的公共空间，第二次是由资产阶级的自由公共空间转向现代大众社会下的福利国家，公共领域遭到商业化和消费化的侵蚀。理查德·桑内特在《公共人的衰落》中指出，由于 19 世纪工业资本主义与世俗主义的影响以及古代政制时期公共生活结构的力量遭到削弱，公共领域与私人领域之间的平衡被打破，公共领域失去了道德的合法性和连贯性，由此经历了公共空间的衰

① 刘瑜：《把世界搞得一团糟的糊涂蛋》，《东方早报》2013 年 11 月 8 日。

② 李铁：《转型时期中国知识分子的困境》，《时代周报》第 123 期，2011 年 3 月 31 日。

落和私人领域的兴起。公共人角色的衰落表现在由演技精湛的演员向沉默被动的观众转变，而入侵公共领域的人格是导致公共生活衰落的原因，现代社会普遍存在的自我迷恋也是公共生活衰落的结果。由此可见，19 世纪以来，受到经济秩序的冲击和社会结构的转型，公共领域一方面受到市场文化消费逻辑的侵蚀，另一方面也受到私人领域的挑战，公共人角色衰落，公共空间的互动交流也受到影响。20 世纪以来市场化改革与大学的行政化，经济精英与权力精英崛起，知识分子也遭遇了公共角色的失落并逐渐边缘化。如何在公共角色的回归中重拾公共人的使命，重建公共角色至关重要。

在知识分子的历史演变进程中，受到儒家思想对知识分子价值取向与自我认同的影响，传统的知识分子大多通过关心天下公义、庙堂之事以彰显自身的公共角色，而从近年来频发的社会抗争事件中，知识分子把更多的公共关怀转移到涉及草根社会与市政工程建设等民生项目上。这取决于知识分子在公共参与的过程中从精英立场向平民立场转变而对公共角色的不同选择。在传统社会中，“学而优则仕”把知识分子与庙堂之事紧密地联系在一起，知识分子公共角色的发挥体现在自上而下的顶层设计参与中，从精英的立场引导草根社会发展并在公共舆论场中占据中心地位。在大学教育的普及、乌托邦精神的式微以及世俗化的熏陶下，知识分子选择基于平民立场的公共角色回归公共舆论场域，这种关怀民生与草根社会的平民立场更有利于知识分子褪去以往知识精英的傲慢，作为社会中平等独立的个体自下而上维护社会公共利益，做出知识分子的社会批判。随着知识分子在公共舆论场域中发挥越来越重要的角色，知识分子在扮演公共角色的过程中，不仅需要有传统的庙堂关怀，还需要在与草根社会互动中发挥民生关怀，积攒话语资本，重建自身公共角色。另外，这种平民立场的转变也需要引起关注，从政府的角度需要通过制度的完善与政策制定参与路径的开拓，让知识分子可以重拾对天下公义、庙堂之事的讨论。而从知识分子群体自身来看，需要通过知识分子群体内部互动与氛围形成，带动更多的知识分子参与到对顶层设计的关注中。

政治参与

协商民主、社会资本与政治参与：对上海的实证研究*

张春满　陈　伟**

摘　要： 城市基层民主的发展并没有所期待的那么迅速。对城市基层民主发展受阻的原因，学界主要从组织形态、制度环境和政经结构三个视角进行分析。在研究方法上，研究者主要依靠案例研究等质性研究方法。本文提出一个内生性的分析视角，即对城市基层居民政治参与的意识和意愿进行研究，进而讨论什么因素会促进城市居民的政治参与。通过对一个抽样调查数据进行次序 logistic 和多元线性回归分析，本文发现在上海，健全的城市协商民主制度（听证会、协调会、评议会）和丰富的社区社会资本能够积极提高城市居民的政治参与意愿。值得注意的是，社区业主委员会的存在并不一定会提高城市居民的政治参与意愿。

关键词： 协商民主　社会资本　政治参与　实证研究

---

* 本文的数据来自上海大学上海社会科学调查中心，感谢刘玉照教授授权使用该数据。本文文责自负。

** 张春满，美国约翰·霍普金斯大学政治学博士生，加拿大英属哥伦比亚大学亚洲研究院兼职研究员（IAR Fellow），研究方向为中国政治、比较政治、政治学方法论、国际关系、环境政治等；陈伟，上海大学社会学院社会学系博士研究生，研究方向为城市社会学、社会调查、社会分层、组织社会学。

一 问题的提出

在中国，基层民主的发展出现了双轨的倾向。农村基层政治的发展与城市基层政治的发展有不同的情景、动力和逻辑。这种基层政治双轨制的出现与国家的政策密切相关。1987 年 11 月，全国人大常委会颁布《中华人民共和国村民委员会组织法（试行）》（以下简称《村委会组织法（试行）》），自 1988 年 6 月 1 日起在全国施行。这一重大法律文献的出台，标志着中央政府自上而下地开始大力推行村民自治。1998 年底，《村委会组织法》的正式版本由全国人大常委会通过。至 1999 年底，选举已覆盖了全国大多数村庄。《村委会组织法（试行）》出台 20 多年的实践表明，我国农村的基层民主政治得到了迅速的发展。广大农民的选举意识越来越强，政治参与的积极性也普遍提高，更为重要的是维护自身政治和公民权利的意愿不断高涨，为此而抗争的情况不断出现。[①]

相较于农村的基层政治发展，城市基层政治发展的立法工作较晚。《中华人民共和国城市居委会选举法和组织法》于 1994 年 10 月 1 日起才开始生效。尽管国家也出台了很多政策文件来推进城市基层政治的发展，但是不管从政府的统计还是学者的研究都可以发现，城市基层民主的实践并没有如农村那样得到快速发展。这一现象明显有违李普塞特假设。李普塞特的研究发现，民主发展与经济发展有很密切的联系。[②] 为什么在中国，经济发展程度更高的城市没有比经济发展程度较差的农村在基层民主政治发展上更成熟、更发达、更有效？是什么因素阻碍了城市基层民主的发展？城市基层民主的发展，需要在哪些方面寻找突破口？

本文的结构如下。第二部分是文献综述。这一部分会梳理学术界对城市基层民主政治发展的三个分析视角。在回顾了既有文献和提出本文的研究视角之后，论文第三部分将提出本文的研究假设。第四部分是关于建模的过程。这一部分将会详细介绍研究的数据、变量和测量方法。第五部分会给出

① Kevin O'Brien and Liangjiang Li, *Rightful Resistance in Rural China* (Cambridge: Cambridge University Press, 2006).

② Martin Lipset, "Some Social Requisites of Democracy: Economic Development and Political Legitimacy", *American Political Science Review*, Vol. 53, No. 1 (1959): 75.

统计模型的输出结果和对结果的解释。最后一部分是本文的理论和政策建议。

二 文献回顾

中国“城市政治”的研究专家还没有形成一个学术共同体，在研究规模、学术成果和社会影响上，城市政治研究还远远不能与农村政治研究相提并论。尽管如此，上面的问题已经引起了学界普遍的注意。国内外的学者对城市基层民主发展受阻的原因莫衷一是。通过整理文献，本文发现，目前的研究成果主要从组织形态、制度环境和政经结构三个视角对城市基层政治进行分析。在研究方法上，研究者主要依靠案例研究等质性研究方法。

居民委员会（以下简称“居委会”）是城市基层民主发展的载体。《中华人民共和国城市居委会选举法和组织法》对居委会的定位是，“居民自我管理、自我教育、自我服务的基层群众性自治组织”。理论上讲，居委会应该有比较强的自主性。但是在实际情况中，居委会的自主性会受到政府组织体系的限制。陈辉认为，当下中国城市基层民主的发展存在结构性困境，其中一个就是社区承载了过多的行政事务，作为社区自治性组织，居委会在现实生活中的主要任务是完成政府所交办的行政事务，公共服务残缺不全。① 这种法理上的自主性与现实中的嵌入性使得居委会陷入了两难困境：居委会究竟是向居民（选民）负责，还是向上级政府负责？这种困境导致居委会作为城市基层民主的载体发展举步维艰。

除了上文提到的组织形态因素，制度环境因素同样重要。张赛林通过对某社区居委会换届选举的个案研究发现，该社区居委会换届选举虽然在程序上完全符合民主选举的要求，但却是街道办事处（居委会的上级组织）力量控制的结果。街道办事处通过控制候选人名单、对选民代表的目的性选择、充分利用与选民代表的人情关系以及采取物质回报等策略，最终选出了街道满意的居委会干部。② 这种选举关系虽然与西方所讨论的恩庇

① 陈辉：《城市基层民主发展的困境与路径的选择》，《理论探讨》2010 年第 1 期。

② 张赛林：《差别选票的背后：街区控制与社区选举——以济南市 L 社区居委会换届选举为个案》，《内蒙古社会科学》（汉文版）2009 年第 6 期。

侍从关系（patron-client relationship）不同，[①] 但它在制度上体现了国家力量是如何渗透和支配基层社会的。

国家对城市基层社会的控制不仅仅体现在选举上，更体现在居委会的“行政化”进程上。石发勇的研究发现，在当前的改革中，社区组织和居民尽管多少发挥了一些作用，但改革进程一直由政府主导和控制，居委会难以成长为真正的居民自治组织。这种由政府强制进行的制度变迁，使得基层政府机构成了居委会“行政化”的受益群体并不断强化其“行政性”。[②] 这种局面的出现在2000年以后变得更加明显。这是因为进入21世纪后，国家鼓励居委会合并组建社区的政策出台，社区的规模比90年代的居委会辖区要大得多。因为辖区人数增多，导致政府对居委会控制的诉求也不断增强。这种基层政府机构和居委会之间控制关系的“固定化”，使得城市微型社区治理陷入“闭锁”的困境。[③]

国内的学者因为能够更加近距离地观察和分析基层社会，所以他们的研究往往在分析层次上以微观政治为主。但是外国学者尤其是美国研究中国政治的学者是很难做到这一点的。他们的分析层次以宏观政治经济为主。中西不同的分析层次并没有好坏之分，对理解我国城市基层民主政治的发展都是有益的探索。特蕾莎·赖特（Teresa Wright）分析认为，中国公民的政治态度和行为受制于国家主导型的经济发展模式、市场化力量和社会主义传统的政治结构。因为公民对国家的依附性比较强，市场机制比较弱，因此虽然经济在不断发展，但公民还是倾向于维持现状。[④] 密歇根大学的高敏（Mary Gallagher）更强调市场化和经济自由化政策（尤其是FDI自由化）所导致

---

① 更多关于恩庇侍从关系的讨论，参见 Luis Roniger，“Political Clientelism，Democracy and Market Economy”，*Comparative Politics*，Vol. 36，No. 3（2004）：353 - 375；Susan Stokes. Thad Dunning，Marcelo Nazareno & Valeria Brusco，*Brokers，Voters，and Clientelism：The Puzzle of Distributive Politics*（Cambridge：Cambridge University Press，2013）；Luis Roniger & Ayse Güneş - Ayata ed，*Democracy，Clientelism and Civil Society*（London：Lynne Rienner Publisher，1994）；Alex Weingrod，“Patrons，Patronage and Political Parties”，*Comparative Studies in Society and History*，Vol. 10，No. 4（1968）：377 - 400.

② 石发勇：《城市社区民主建设与制度性约束——上海市居委会改革个案研究》，《社会》2005年第2期。

③ 石发勇：《城市社区民主建设与制度性约束——上海市居委会改革个案研究》，《社会》2005年第2期。

④ Teresa Wright，*Accepting Authoritarianism：State-Society Relations in China's Reform Era*（Palo Alto：Stanford University Press，2010）.

的竞争如何迫使工人处于相对无助的地位。因为工人是城市居民的主体，所以当他们更加为经济领域的竞争所牵绊的时候，他们是没有意愿参与政治活动的。[①]

本文认为，上述研究都有一定的道理。他们从不同的层面分析了城市基层民主发展受阻的原因。但是整体来看，上面的三种视角都是外生性视角。本文认为，内生性的视角——对城市基层居民政治参与的意识和意愿的研究——能为我们更加细致地研究城市基层政治发展提供一个新的窗口。与外生性视角相比，内生性视角更加关注城市基层民主发展的内在动力和变迁逻辑，更有利于把握事情的原委。

三 研究假设

本文从城市基层居民这个主体出发，探究是什么因素导致了城市基层民主政治发展的迟缓。在讨论城市居民的政治参与方面，居民参与居委会选举并进行投票是一个很重要的政治参与表现。但是将参与居委会选举投票作为政治参与变量进行测量存在一个问题。因为居委会会利用各种动员能力（往往是按上级要求）使得居民被动参与投票（甚至有时候连候选人都不认识），因此这种选举投票并不能准确反映城市居民的真实政治参与情况。熊易寒的研究还发现，高投票率并不能掩饰政治参与的冷漠，也就是说居民高投票率与居民的政治参与并没有直接的关系。[②] 鉴于此，投票率不能作为结果变量，我们需要选择其他变量作为结果变量。本文以政治参与态度作为结果变量。这是因为城市居民的政治参与态度是真实的、可测量的。政治参与态度包括对政治的关注度和对政治活动的参与意愿两个方面。这两个方面都可以通过定量的手段进行测量和分析。

本文从协商民主、社区权力和社会资本三个方面提出研究假设。

（一）协商民主

不同的制度安排会产生不同的政治参与效果。在我国城市基层政治制度

① Mary Gallagher, "Reform and Openness: Why China's Economic Reforms Have Delayed Democracy", *World Politics*, Vol. 54, No. 3 (2002): 338–372.

② 熊易寒：《社区选举：在政治冷漠与高投票率之间》，《社会》2008 年第 3 期。

中，选举民主制度和协商民主制度是最重要的两个方面。社区选举制度在全国范围内大同小异，都有比较明确的程序安排。但值得注意的是，在相对统一的制度安排之下，不同社区的选举实践存在很大的差异。有的城市居民更加乐意参加当地的居委会选举，而有的社区居民却很冷漠。造成这种情况的原因有很多。熊易寒对社区选举的研究揭示，居民的政治冷漠实际上是由社区的利益结构所决定的，而社区选举的制度安排又进一步强化了人们的冷漠。也就是说，社区选举的制度安排是影响人们政治参与的重要因素。[①] 但是尽管社区的选举制度安排是重要的原因变量，但我们在实践中却很难测量它的差异性。因为不能测量出它的差异性，故我们转向以协商民主制度作为原因变量。

20 世纪 90 年代以来，在哈贝马斯和罗尔斯等哲学家的推动下，协商民主开始得到主流学术界的承认。协商民主之所以能够得到青睐，是因为它能够弥补代议制民主的一些问题。那么协商如何对政治实践产生影响？塔尔科特·帕森斯（Talcott Parsons）认为“协商产生的影响类似金钱和权力这一类别的一般化的交流符号媒介。它包含一种带来可观的结果的能力。但是却不需要对其他社会群体进行直接补偿，或者利用不好的影响来威胁”[②]。从这里可以看出协商民主的优势在于，通过非物质和不借助压制力量就能实现比较好的结果。因为这个优势，协商民主在中国也迅速发展。[③] 譬如，在浙江温岭，出现了政党与社会的恳谈模式，即在村/社区和乡/镇层级上出现了党组织通过随机选取民意代表参与恳谈或者用协商民意调查的方式，希望将民意在政治过程之前就引入政党的意志之中。再如，在四川巴中，出现了以党委和人民政协为主体的一系列评议制度，如对党委“一把手”的政协测评制度、党委决策的政协协商在先制度、群众代表列席党委会制度等。在广东增城市下围村开展的“民主协商，一事一议”模式，使得这个问题村变成了远近闻名的和谐村，真正把“形式上的自治”落实为“事实上的自治”。另如，在河南义马，出现了以群众工作部为主体的制度，如多部门协同接访平台、群众工作联席会议制度、领导干部全日制接访制度、群众工作日制度。尽管协商民主在中国发展势头较好，但是城市基层的协商民主却并

① 熊易寒：《社区选举：在政治冷漠与高投票率之间》，《社会》2008 年第 3 期。

② Talcott Parsons, *The System of Modern Societies* (Englewood Cliffs: Prentice-Hall, 1971), p. 14.

③ He Baogang & Mark Warren, "Authoritarian Deliberation: The Deliberative Turn in Chinese Political Development", *Perspectives on Politics*, Vol. 9, No. 2 (2011): 269 - 289.

没有引起学界的过多关注。

本文认为，城市基层中的三会制度（听证会、协调会、评议会）就属于协商民主制度。这些协商民主制度虽然在很多方面还不完善，但是绩效上的问题并不能改变其协商民主的本质。事实上，三会制度的存在与否对城市基层的政治发展产生不同的影响。由此我们可以得出本文的假设 1。

假设 1：基层协商民主制度会影响人们的政治参与。一个更能体现民主以及民主程序的制度会促进人们对民主活动的关注与参与。

（二）社区权力

居委会的“行政性”与“自治性”使其成为社区的权力核心，亦成为上级政府控制的对象。在这种权力的博弈中，基层民众难以有对抗的余地，但是这种情况也在发生改变。

20 世纪末，我国开始推行住房市场化改革。在住房商品化过程中，更多的城市居民同时具有业主身份。业主这个群体的出现，一定程度上改变了社区的权力机构。业主委员会（以下简称“业委会”）作为一个新的业主自治机构在大多数社区建立，并获得管理物业、维护业主利益等职能。业委会的出现，使得居委会自治的功能被削弱。

刘晔认为，社区内的权力调整导致社区组织网络发生变迁。社区建设中的组织网络结构由三重组织构成，除了街道办事处—居委会的行政权力网络之外，还有以业主委员会、议事会等组织为代表的社会自治权力网络，以及对上述两重网络的渗透而构成的党组织网络。[①] 权力中心的多元化必然带来政治参与的分散化。这就意味着业委会的存在可能会分流一些对居委会的政治关注和政治参与。那么，可以推出如下假设。

假设 2a：业委会的存在削弱了居委会的影响，使得居民更少关注居委会的民主活动。

但是，我们还需要看到有另外一种情况。因为业主之间共同利益的要求，使得作为业主的居民更倾向于参与居委会的事务，以期维护自己的切实利益。

何平立的研究也发现，居委会与业主委员会本同属群众自治组织，但居

---

① 刘晔：《公共参与、社区自治与协商民主——对一个城市社区公共交往行为的分析》，《复旦学报》（社会科学版）2003 年第 5 期。

委会有行政权力“撑腰”，事实上是凌驾于业主委员会的顶头上司。居委会的这种权力使得业委会作为业主自治组织发展举步维艰，作为业主的居民仍然需要通过居委会来维护其业主权力。[①] 管兵以及李骏的研究发现了另外一种解释，在住房市场化改革中成长起来的商品房业主阶层，在产权利益经常遭受侵犯的情况下，会想尽一切办法来保护自己的权益。参选居委会成为业主保护权益的一种方式，尤其是当基层政府和居委会对业主的维权进行干涉的时候。因为这种利益的诉求，使得居民更热衷于参选居委会和参与社区的民主事务。[②] 夏建中认为，业主和业主委员会最主要的工作就是面对物业管理公司，维护业主的权益，这会导致业主委员会积极参与公共领域的讨论。而这种对自我利益的维护以及对公共领域的讨论会促进城市居民的公民意识和参政意识。[③] 也即，业委会的存在增强了业主的利益诉求，使得作为业主的居民更多地关注和参与居委会民主活动。如果这部分研究成立，可以得到以下假设。

假设 2b：业委会促使居民参与政治活动。

（三）社会资本

社会资本是西方政治学和社会学领域非常重要的一个解释概念。社会资本一般是指信任，对从属身份的关心，遵守社区规范和对违反规范进行惩罚的意愿。[④]这一概念早期的倡导者主要是芝加哥大学社会学教授詹姆斯·科尔曼（James Coleman）和哈佛大学政治学教授罗伯特·帕特南（Robert Putnam）。在《使民主运转起来：现代意大利的公民传统》一书中，帕特南在意大利的研究揭示，尽管建立社会资本并非易事，但它确实是使民主运转起来的关键因素。[⑤] 国内学者桂勇和黄荣贵细致地研究了社区社会资本的测量，并认为社区社会资本可以成为一种中观层次的理论，对社区民众的公共

① 何平立：《冲突、困境、反思：社区治理基本主体与公民社会构建》，《上海大学学报》（社会科学版）2009 年第 4 期。

② 管兵：《维权行动和基层民主参与：以 B 市商品房业主为例》，《社会》2010 年第 5 期；李骏：《住房产权与政治参与：中国城市的基层社区民主》，《社会学研究》2009 年第 5 期。

③ 夏建中：《中国公民社会的先声——以业主委员会为例》，《文史哲》2003 年第 3 期。

④ Samuel Bowles& Herbert Gintis, "Social Capital and Community Governance", *The Economic Journal*, Vol. 112, No. 483 (2002): 419.

⑤ 〔英〕罗伯特·D. 帕特南：《使民主运转起来：现代意大利的公民传统》，王列、赖海榕译，江西人民出版社，2001。

参与具有解释力。[①] 罗家德和方震平的最新文章通过对乡村社区的调查，提出了关系型社区社会资本和结构型社区社会资本两种类型[②]，而本文关注的为结构型社会资本。冯贵儒的研究也发现，社区社会资本对居民参与社区各类活动具有正向促进作用。[③] 因此，本文提出最后一条假设。

假设 3：社区社会资本促进居民的政治参与。具有丰富社区社会资本的居民更倾向于参与民主政治活动。

四 数据、变量与测量方法

（一）数据来源

本文所使用的数据来自 2010 年 4 ~6 月上海大学上海社会科学调查中心组织的“上海市社区参与与居民自治能力调查”。调查对象为 18 岁以上的上海市常住人口。本次调查按照等比例分层抽样方法（PPS），根据人口分布状况，在上海市区抽取了 12 个街道的 42 个居委会，在获得详细人口信息的基础上，从每个居委会随机抽取约 12 户家庭，以“入户面访”方式共获得有效问卷 522 份。[④] 剔除缺失变量的样本后，本文使用的有效样本为 441 个，样本有效率为 84.48%。

（二）变量

1. 因变量

本文需要解释的是居民的政治参与。在上海，各个居委会存在多种选举办法，比如海选、直选以及居民代表选举。若使用参与投票作为测量方式，则有可能使得一部分受访者因为制度的限制（如居民代表选举）而被排除在直接的政治参与之外。而且如上文所说，投票行为以及投票率都不能真实地反映居民的政治参与情况。考虑到这些因素，本文在居民政治参与的测量

① 桂勇、黄荣贵：《社区社会资本测量：一项基于经验数据的研究》，《社会学研究》2008 年第 3 期。

② 罗家德、方震平：《社区社会资本的衡量——一个引入社会网观点的衡量方法》，《江苏社会科学》2014 年第 1 期。

③ 冯贵儒：《社会资本与城市居民的社区公共参与》，硕士学位论文，上海大学，2011。

④ 刘玉照等：《上海社区建设调查报告》，《科学发展》2011 年第 3 期。

上采用主观测量指标，即“是否关注居委会选举”以及“是否愿意参与居民大会、居民代表大会、听证会、协调会以及评议会”。

对基层选举的测量采用的指标是：“是否关注居委会选举”。回答分类为五类，分别为非常关注、比较关注、一般、不太关注和一点不关注。本文将问卷中的回答重新编码为：(1)“不关注”，(2)“一般”，(3)“关注”。

在调查问卷中，对于政治参与意愿的测量题目是：如果您所在的居委会举行以下会议，并邀请您参加，您是否愿意参加？会议为“居民大会”、“居民代表大会”、“听证会”、“协调会”、“评议会”；回答分类为4“非常愿意”、3“愿意”、2“不愿意”以及1“极不愿意”。以上五种会议均为社区民主活动，本文通过主成分分析的方法提炼出一个民主会议参与因子，以代表以上五种会议的参与意愿。[①] 所提取的因子特征值大于1，且累计贡献率为0.91，这说明所提取的因子能够较大程度地代表五种民主会议的参与意愿。

2. 自变量

根据上文假设，本文的自变量为协商民主制度、社区权力以及社会资本。

关于协商民主，本文使用是否实行了“三会”制度来测量。在中国城市基层社会，最常见的民主制度有基层选举制度和基层协商制度。如上文所述，实际运作中基层选举被动员的可能性较大，而且各地区在同样选举方案下的操作方式也不一样，可比性较差。而协商民主制度则是能够比较容易测量且能够反映基层民主的情况。本文采用是否实行“三会”制度来指代上文提出的协商民主。

社区权力发生了变化，从上文可知，业委会的出现很大程度改变了社区的权力关系格局。业委会的出现，使得普通居民在居委会之外获得自治空间，一定程度上会削弱居民对居委会的依赖程度。但同时，也存在另外的一种情况是，居委会利用正式行政结构给予的权力对业委会有所干预，促使业主更倾向于参加居委会开展的民主活动以维护其权益。所以，在测量社区权力上，本文使用“所在社区是否有业委会”进行测量。

关于社区社会资本的测量，桂勇和黄荣贵曾经做过细致研究。[②] 基于

---

① 冯贵儒的硕士学位论文与本文使用同一组调查数据，在讨论社区参与时使用了居民代表会议和听证会两个指标作为因变量，而本文则关注对于社区民主会议的参与，对五个会议参与意愿提取一个因子，故而两文在对概念界定和因变量的处理上存在差别。

② 桂勇、黄荣贵：《社区社会资本测量：一项基于经验数据的研究》，《社会学研究》2008年第3期。

2006～2007年在上海市50个社区收集的数据，他们对所建构的量表进行了分析，得到一个七维度的社区社会资本测量量表，该量表具有良好的信度、效度。本次调查在社区社会资本测量上主要参考了桂勇和黄荣贵的测量办法。本文提取了“邻里互动”、“社区信任”和“社区归属感”三个表示社区社会资本的因子，因子的特征值分别为4.23、2.00、2.98，累计贡献率均大于0.50。

3. 控制变量

根据上海市居委会组织办法，当前绝大部分非上海户籍的居民并没有参与社区政治活动的权利。但是，外来移民作为上海社会的有生力量，其政治参与的需求也应得到重视。因为本文考察的是居民的政治参与意愿，故将外来移民也纳入分析样本，但增加一个“户籍”的控制变量。此外，年龄、年龄的平方、性别、党员、教育年限①、个人收入、住房产权形态也作为控制变量。

所有变量的描述性统计见表1。

表1 变量的描述性统计

变量名	均值	方差	最小值	最大值
关注居委会选举	1.805	0.849	1	3
参加民主会议意愿	0.039	1.026	-2.709	1.798
实行“三会”制度=1	0.240	0.428	0	1
建立业委会=1	0.474	0.500	0	1
邻里互动因子	0.044	1.027	-0.822	3.335
社区信任因子	0.057	0.990	-3.889	1.959
社区归属感因子	0.044	1.001	-2.916	2.591
上海户口=1	0.837	0.370	0	1
年龄	52.204	18.296	18	89
年龄的平方	3059.247	1898.109	324	7921

① 问卷调查时询问的是被访者的受教育程度，本文根据中国学制转为教育年限。有研究表明，使用这种转换并不会导致研究结果偏差，但能够节省模型的自由度。详见 Xie Yu. & Emily Hannum, “Regional Variation in Earnings Inequality in Reform-Era Urban China”, *American Journal of Sociology*, Vol. 101, No. 4 (1996): 950-992。

续表

变量名	均值	方差	最小值	最大值
男性 =1	0.463	0.499	0	1
党员 =1	0.175	0.380	0	1
教育年限	11.370	4.141	0	19
上年年收入(万元)	3.190	4.063	0	55
拥有住房产权 =1	0.723	0.448	0	1
样本数	441			

（三）测量方法

本文要回答的问题是“是什么因素影响了城市居民的政治参与”。具体使用两个指标测量居民的政治参与：一是对居委会选举的关注度，二是对居委会组织的民主会议参与意愿。

对居委会选举的关注程度是一个定序变量，分为关注（3）、一般（2）和不关注（1），所以可以使用序次逻辑回归模型（ordered logistic regression）。序次逻辑回归模型是逻辑回归模型的一种特殊形式，它可以估计不同秩序的发生概率。序次逻辑回归在数学上可以表述如下。

本文的关注度有三个选项，那么

$Y_i = 1$（不关注）如果 $-\infty \leqslant Y_i^* < a_1$

$Y_i = 2$（一般）　如果 $a_1 \leqslant Y_i^* < a_2$

$Y_i = 3$（关注）如果 $a_2 \leqslant Y_i^* < +\infty$

令

$$Y_i^* = \beta X + \varepsilon$$

$$P(Y = j \mid X) = F(a_j - \beta X) - F(a_{j-1} - \beta X) \tag{1}$$

模型计算出的参数是 β，而截距则代表潜在变量的分布（latent variable distribution）a_1，…，a_{j-1}。此处，$F_j(X)$ 是类别次序 j 的累积概率函数。序次逻辑回归模型使用最大似然法进行系数估计。

对居委会组织的民主会议参与意愿是一个因子，它满足均值为 0，方差为 1 的标准正态分布。所以对于这个因变量而言，可以使用多元线性回归方程进行估计。多元线性回归方程的表达式为：

$$Y = \alpha + \beta_i X + \beta_j Z + \varepsilon \tag{2}$$

方程（2）中，Y 表示民主会议参与意愿，X 表示协商民主、社区权力以及社会资本三个自变量，Z 表示户籍等控制变量，ε 表示误差项。多元线性回归模型的估计方式为最小二乘法。

通过上述两个方程，可以得到影响上海市城市居民政治参与的因素，并获知在控制其他变量的情况下，协商民主、社区权力以及社区社会资本对居民政治参与的影响程度。

对居民的政治参与，一般要经历三个历程：关注—有意愿参与—正式参与。在中国基层民主制度尚未完善而政府又有极大动员能力的情况下，本文对前两个历程的分析无疑更有意义。

五 模型和结果

（一）对居委会选举的关注度

表 2 对居委会选举关注度的序次逻辑回归（Ordered Logistic Regression）

自变量	模型一	模型二	模型三	模型四
	概率比	概率比	概率比	概率比
实行“三会”制度	5.892*** (1.373)			3.120*** (0.673)
业委会		2.278*** (0.513)		1.765* (0.407)
邻里互动			1.468*** (0.148)	1.434*** (0.142)
社区信任			1.461** (0.201)	1.341* (0.184)
社区归属感			2.538*** (0.376)	2.246*** (0.351)
上海户口	2.078* (0.768)	1.800 (0.704)	1.389 (0.609)	1.681 (0.700)
党员	2.552** (0.753)	2.817*** (0.790)	2.064* (0.635)	2.047* (0.615)
教育年限	0.926* (0.032)	0.918* (0.035)	0.969 (0.039)	0.953 (0.040)
年龄	1.113** (0.043)	1.105** (0.038)	1.093* (0.046)	1.089 (0.048)

续表

自变量	模型一	模型二	模型三	模型四
	概率比	概率比	概率比	概率比
年龄的平方	0.999** (0.000)	0.999** (0.000)	0.999 (0.000)	0.999 (0.000)
男性	1.028 (0.185)	1.042 (0.187)	1.011 (0.196)	1.004 (0.216)
年收入	0.963 (0.033)	0.964 (0.031)	0.972 (0.037)	0.959 (0.044)
拥有住房产权	1.256 (0.353)	0.959 (0.253)	1.271 (0.355)	0.943 (0.282)
节点一	18.201** (19.653)	11.176** (10.386)	11.754* (12.910)	11.620* (13.594)
节点二	68.321*** (74.393)	37.239*** (35.484)	52.348*** (57.286)	56.660*** (66.778)
样本数	441	441	441	441

注：输出稳健回归系数和标准误差；*** $p<0.001$，** $p<0.01$，* $p<0.05$。

表2是对“对居委会选举关注度”的序次逻辑回归结果，分四个模型进行讨论。考虑到分层抽样所产生的设计效应，每个模型都加入“居委会”层次的变量进行权重调整，报告的是稳健回归系数换算后的概率比（odds ratio）。

模型一讨论协商民主对“关注居委会选举”的影响，在加入控制变量的情况下，实行“三会”制度对因变量的影响概率比为5.892且显著（$p<0.001$），这显示“三会”制度非常显著地提高了居民对居委会选举的关注程度。模型四的全模型也进一步表明，在增加其他自变量的情况下，实施“三会”制度仍然会显著提高居民对居委会选举的关注程度（概率比为3.120且$p<0.001$）。根据模型四的估计结果，实施“三会”制度的社区居民关注选举的程度分别为：“不关注”居委会选举的发生概率为0.175，“一般关注”的发生概率为0.237，“关注”居委会选举的概率为0.588。这验证了本文提出的假设1，即一个更能体现民主以及民主程序的制度会促进人们对民主活动的关注。

模型二关注社区权力对“关注居委会选举”的影响。回归结果显示，是否存在与居委会抗衡的社区权力机构——业委会对居民对居委会选举的关注程度产生正向的显著影响（概率比为2.278且$p<0.001$）。在加入其他自变量和控制变量之后，模型四进一步验证，业委会的存在显著地提升了居民对居委会选举的关注程度（概率比为1.765且$p<0.05$）。对于本文提出的关于社区权力的两个竞争性假设，模型二和模型四验证了假设2b，而未接受假设2a。

社区社会资本方面，表2的模型三显示，三个社区社会资本因子中有“邻里互动”因子和“社区归属感”因子在0.001的显著度水平上对因变量产生显著影响，“社区信任”因子对因变量的显著度水平为0.01。在模型四的全模型中，社区社会资本仍然对因变量“关注居委会选举”产生显著的影响，三个因子均通过了0.05的显著性检验且概率比变化不大。这表明，本文提出的假设3也得到了验证：社区社会资本促进居民的政治参与。

总体而言，表2中的四个模型讨论了影响社区居民“关注居委会选举”程度的协商民主、社区权力以及社区社会资本三个重要因素。模型结果表明，健全的协商民主制度、居民自治权力以及较高的社区社会资本能够显著提高居民对基层民主政治的关注程度。

（二）对基层民主会议的参与意愿

表3 对参与基层民主会议意愿的多元线性回归

自变量	模型五	模型六	模型七	模型八
实行“三会”制度	0.695*** (0.124)			0.359** (0.101)
业委会		0.218* (0.108)		0.068 (0.098)
邻里互动			0.115* (0.049)	0.100* (0.046)
社区信任			0.129* (0.057)	0.105 (0.057)
社区归属感			0.330*** (0.075)	0.284*** (0.076)
上海户口	0.036 (0.168)	-0.023 (0.167)	-0.144 (0.167)	-0.087 (0.166)

续表

自变量	模型五	模型六	模型七	模型八
党员	0.380 ** (0.126)	0.430 ** (0.133)	0.274 * (0.125)	0.264 * (0.120)
教育年限	0.013 (0.015)	0.011 (0.017)	0.034 * (0.015)	0.029 * (0.014)
年龄	0.021 (0.016)	0.022 (0.017)	0.014 (0.019)	0.012 (0.018)
年龄的平方	-0.000 (0.000)	-0.000 (0.000)	-0.000 (0.000)	-0.000 (0.000)
男性	-0.109 (0.104)	-0.115 (0.107)	-0.131 (0.100)	-0.128 (0.102)
年收入	-0.016 (0.014)	-0.018 (0.015)	-0.015 (0.014)	-0.015 (0.014)
拥有住房产权	0.042 (0.141)	0.015 (0.168)	0.028 (0.135)	-0.025 (0.146)
常数项	-0.939 (0.466)	-0.848 (0.516)	-0.730 (0.511)	-0.713 (0.497)
样本数 R^2	441 0.149	441 0.076	441 0.237	441 0.257

注：输出稳健回归系数；*** $p<0.001$，** $p<0.01$，* $p<0.05$。

表3展示了对居委会组织的民主活动参与意愿的多元线性回归结果。同样考虑到分层抽样可能带来的偏差，四个模型均加入“居委会”一层的变量进行了权重调整，输出稳健回归系数。四个模型的决定系数（R^2分别为0.149、0.076、0.237、0.257）显示，除模型六之外，其他三个模型均有较强的解释力。全模型（模型八）的决定系数R^2为0.257，说明模型中所有的自变量能够解释因变量25.7%的变异。

模型五的回归结果显示，协商民主命题得到了证明，实行了“三会”制度的社区居民参与居委会组织的民主活动的意愿明显增加，在0.001显著性水平上的回归系数为0.695。模型六显示，社区权力的变化对居民的政治参与意愿存在一定的影响，系数为0.218（$p<0.05$）。成立业委会以及参加过业主大会对居民参与民主活动的意愿有积极作用。这就再次证明了本文的假设2b，同时也否定了假设2a。不过，该模型的R^2偏小，说明社区权力命题的解释力可能还比较小。在社区社会资本这个变量上，模型七中三个测量

社区社会资本的因子均对因变量有显著的影响，而在模型八的全模型中，仅有“社区信任”因子没有通过显著性检验。“邻里互动”因子对因变量的影响系数为 0.1（$p<0.05$），“社区归属感”因子对因变量的影响系数为 0.284，且在 0.001 的显著性水平上表现显著。

模型八的回归结果显示，协商民主对居民参与居委会组织的民主活动的意愿有显著的影响。实行“三会”制度的社区往往能够增进居民的民主参与意愿。社区权力的变化对居民参与民主活动的热情并没有影响，在这一点上，假设 2a 和假设 2b 并没有得到验证。在社会资本方面，各个测量指标对基层民主会议参与意愿都具有积极的促进作用。而且社区内部的归属感（“社区归属感”因子的回归系数为 0.284，$p<0.001$）是特别显著的一个社区社会资本指标。所以总的来说，社区社会资本依然是促进居民政治参与的重要因素。

通过对两个政治参与的测量指标分别做序次逻辑回归和多元线性回归模型进行分析，结果显示，基层协商民主制度和较高的社区社会资本能够显著提高上海城市居民对基层政治实践的关注程度和参与意愿，而社区权力结构虽然对基层政治关注有正面影响，但是对参与意愿的影响并不明确。因此总体来说，社区权力的变化对基层民主的影响作用暂不清晰。

六　理论和政策建议

中国改革开放以来的伟大历程，为政治学研究提供了丰富的材料，也对政治学研究提出了更高的要求。其中一条根本的要求就是，政治学研究应该切实做到理论联系实际。在理论联系实际的基础上，青年学者更应该努力做到学以致用。本着这样的思路，本文有如下理论和政策建议。

（一）方法论建议

城市政治研究需要引起学界更多的关注。本文研究的问题是什么因素影响了城市基层民主的发展。根据已有的研究，本文讨论了三个可能影响城市居民政治参与态度的因素：协商民主、社区权力和社区社会资本。既有的研究成果，往往是通过个案研究来揭示这三种因素以及其他相关因素对于居民政治参与意愿的影响。案例研究法有优势，却也有不足。著名中国问题研究专家、美国约翰·霍普金斯大学蔡欣怡教授（Kellee Tsai）认为，中国研究专家需要通过提出分析性的，而不是描述性的论点，来赢得政治学同行的尊重。[①] 本文采用大样本的定量研究方法来讨论城市基层民主发展的影响因素，提出了一些分析性的论断。这一方法有利于得出更加具有代表性的分析结论。

（二）理论建议

协商民主作为基层民主制度的有机组成部分，对居民的政治参与有极大的影响。更加完善和程序上更为民主的制度会促进居民的政治参与热情。社区权力的结构变化对基层民主的影响作用暂不清晰，也许存在两种不同的作用路径。业委会在多大程度上会促进城市基层民主政治的发展，还有待于进一步观察。本文建议学者对此进行定量和定性的分析。社区社会资本在促进居民的政治参与上有积极的作用。通过社区内部交流活动来提升城市居民的社区社会资本，将最终会有利于居民政治参与意识的培育。

（三）政策建议

党的十八届三中全会提出了治理体系和治理能力现代化的目标。发展城市基层民主政治是实现这个目标的题中之意。中国特色社会主义制度在程序和内容上，都有潜力比西方的政治制度更能推动基层的民主政治发展。为此，我们要有“道路自信、理论自信、制度自信”。城市基层中的“三会”制度是协商民主制度的一种，是中国特色的民主实践。它能实现党的领导与人民当家做主的有机统一。对城市基层中的“三会”制度，中央政府和地方政府应该采取更加积极支持的态度。一方面要鼓励地方进行组织制度创新、议事规则创新和执行规则创新；另一方面要把“三会”制度与其他制度（基层选举制度、基层财政制度等）进行更好的衔接，以期实现松散耦合（loosely coupling）的组织关系模式。[②] 此外，国家支持和鼓励城市基层的民主实践发展，还需要允许操作层面出现暂时的困难和问题。比如，业委会对基层民主制度的发展到底有何作用，目前还很难下结论。那么政府对业

① Kellee Tsai, “China's Political Economy and Political Science”, *Perspectives on Politics*, Vol. 11, No. 3 (2013): 860 – 871. 该文的中文版已被本文作者张春满翻译发表在《国外理论动态》2014 年第 4 期上。

② Karl Weick, “Educational Organizations as Loosely Coupling System”, *Administrative Science Quarterly* 21 (1976): 1 – 19.

委会与居委会的互动应该抱着鼓励和支持的态度，而不是设法阻止或者刻意打压业委会的活动。国家鼓励和支持地方进行实践创新不意味着基层民主运转是处于失控的状态，地方政府要加强对基层民主制度和居民自治组织的监督和指导。基层稳，国家安。只有基层政府与人民群众共同努力，城市基层民主的发展才能更加顺畅，才能为中国梦的早日实现奠定坚实的社会基础。

我国城市居民的社会资本与居委会选举参与

——基于 CGSS 的实证分析

白　锐　赖俊淇[*]

摘　要： 本文基于 CGSS 的数据，运用 Logistic 回归等数理统计方法，探究了城市居民的社会资本与其参与居委会选举的关系。得出如下结论：我国城市居民选举参与状况不容乐观，以冷漠者与旁观者为多；居民社会资本存量情况比较复杂；社会信任对选举参与不具有统计显著性；社团活动参与网络对选举参与呈现显著的正向影响；互惠规范对选举参与亦呈现显著的正向影响。

关键词： 城市居民　社会资本　选举参与

法国启蒙思想家卢梭认为“人是生而自由的，但却无往不在枷锁之中；自以为是其他一切的主人的人，反而比其他一切更是奴隶”①。对这种变化的形成，卢梭并没有给出答案，但什么使得这种变化合法化？什么是卢梭的答案？台湾学者吴庚认为“一言以蔽之，即‘人民的公意是政治权威合法性的唯一基础’；现代国家的建制深受这种民主思潮的影响，设法使人民的

---

* 白锐，武汉大学政治学博士，美国密苏里大学（哥伦比亚）杜鲁门公共事务学院博士后，暨南大学公共管理学院副教授；赖俊淇，暨南大学公共管理学院硕士研究生。

① 〔法〕卢梭：《社会契约论》，何兆武译，商务印书馆，2012，第 4 页。

公意制度化的反映出来；于是，定期的选举藉以表现民意，遂成为现代民主国家的合法性基础"[①]。即是，选举可以带来政治统治的合法性。[②]

选举是公民参与国家治理的一种十分重要的途径，公民通过选举参与来表达需求与意愿，以图对公共政策产生影响。早在1988年，随着《中华人民共和国村民委员会组织法（试行)》的颁布实施，我国便在农村推动基层选举，村委会由村民通过直接投票选举产生。广大村民积极投身于农村基层选举的伟大实践中，选举成为其表达利益诉求的重要渠道。到了90年代，基层民主逐渐由农村向城市扩散，城市基层的民主选举越来越受关注。"选举是市民社会对政治国家的直接的、不是单纯想像的而是实际存在的关系。因此显而易见：选举构成了真正市民社会的最重要的政治利益"[③]。我国农村村民参与村委会的选举得到了国内外学者的广泛关注[④]。相对而言，对城市居民的选举参与研究较少。在我国基层选举的实践中，城市居民的选举参与也是十分重要的一个方面。

有研究表明，社会文化因素对选举参与有很大的影响[⑤]，这一结论也被帕特南进一步证实：社会资本可以促进公众对公共事务、国家治理的参与。从1970年开始，美国政治学家帕特南对意大利地方政府进行了20多年的调查研究，探索意大利的公民参与问题及南方与北方政府绩效差异的原因，写成《使民主运转起来：现代意大利的公民传统》一书。他用社会资本来解释公民参与的不同之处以及意大利南方与北方政府绩效的差异。帕特南认为

---

① 吴庚：《选举与政治参与》，中正书局，1981，第1页。

② Karklins Rasma, "Soviet Elections Revisited: Voter Abstention in Noncompetitive Voting", *The American Political Science Review*, Vol. 80 (2) (June, 1986): 449 - 470；何增科、托马斯·海贝勒等：《城乡公民参与和政治合法性》，中央编译出版社，2007，第11页。

③ 《马克思恩格斯选集》(第1卷)，人民出版社，1956，第396页。

④ K. J. O'Brien, "Implementing Political reform in China's Villages", *The Australian Journal of Chinese Affairs* (1994): 33 - 59; M. Manion, "The Electoral Connection in the Chinese Countryside", *American Political Science Review* (1996): 736 - 748; M. K. Jennings, "Political Participation in the Chinese Countryside", *American Political Science Review* (1997): 361 - 372；杨明：《四县农民政治参与研究》，《社会学研究》2002年第2期；郭正林：《当代中国农民政治参与的程度、动机及社会效益》，《社会学研究》2003年第3期；胡荣：《社会资本与中国农村居民的地域性自主参与——影响村民在村级选举中参与的各因素分析》，《社会学研究》2006年第2期。

⑤ 〔法〕阿历克西·德·托克维尔：《论美国的民主》，董果良译，商务印书馆，1988；〔美〕加布里埃尔·阿尔蒙德、西德尼·维巴：《公民文化——五个国家的政治态度和民主制》，徐湘林等译，华夏出版社，1989。

社会资本是民主进步的一种十分重要的决定因素，对社会资本定义为："这里所说的社会资本是指社会组织的特征，诸如信任、规范以及网络，它们能够通过促进合作来提高社会的效率。"① 本文尝试运用帕特南社会资本理论中关于社会资本的社会信任、社会网络、互惠规范三大维度来分析城市居民的居委会选举参与。

一 框架建立、研究假设与变量操作化

（一）概念工具

社会资本。一般认为，社会资本一词最早出现于 Hanifann 在 1916 年所写的《农村学校的社区中心》一文，Hanifann 用社会资本来讲述社区里的社会凝聚力与个人投入问题。Hanifann 把社会资本用于指代对社区居民有价值的事物，如人们生活交往中的善意、友谊、同情、社会交流等。1980 年，法国社会学家 Bourdieu 正式提出了社会资本的概念："是真实的或虚拟的资源的总和，能够凭借拥有一个持续性网络而加诸个人或群体，这一网络则由制度化程度不一的相互熟悉或认识的人所构成。"② 美国社会学家 Coleman 认为："社会资本概念是由它的功能来定义的。并不是一个单一的实体，而是由不同的实体构成的，这些实体有两个共同的特性：由社会结构的某些面构成，并且在那些结构里面能够促进个体或集体的特定行动。"③ 而真正使社会资本的概念引起广泛关注并引发学术研究热潮的是帕特南。帕特南对社会资本的定义被学界使用最多："这里所说的社会资本是指社会组织的特征，诸如信任、规范以及网络，它们能够通过促进合作来提高社会的效率。"④ 波茨认为："社会资本指的是，处在网络或更广泛的社会结构中的个

① 〔英〕罗伯特·D. 帕特南：《使民主运转起来》，王列、赖海榕译，江西人民出版社，2001，第 195 页。

② P. Bourdieu, L. J. D. Wacquant, *An Invitation to Reflexive Sociology* (University of Chicago Press, 1992), p. 119.

③ J. S. Coleman, *Foundations of Social Theory* (Cambridge, M. A.: Harvard University Press, 1990), p. 302.

④ 〔英〕罗伯特·D. 帕特南：《使民主运转起来》，王列、赖海榕译，江西人民出版社，2001，第 195 页。

人动员稀有资源的能力。”①

社会信任。帕特南认为，如果一个共同体内的人们之间信任水平越高，则他们之间合作的可能性就会越大，而合作本身就会带来信任，合作与信任是相互作用的。在小规模的联系密切的团体中，可以因对当事人的熟悉而产生信任，但在比较大型和更为复杂的共同体中，则需要更多的非私人化或间接的信任。帕特南认为社会信任可以从互惠规范和公民参与网络中产生。

社会网络。帕特南将网络分为“横向”与“纵向”两种形式，并认为横向的互动更好，因为在一个共同体中，横向的网络越密集，其中的公民就越有可能进行基于共同利益的合作；而纵向的网络无法维系社会信任与合作。帕特南认为邻里组织、合作社、合唱队等都属于横向的公民参与网络。

互惠规范。帕特南认为互惠是规范中最重要的一种，进而把互惠分为两类，一种是均衡的互惠，指人们同时交换价值相等的东西；另一种是普遍的互惠，它是说交换关系在持续性地进行，互惠在特定的时间里不均衡，但产生共同的期望，“现在己予人，将来人予己”。帕特南认为，普遍的互惠是一种具有高度生产性的社会资本，如果遵守了这个规范，就可以有效地约束投机，从而解决集体行动的问题；并且，普遍的互惠把自我利益和团结互助结合起来了。

（二）研究假设

基于帕特南的社会资本理论，本文把社会信任、社会网络、互惠规范三大维度作为自变量，居委会选举参与作为因变量，建立研究假设：城市居民的社会资本对居委会选举参与呈现显著的正向影响。其分假设如下。

H1：社会信任对居委会选举参与呈现显著的正向影响。

H2：社会网络对居委会选举参与呈现显著的正向影响。

H3：互惠规范对居委会选举参与呈现显著的正向影响。

下文将建立回归模型，对上述假设分别进行验证。

（三）变量操作化，兼论社会资本存量与选举参与状况

本研究使用的数据来源于 CGSS 2005 的数据，覆盖了中国东、中、西部共 28 个省份的 125 个区（县），共获得有效样本 10372 个，本文选取了城市

① 李惠斌、杨雪冬：《社会资本与社会发展》，社会科学文献出版社，2000，第 31 页。

居民样本5422个。[①] 主要采用的是“经济态度与行为评价”模块和“社区生活与治理”模块。

1. 自变量操作化与社会资本存量情况

根据Putnam的社会资本理论，本文将社会资本操作化为社会信任、社会网络、互惠规范三个维度。统计结果表明，我国城市居民社会资本存量情况比较复杂。

（1）社会信任。根据“行为评价”中的E14题：“在不直接涉及金钱利益的一般社会交往/接触中，您觉得下列人士中可以信任的人多不多呢?”回答的选项为：“绝大多数不可信”、“多数不可信”、“可信与不可信者各半”、“多数可信”、“绝大多数可信”，分别赋值“1、2、3、4、5”。

城市居民对11类对象的平均信任度在1.807~4.297之间，差异较大。对亲戚的信任度最高，均值高达4.297，而对陌生人的信任度最低，为1.807。差异之大，具有明显的“差序格局”。由于独特的社会历史背景，中国传统社会的信任是一种“关系本位”或者“差序格局”的结构，在差序格局上生长出以血缘、地缘为主的中国式的社会信任。[②] 正如费孝通所说的：“以‘己’为中心，像石子一般投入水中，和别人所联系成的社会关系，不像团体中的分子一般大家立在一个平面上的，而是像水的波纹一般，一圈圈推出去，愈推愈远，也愈推愈薄。”[③] 虽然存在“差序格局”，但从总体上看，城市居民的社会信任情况较为良好，对置信对象的信任大部分处在中等及偏上的水平上。

表1 对不同置信对象的社会信任水平

信任对象	亲戚	同事	老同学	（近）邻居	远邻/街坊	陌生人
N	5422	5422	5422	5422	5422	5422
均值	4.297	3.877	3.835	3.902	3.5059	1.807
标准差	0.8001	0.8221	0.8781	0.9144	0.94631	0.9505
选择多数/绝大多数可信的比例之和	85.3%	70.9%	67.8%	70.3%	52%	5.2%

① 本文使用的数据来自由国家社会科学基金资助的“中国综合社会调查（CGSS）”项目。该调查由中国人民大学社会学系与香港科技大学社会科学部联合执行，由李路路教授、边燕杰教授负责。作者感谢上述机构及其人员提供的数据支持。

② 胡宝荣：《中国社会信任问题研究述评》，《实事求是》2010年第4期。

③ 费孝通：《乡土中国》，人民出版社，2008，第30页。

续表

信任对象	交情不深的朋友/相识	在外地相遇的同乡	参加文娱、健身等业余活动的人士	参加宗教活动的人士	参加社会/公益活动的人士
N	5422	5422	5422	5422	5422
均值	2.991	2.906	3.095	2.970	3.249
标准差	0.9402	0.9347	0.8151	0.7201	0.8236
选择多数/绝大多数可信的比例之和	26.5%	23.1%	22.4%	13.3%	27.5%

（2）社会网络。本文把社会网络操作化为城市居民参与社团的情况。“行为评价”中 E18 题：“在业余时间里，您有没有在以下方面参加由您工作单位以外的社团组织（如俱乐部、沙龙、培训班、志愿团体、教会等）安排/进行的活动呢?”选项为“一周一次”、“一周几次”、“一月一次”、“一年几次”、“从不”，分别赋值为：“1、2、3、4、5”。为了分析的方便，我们对其重新排序和赋值：“从不”、“一年几次”、“一月一次”、“一周一次”、“一周几次”依次编码为“1”、“2”、“3”、“4”、“5”。

表 2　对不同社团类别的参与情况

社团类别	健身/体育活动	娱乐/文艺活动	同学/同乡/同行联谊活动	宗教信仰活动	有助于增进培养/教育子女能力的活动	有助于提高个人技能/技术的活动	公益/义务活动
N	5422	5422	5422	5422	5422	5422	5422
均值	2.09	1.59	1.42	1.14	1.47	1.45	1.44
标准差	1.548	1.105	0.764	0.585	0.979	0.902	0.667
选择一周一次或一周几次的比例之和	23.9%	8.8%	2.5%	2.3%	5.9%	4.5%	1.4%

由表 2 得知，各均值都很低，城市居民参与社团的情况并不乐观。在业余时间里参与工作单位以外的社会团体活动的人数比例较少，在七个类别的社团活动里“从不”被选择最多，分别占各自样本的 60.3%、70.3%、69.1%、93.0%、74.3%、73.0%、62.5%。

（3）互惠规范。我们用城市居民相互之间的熟悉程度与互助行为来测量互惠规范。在“社区生活与治理”中，F1 题问道：“您和邻居，街坊/同村其他居民互相之间的熟悉程度是怎样的?”选项分别为“非常不熟悉”、“不太熟悉”、“一般”、“比较熟悉”、“非常熟悉”，赋值“1、2、3、4、5”。F2 题问道：“在日常生活中，您与您的邻居，街坊/同村其他居民之间有互助行为吗?”选项分别为“没有”、“偶尔有”、“有时有”、“较多”、“很多”，赋值“1、2、3、4、5”。

对邻里间的熟悉程度，均值为 3.52，可知城市居民邻里间较为熟悉，处在中等偏上的水平上，是一个“半熟人社会”。但从邻里间的互助行为来看，其均值为 2.74，“表现”处在中等稍微偏下的水平上。从二者的表现可以看出，城市居民邻里间的交往，大多数人还只是仅仅停留在较为熟悉的层面，较少转化为实际的互助行动。

表 3 邻里熟悉与互助情况

内容	与邻居、街坊间熟悉程度	与邻居、街坊间互助行为
N	5422	5422
均值	3.52	2.74
标准差	0.957	1.071
选择比较熟悉或非常熟悉（较多或很多）的比例之和	53.1%	24.3%

2. 因变量操作化与居委会选举参与现状

为测量因变量选举参与，在操作化方面，“社区生活与治理”的 F5 题为：“您在上一次的居民委员会选举中有没有投过票呢?”选项分别为“没有”、“有，但是因为街道干部要求才去的”、“有，是自己自发/主动去的”，赋值“1、2、3”。为便于进行 Logistic 回归分析，在后来的分析中，对选项进行了重新编码，“没有”编为“1”；“有”编为“2”。

从表 4 可知，居民参与居委会选举的情况不太乐观。在 5422 人中，没有参与上一次的居委会选举投票的有 3903 人，占样本总量的 72.0%，虽然选择“有”的选项仍有 28.0%，但属于“被动参与”的占 18.9%，而属于“主动参与”的仅为 9.1%。Milbrath 将是否参与政治投票和竞选活动的公民划分为三个不同的等级，分别为冷漠者、旁观者以及好斗者，其中冷漠者置自己于政治过程之外，旁观者只是在比较低程度上涉入政治，而好斗者则是一小部分以不同的方式积极介入政治的人。[①] 无疑，从城市居民参与居委会选举的态度来看，以冷漠者与旁观者居多。

表 4　城市居民参与居委会选举的总体情况

变量	分类	频率	百分比（%）	累积百分比（%）	均值	标准差
参与居委会选举	没有	3903	72.0	72.0	1.37	0.645
	有，被动参与	1023	18.9	90.9		
	有，主动参与	496	9.1	100.0		

二　社会资本对城市居民参与居委会选举的影响

（一）社会资本的因子分析

（1）社会信任。样本中存在“不适用”值，本文并不直接删除“不适用”值，而是用其对应变量的所有非缺失值的均数进行替代，这样才能更好地还原问卷真实情况，保证样本充分性。首先对社会信任的 11 道题进行因子分析：运用主成分分析法对 11 个题项进行抽取，并用最大方差法进行旋转，最后得到四个因子，依次命名为朋友信任因子、熟人信任因子、陌生人信任因子、街坊信任因子。四个因子的解释方差分别为 34.285%、14.829%、9.168%、8.253%，累计方差贡献为 66.536%。此外，因子分析的 KMO 值为 0.828，Bartlett 球形度检验的 Sig. 值为 0.000，说明因子分析效果好。

（2）社会网络。同样，运用主成分分析法对七个题项进行抽取，并用最大方差法进行旋转，最后得到三个因子，依次命名为能力提高及公益型社团参与因子、娱乐健康及联谊型社团参与因子、宗教型社团参与因子。三大因子的解释方差分别为 40.753%、14.156%、13.263%，累计方差贡献为 68.172%。因子分析的 KMO 值为 0.805，Bartlett 球形度检验的 Sig. 值为 0.000，因子分析效果好。

（3）互惠规范。运用主成分分析法对两个题项进行抽取，最后得到一个

① Lester W. Milbrath, *Political Participation: How and Why Do People Get Involved in Politics* (Chicago: Rand Mcnally, 1965), p. 18.

因子，并命名为街坊熟悉互助因子，解释的方差为76.202%。因子分析的KMO值为0.500，Bartlett球形度检验的Sig.值为0.000，因子分析效果较好。

另外，社会信任、社会网络、互惠规范的Cronbach's Alpha检验结果分别为0.806、0.720、0.685，总量表Cronbach's Alpha检验结果为0.744，均大于0.4，说明各项测量指标均具有较好的可靠性与稳定性。综上，通过因子分析，我们总共得到八个因子。下面，我们通过回归分析与建立模型来探讨社会资本八个因子对居委会选举参与的影响。

（二）回归分析与模型建立：影响为何？

为检验模型的稳健性，我们建立了两个模型：往模型A投入了性别、年龄、年龄的平方、教育水平、年收入自然对数、政治身份与政治关注程度；模型B在模型A的基础上继续投入了社会资本的八个因子。由于因变量是二分类变量，所以运用SPSS18.0分析软件进行Logistic回归，结果如表5所示。

从模型A中可以看出，在背景变量组中，对因变量居委会选举参与呈现显著影响的是性别以及年龄。其中起到正向显著影响的是年龄，而性别是负向显著影响。性别的参考类别是女性，与男性相比，女性更倾向于参与居委会的选举。一方面，有可能因为男女平等的思想在城市较为流行，女性自然不愿意放弃自己选举的权利，面对投票会表现得比男性更为积极；另一方面，有可能因为，居委会的管理可以说是一种相对而言的比较小范围的"属地管理"，管理对象是一个个的家庭，男主外女主内的思想至今依然流行，而居委会的事务，即由"小"家所组成的大"家"的事务，如选举，也就会更多地落在女性身上。年龄对居委会选举参与有显著的正向影响，而年龄的平方却呈现负向影响。这说明年龄对因变量的影响呈现倒"U"字形，也就是说，居民年轻的时候对居委会选举投票积极性低，但随着年龄的增长，投票积极性随之上升，人到中年的时候投票积极性最高，而后再随着年龄的增长，投票率随之下降。这与诸多研究者的结论一致。[①] 呈现倒"U"字形有可能因为我国公民到了18周岁才有选举权，一开始对选举权认识不够或因为各种因素（如在外上学）而致未能有效参与居委会选举，但随着

① 胡荣：《社会资本与城市居民的社区参与》，《社会学研究》2008年第5期；罗爱武：《公民自愿主义、社会资本与村民投票参与》，《社会科学论坛》2011年第7期；曾凡斌：《社会资本、媒介使用与政治参与》，媒介化社会的社会文明建构——第四届"华中地区研究生新闻传播学术论坛"优秀论文集，2013。

年龄的增长，对选举权的认识、对民主的意识有所提高，便积极参与到投票选举中。在投票选举中有可能存在“边际效益递减”规律，到了某一个拐点，居民投票的积极性便开始下降。

在社会经济地位变量组里，拥有高中学历的居民比拥有小学及其以下学历的居民更倾向于参与居委会选举，在 0.05 水平上具有统计显著性。而其他学历对居委会选举参与不具统计显著性。所以并不是说学历越高就会越积极地参与投票选举。这与蔡定剑的研究一致：受过中等教育的人选举态度更为积极，受过高等教育和没有受过教育的人选举态度更为消极。[①] 年收入自然对数在 0.001 水平上对居委会选举参与有显著的正影响，这说明城市居民收入越高对居委会选举参与积极性越高。对居委会选举参有显著正向影响的还有政治关注度这一变量（$p\leqslant0.001$），从表 5 中得知，政治关注程度每提高一个单位，参与选举的可能性增加两倍以上。态度常常决定并反映行为，对居委会的日常工作和决策的关注程度越高，参与居委会选举的可能性越大。但政治身份却不具有统计显著性，这与一些研究者的结论一致。[②]

社会资本对因变量的影响。从模型 B 得知，社会信任维度的朋友信任因子、熟人信任因子、陌生人信任因子和街坊信任因子对居委会选举参与均不具有统计显著性，也就是说，社会信任对城市居民参与居委会选举与否并没有显著的影响，分假设 H1 得以否定。这与学者胡荣研究村民参与村委会选举得出的结论一致：社会信任对村民参与村委会选举不具统计显著性[③]；也与 Brehm、Krishna 等的研究一致。[④] 与此相反，根据统计结果显示，社会活动参与网络维度的三个因子都对因变量呈现正向的显著影响，分假设 H2 得以验证。其中娱乐健康及联谊型社团参与因子在 0.001 水平上对因变量产生显著的影响，贡献最大，而能力提高及公益型社团参与因子、宗教型社团参与因子则均在 0.05 水平上具有显著的统计学意义。这表明居民越致力于

---

① 蔡定剑：《民主是一种现代生活》，社会科学文献出版社，2010，第 129 页。

② 潘炳涛：《社会资本与居民社区参与——基于深圳 3 个村改居社区的实证分析》，《学习与实践》2009 年第 6 期。

③ 胡荣：《社会资本与中国农村居民的地域性自主参与——影响村民在村级选举中参与的各因素分析》，《社会学研究》2006 年第 2 期。

④ J. Brehm, W. Rahn, "Individual-level Evidence for the Causes and Consequences of Social Capital", *American Journal of Political Science* (1997): 999 - 1023; A. Krishna, "Enhancing Political Participation in Democracies, What is the Role of Social Capital?" *Comparative Political Studies*, 35 (4) (2002): 437 - 460.

参与健身、娱乐、公益、能力提高、联谊、宗教等性质的社团活动，则对居委会的投票就越是积极。这说明了社团参与对提高城市居民参与居委会投票选举的重要意义。街坊熟悉互助因子在 0.001 水平上对居委会选举参与呈现正向的显著影响，分假设 H3 得到验证。这说明城市居民对街坊、邻居越是熟悉并在日常生活中彼此帮助，就越是积极地投身于居委会的选举中。若要提高居民参与居委会选举的积极性，积极营造社区居民的互助氛围、努力打造社区的互惠规范是可选择菜单。

表 5 影响城市居民参与居委会选举因素的二项 Logistic 回归模型

自然变量		模型 A		模型 B	
		B	EXP(B)	B	EXP(B)
背景变量	男性 a	-0.142**	0.867	-0.115	0.891
	年龄	0.238***	1.268	0.230***	1.259
	年龄的平方	-0.007	0.993	-0.006	0.994
社会经济地位	教育水平 b				
	初中	0.063	1.065	0.094	1.099
	高中	0.246**	1.278	0.285**	1.330
	大专及以上	0.133	1.142	0.149	1.161
	年收入自然对数	0.149****	1.161	0.165****	1.179
政治身份	党员 c	0.102	1.107	0.062	1.064
政治关注程度	对居委会选举的关注	0.981****	2.667	0.944****	2.570
社会资本	朋友信任因子			-0.013	0.987
	熟人信任因子			0.001	1.001
	陌生人信任因子			-0.041	0.960
	街坊信任因子			0.002	1.002
	能力提高及公益型社团参与			0.082**	1.085
	娱乐健康及联谊型社团参与			0.128****	1.137
	宗教型社团参与			0.081**	1.085
	街坊熟悉互助			0.253****	1.288
对数似然值		5088.272		5011.828	
卡方检验		896.643		973.087	
Nagelkerke R^2		0.235		0.254	

注：（1） * 表示 $p \leq 0.1$，** 表示 $p \leq 0.05$，*** 表示 $p \leq 0.01$，**** 表示 $p \leq 0.001$；

（2） a 参考类别是女性，b 参考类别是小学及以下，c 参考类别是非共产党员。

三 结论

本文基于“中国综合社会调查”，以5422名城市居民为样本，通过综合运用描述性统计分析、因子分析、Logistic回归分析等数理统计方法，探究了城市居民的社会资本与其参与居委会选举的关系。主要得出以下几个结论。

（1）我国城市居民选举参与的状况不容乐观，以冷漠者与旁观者为多。在5422人中，参加了居委会选举的仅有28.0%，属于“被动参与”的为18.9%，“主动参与”的仅为9.1%。“政治冷漠阶层”如此庞大，为何有这么多城市居民放弃选举的权利？究其原因，或许我们可以从罗伯特·达尔那里得到有力的解释：参与的预期报酬较低；选项的无差异性；参与的无用性；参与的障碍性；参与的非动员性。[①] 选举参与能否成为城市居民日常生活中的必要之举、应有之义，看来还有很长的路要走。

（2）我国城市居民社会资本存量情况比较复杂。第一，社会信任情况较为良好，对置信对象的信任大部分处在中等及偏上的水平上。对11类对象的平均信任程度在1.807~4.297之间，对亲戚的信任度最高，而对陌生人的信任度最低，是一种“关系本位”的结构，有明显的“差序格局”，是典型的以血缘、地缘为主的中国式社会信任。第二，社团参与情况不太乐观。参与社团活动的人并不多，在七个类别的社团活动里“从不”被选择的最多。第三，虽然是聚居的社区，邻居间抬头不见低头见，但邻里间的交往，大多数人还只是仅仅停留在彼此较为熟悉的层面上，而较少转化为实际的互助行动。

（3）社会信任维度里，朋友信任因子、熟人信任因子、陌生人信任因子和街坊信任因子的Sig.值分别为0.709、0.977、0.243、0.949，因而四个因子对城市居民参与居委会选举均不具有统计学意义上的显著性，也就是说，社会信任维度对城市居民参与居委会选举与否并没有产生显著性的影响，分假设H1得以否定。为什么社会信任在居委会选举中不具有统计显著性，这仍有待于进一步的研究。

① 〔美〕罗伯特·A. 达尔、布鲁斯·斯泰恩布里克纳：《现代政治分析》（第六版），吴勇译，中国人民大学出版社，2012，第136~141页。

（4）社会活动参与网络维度的三个因子都对因变量呈正向的显著影响，分假设 H2 得到验证。其中娱乐健康及联谊型参与因子在 0.001 水平上对因变量产生显著的影响，贡献最大，而能力提高及公益型社团参与因子、宗教型社团参与因子则均在 0.05 水平上具有显著的统计学意义。这表明居民越致力于参与健身、娱乐、公益、能力提高、联谊、宗教等性质的社团活动，则对居委会的投票就越是积极。这说明社团参与对提高城市居民选举参与具有重要意义，如果要提高城市居民的居委会选举参与积极性，积极培养社团赖以生存及发展的土壤是一条有效的可选择路径。

（5）街坊熟悉互助因子在 0.001 的显著性水平上对居委会选举参与具有正向的显著影响，分假设 H3 得以验证。即互惠规范维度对居民参与居委会选举的影响十分显著。这说明城市居民对街坊、邻居越是熟悉并在日常生活中彼此给予经常性的帮助，社会资本的累积效应越强，就越是积极地投身于居委会选举的伟大实践中。因此，积极营造社区居民的互助氛围，努力打造社区的互惠规范对提升居民参与居委会选举的积极性具有十分重大的意义。

社区居委会选举高投票率之因果：对一项个案的参与式研究

梁玉柱*

摘　要： 对社区居委会选举中的高投票率形成机制，笔者通过参与式观察，发现在Y区居委会选举中大量非本市户籍人口因选民资格认定条件被“合法地”拒绝在选举之外。加之在强大的选举机器下，通过违规操作、人情面子、积极分子鼓动等，对本市户籍居民实现了有效动员，选举达到了很高的投票率。行政任务压力下的选举投票忽略了非本市户籍人口的选举权，影响了其对本地公共事务的关注和参与。要实现真正的基层自治，必须以自治为理念，加强社会建设，实现国家和社会的良性互动。

关键词： 居委会直选　高投票率　基层民主　自治

根据《中华人民共和国城市居民委员会组织法》规定，城市社区居民委员会每三年举行一次换届选举。2014年是S市社区居民委员会又一次换届选举年。S市Y区民政局依照有关规定，组织实施全区社区居民委员会换届选举活动。笔者有幸被邀请参与社区居委会选举工作，作为一名观察团成员对选举进行了近距离观察。观察员以“第三方”中立的身份，根据观察

* 梁玉柱，深圳大学当代中国政治研究所政治学理论研究生。本文的调研和写作得到了导师唐娟副教授的支持和指导，在此深表感谢。本文为深圳大学学生创新发展基金项目资助成果之一。

员的职责，围绕依法选举、民主选举为观察重点，对社区居委会换届选举活动进行实地观察。观察方式包括看、听、记、议四种。在选举日前，查看社区居委会选举实施方案、选举办法、选民登记、候选人的推选、日程安排、公告等各项有关选举的基础数据资料、文件、原始档案，听取社区居民选举委员会的汇报及选民有关选举的意见。选举日当天，佩带观察员证件，深入社区选举现场，观察选举大会的布置、选举大会的程序、秘密投票间设置、委托投票情况、选票代写情况、现场工作人员行为等一系列情况，并据实记录了选举现场活动的全过程，填写了《社区居民委员会换届选举观察记录表》。在参与选举观察的过程中既见证了基层选举在规范、程序等方面的进步，也发现了一些选举中的问题。

一　问题的提出

（一）Y区经济、人口概况

Y区位于S市东部，环境优美，每年吸引大批游客。它有世界著名的深水港口，在转口贸易和货物运输方面实力雄厚。同时，在文化建设方面也很出众。基于此，Y区依托港口、旅游、工贸、文化四大经济发展支柱，正不断发展成现代化的著名旅游海港城区。在土地面积上，辖区70多平方公里，下辖4个街道，22个社区居委会。在人口上，2012年底Y区常住人口为21.3万。其中，户籍人口5.1万，非户籍人口16.2万，人口倒挂问题突出。

（二）Y区社区居委会选举概况

Y区在2005年最先实现全区社区居委会成员直选。同样重要的是，2005年，S市在总结城市建设经验的基础上，进行了社区管理体制改革。S市2005年颁布了《S市社区建设工作试行办法》，其中心内容是将社区工作站从社区居委会中分离开来。社区工作站专门承接政府职能部门在社区开展的计生、维稳、综治、卫生、民政等工作。这样，由社区工作站主要承担政府行政职能、由社区居委会主要发挥群众自治功能的“居站分设”的社区管理体制建立起来。因此，2005年的Y区社区居委会选举下，新一届社区居委会彻底剥夺政府职能，成为首批通过选民全部直接选举产生的回归居民自治组织这个法律地位的社区居委会，在全国产生了很大的示范效应。其后在 2008 年、2011 年 Y 区社区居委会直接选举不断延续。在 2015 年的社区居委会选举中同样采取直选的方式。经过几次的选举“训练”，Y 区的居民权利意识不断增强，选举规则比较熟悉。

根据 Y 区民政局资料，从各个社区选民投票率比较来看，有选举权的选民普遍重视行使自己的民主权利。在 22 个社区居委会选举投票率中，YT 街道 Y 社区选民投票率最高，为 99.5%；HS 街道 H 社区选民投票率相对最低，为 84.82%。22 个社区中，选民平均投票率为 91.88%。因此，我们可以看到本次社区居委会选举中，投票率普遍很高。

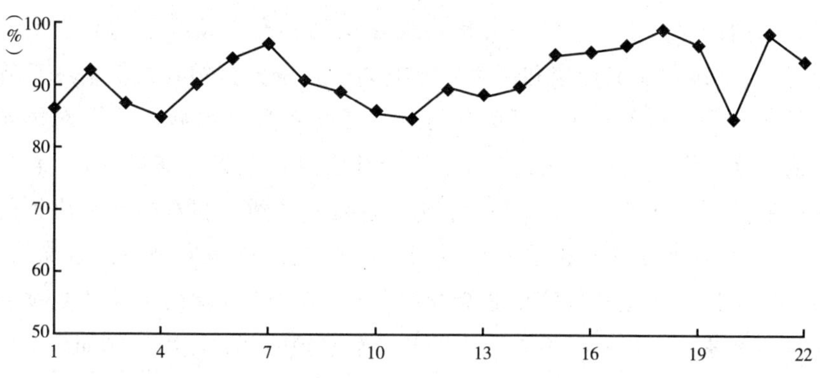

图 1　2014 年 Y 区 22 个社区居委会选举选民投票率

（三）社区居委会选举中的政治冷漠

城市社区居委会选举中普遍存在政治冷漠，群众对选举不甚了解和关心。有学者从居委会“功能”指出，“居委会目前的社区权力结构中以政府赋予的行政权为主，而在社区居民对其期待颇多的自治权、协管与监督权、突发事件处理权等的运用方面，居委会并不拥有足够的资源存量。”[①] 结合 Y 区区情来看，作为一个拥有发达的第三产业与庞大的非户籍人口的城区，其政治动员能力想必不足以实现很高的投票率。加之，S 市 2005 年社区管理体制改革以来，“居站分设”使得居委会边缘化不断加强，其所拥有的资

① 闵学勤：《转型时期居委会的社区权力及声望研究》，《社会》2009 年第 6 期。

源和能力也大不如从前。因此，不论从理论上还是现实中群众的政治态度，社区居委会选举取得较高的投票率都是很难的。

然而，根据本次换届选举工作数据分析，本次 Y 区社区居委会换届选举选民投票率却出乎意料，22 个社区选民投票率平均高达 91.88%。这和社区居民普遍的政治冷漠形成巨大反差，究竟原因何在？这正是本文所要回答的。

二 已有文献解释

投票行为是政治学研究的重要议题，对“谁投票，谁不投票”政治学家有自己的研究。李普塞特极其敏锐地认识到共产党领导下的高投票率现象，指出，“极权主义国家和民主社会中共产党派工会领导人都很注重确保其公民或会员的高参与率，因为这意味着参与者是可影响的。”[①] 对影响投票率的因素，李普塞特认为，“对于一个社会群体来说，如果（1）它的利益受政府政策的强烈影响，（2）可以接触到关系到其利益的政治决策的信息，（3）面对着要求它投票的社会压力，（4）不强迫它为不同政党投票，那么，这个群体将显示较高的投票率。”[②] 李普塞特虽指出了共产党领导下的高投票现象，也揭示了不同群体参与投票差异的部分原因。例如，在中国社区居委会选举中“真正关心并参与到社区直选中的，往往只是那些弱势群体，比如下岗失业人员、残疾家庭、辖区内的困难企业和个体户等等，因为他们的生活与居委会有着千丝万缕的关系”[③]。这群人受政府政策的影响偏大。然而，根据李普塞特的观点，“一般地说，个人或群体受到相反方向作用的压力越大，越可能预期选民以‘失去兴趣’和不作为选择的方式退出这种环境”，“下层阶级所处环境，无异于一种交织着冲突信息和对立群体压力的环境。”[④] 据此，下岗失业人员、残疾家庭等更不应该关心社区居委会选举等事宜。除了这一矛盾之处外，李普塞特也没有说明共产党领导下

① 〔美〕西摩·马丁·李普塞特：《政治人：政治的社会基础》，张绍宗译，上海人民出版社，2011，第 161 页。

② 〔美〕西摩·马丁·李普塞特：《政治人：政治的社会基础》，张绍宗译，上海人民出版社，2011，第 142 页。

③ 唐正芳：《有谁在乎社区直选》，《社区》2004 年第 8 期。

④ 〔美〕西摩·马丁·李普塞特：《政治人：政治的社会基础》，张绍宗译，上海人民出版社，2011，第 153 ~ 154 页。

的高投票率的形成机制是什么。

奥尔森在分析集体行动的困境时指出，“除非一个集团中人数很少，或者除非存在强制或其他某些特殊手段以使个人按照他们的共同利益行事，有理性的、寻求自我利益的个人不会采取行动以实现他们共同的或集团的利益。”① 奥尔森给出的答案是，“只有一种独立的和‘选择性’的激励会驱使潜在集团中的理性个体采取有利于集团的行动。”② 据此，有学者在对武汉市社区居委会直接选举的实证观察中，认为理性选民面临“投机博弈困境”。“在当前中国的选举中，解决这种‘投机博弈困境’主要是通过行政强制和物质激励来保证高参选率和高当选率。”③ 这种选择性激励机制包含给予补贴或发放物品等。然而行政强制在选举投票上不起多大作用，使用起来也不合适。而发放补贴、纪念品等也只是部分社区居委会选举中的“选择性激励”，不具有普遍的解释力。对奥尔森“经济理性人”的一个发展性解释是“社会理性人”。“社会学视野下行动者通过理性选择所获取的效益不仅包含经济效益，也包含政治的、社会的、文化的和情感的”，“人们为达到一定的目标，在采取社会行动时，越来越趋向于以社会规范、文化习俗、他人行动和自我感知为行动选择域，通过合适的和相应的手段，以获取社会利益最大化。”④ 然而，不论是“经济理性人”还是“社会理性人”，其本质上都是一种收益/成本计算。对此，理性选择理论的批评者指出，应该“放弃对普遍主义的承诺而采纳我们提到的局部普遍主义，或者把理性最大化看作仅仅是对投票决定起作用的几个因素中的一个，并认为策略考虑的影响力是依据所遇到的人和决定的内容的不同而变化”⑤。

对于城市社区居委会选举中的高投票率，也有一些学者通过对参与选举中的行动者解构，从不同行动者的作用以及不同行动者之间形成的动员结构来说明。李辉认为，“选举委员会基于行政压力，即上级政府从制度上确定的对选举结果的行政性要求，在选举的准备和动员阶段、投票阶段、计票阶

① 〔美〕曼瑟尔·奥尔森：《集体行动的逻辑》，陈郁等译，格致出版社，2011，第2页。

② 〔美〕曼瑟尔·奥尔森：《集体行动的逻辑》，陈郁等译，格致出版社，2011，第41页。

③ 陈伟东、姚亮：《选举行为背后：投机博弈——以武汉市C社区居委会直接选举为例》，《华中师范大学学报》（人文社会科学版）2005年第3期。

④ 闵学勤：《社区自治主体的二元区隔及其演化》，《社会学研究》2009年第1期。

⑤ 〔美〕格林、沙皮罗：《理性选择理论的病变：政治学应用批判》，徐湘林等译，广西师范大学出版社，2004，第95页。

段分别进行不同的违规操作，以达到‘看上去很美的选举’。”① 同时，李辉基于对上海社区楼组长群体的实证研究发现，在这个违规操作的过程中，社区积极分子基于社会报酬的考虑发挥了很大的作用。“以楼组长群体为核心的社区积极分子主要追求的是社会报酬，社会报酬的获得程度决定其参与社区活动的积极性。”② 这种社会报酬包括荣誉、政治关心、社会交往与小群体活动、重要性与个人价值的体现等。熊易寒认为社区选举中居民的政治冷漠是由社区的利益结构所决定的，而社区选举的高投票率是政府、党总支、居委会、积极分子和选民的共谋。其中，一人多票的投票机制使得城市社区居委会选举高投票率成为可能。“一人多票一方面是因为家庭而非个人成为最基本的投票单位，通常一个家庭只有一名成员亲自投票；另一方面，无限制的委托投票赋予了社区积极分子事实上的‘复票权’。”③ 因此，这种高投票率既是真实的，又是虚幻的。因为它确实由投票产生，却掩盖了一部分选民不投票的事实。刘春荣基于对银杏居委会换届选举的个案研究发现，“选举委员会及其所联系的积极分子网络，形成了一个包容性的动员结构。这一特定的动员结构在选举委员会的成立、登记选民的产生、居民代表和候选人的动员、选举投票等环节中，策略性地把国家的政策话语和居民对选举的不同感受衔接起来，整合了民主权利、邻里怀旧和社区认同等阐释框架，由此激发了更大尺度的共鸣和参与。”④ 正是这一有效的动员机制实现了社区居委会选举中高的投票率。以上三位学者虽研究有所侧重，但都是通过对社区积极分子这一群体的强调，认为正是这一群体的存在，在社区居委会与社区居民之间搭了一座桥，使社区选举动员成为可能，以至社区选举中高投票率成为可能。正像社会报酬是基于社区积极分子的存在发挥作用而不是每一个社区居民作为“社会理性人”参与社区事务，这也是其不同于“理性人”假设的解释。

然而，本文基于S市Y区的参与式观察发现，高投票率之所以形成最重要的原因在于对拥有选举权的选民认定上。具体来说，在于对庞大的外来人口的选民资格限制使得选民基数远低于实际选民。

---

① 李辉：《制造确定性：中国城市社区选举中的违规操作现象分析》，载《当代中国政治研究报告》（第12辑），社会科学文献出版社，2014。

② 李辉：《社会报酬与中国城市社区积极分子——上海市S社区楼组长群体的个案研究》，《社会》2008年第1期。

③ 熊易寒：《社区选举：在政治冷漠与高投票率之间》，《社会》2008年第3期。

④ 刘春荣：《选举动员的框架整合银杏居委会换届选举个案研究》，《社会》2010年第1期。

三　参与观察

根据Y区民政局材料，Y区本地居民中有选举资格的选民共43026人，其中登记选民21745人，选民登记率为50.53%，高于S市居民委员会选举工作规程中“登记的选民占具有选民资格的户籍居民的比例原则上不低于30%”的要求。然而在21745名登记选民中非S市户籍人口54人。在一个拥有16.21万名非户籍人口的区中，为何只有54人参与到居民委员会选举中去？非户籍选民登记条件是什么？广东省、S市、Y区在其居委会换届选举工作手册中都有对城市社区非户籍选民登记条件的说明。

表1　非户籍人口选民登记条件的省、市、区比较

《广东省村民委员会和社区居委会换届选举工作指引》	《S市居民委员会选举工作规程》	《S市Y区2014年居民委员会选举工作方案》
户籍不在本社区、在本社区居住一年以上、自愿申请且经社区选举委员会审核同意的居民	在本居委会居住一年以上的非本居委会户籍居民，且有书面证明未参加户籍所在地居（村）民委员会的选举（其中，非本市户籍的居民，还需本人提出书面申请，并经居民选举委员会同意）	户籍不在本居委会范围的居民，需提供本人户口簿、身份证、居住证（非本市户籍居民提供）、连续居住一年以上证明、户籍所在地的居（村）民选举委员会或居（村）民委员会出具本人三年内未在户籍所在地进行选民登记的证明

资料来源：《广东省村民委员会和社区居民委员会换届选举工作指引》，《S市居民委员会选举工作规程》，《S市Y区2014年居民委员会选举工作方案》。

从三者对非户籍人口的选民登记条件来看，行政层级越往下，条件越细致、越苛刻，拥有选举资格的人获得选票的成本越大。拥有选民资格的非户籍人士基于成本考虑，可能更愿意放弃自身选民资格。因此，我们看到一个拥有21.3万常住人口的行政区，登记选民只有21745人，非S市户籍登记选民只有54人。

在一个21745人的选民规模中，经过选举委员会的努力，收回选票19979张，选民投票率达91.88%。虽然从选民登记上对绝大部分拥有选民资格的非本地户籍人士进行了限制，但要达到91.88%的选民投票率也需要一定技巧。首先，体现在选举委员会对“无限制委托投票”的默许。《S市居民委员会选举工作规程》规定，选民在投票日因特殊原因不能到场投票的，可书面委托本居委会的选民代为投票。选民接受委托，不得超过三人。但笔者通过近距离观察发现委托投票超过三人的大有人在，常常一人代替几家选民集体投票，并且选举名单上也基本根据自己意愿保持一致。面对这样违反规定的投票行为，选举委员会基本态度是默许，因为委员会也面临着选民投票率的压力。对于如何解决这种违规投票行为，笔者发现选举委员会成员轻易地解决了。他们将每一张选民证和最多不超过三张“选民委托投票证”装订在一起，这样既避开了关于委托投票的要求，又能够快速、高效地完成选举任务。其次，是强大的选举机器推高选民投票率。选举委员会成员多为社区工作站人员、社区党委人员和社区中拥有威望的“积极分子”。这三者由于长期从事社区服务管理职能，与社区居民往往打成一片，在其主导下，社区居民往往会卖个“面子”主动投票。对不那么主动投票的，选举委员会在选举投票率的压力下一般都会通过电话催促投票、流动箱送上门来投票等方式。笔者在观察中就碰到这样一个典型案例。

X 社区是一个以旅游业为主的小型社区，其登记选民仅 318 人，收回选票 313 张，选民投票率达 98.4%。选民投票时间为当日 8：00～16：00，共 8 个小时。因社区规模小，而且选民全部为拥有本地户籍的人，这是一个典型的“熟人社会”。中午 12：00 左右选票就快投完了。个别选举委员会成员以为选票投完了就可以开箱唱票了，于是根据选民登记手册，针对还没来投票的人不断地打电话催促，甚至建议个别选民“如果你来不了，就算你弃权了，你看可行？我们就剩你们没投票了。你要是弃权的话我们也能早点完成任务”。在个别选民迟迟未来的情况下，选举委员会的几个成员和一些“积极分子”轮番电话催促，不断建议其弃权以便早点开箱。该社区选举委员会主任为社区工作站站长助理（本社区工作站站长为社区居委会主任候选人），她根据大家的意见打电话到区民政局询问如果选票投完是否能够提前开箱，结果却是必须等到 16：00 才能开箱。笔者看到若干工作人员像泄了气的皮球一样，也放弃了打电话催促。

从以上资料我们可以看出，强大的选举机器在社区居委会选举问题上，通过对选举规则的违规操作、利用社区生活中的人情面子以及一些物质性激励等，对选民投票率的提高起着重要的推动作用。但是，其前提是对拥有选民资格的非本市户籍选民资格的限制。这样一重限制使得占大部分人口比例的外地人口被排除在选举之外，选民投票率的分母大大降低，选举达到很高的投票率。

四 讨论与思考

中国的基层民主自改革开放以来有了极大的发展，农村村委会选举和城市社区居委会选举真正给了广大人民当家做主的权利，尤其是基层选举中直选的引入。本文的观察发现，在快速城市化的背景下，大批的外来人口涌入发达城市。然而，作为公民最基本的政治权利的选举权并没有得到很好的保障。这样直接影响了外来人口对本地社区的认同、对社区事务的关注、参与。民主选举是民主治理的前提，只有真实的选举才能真正反映民意，代表基层群众的利益。而在完成行政任务的压力下的选举必然以效率为取向，以“合法的”减少行政任务为手段，容易忽视选举中应有的民意诉求。

基层民主自治制度是国家的基本政治制度，也是国家治理发展的必要要求。一方面，基层民主自治具有管理上和经济上的优势，“社区自治增进的是自身所在组织的利益，理论上它有管理成本较低、更易团结大多数社区成员的优势。”① 另一方面，社区自治激发社会活力，动员人民参与公共事务，能够促进国家和社会之间的良性互动。因此，要着力发展基层民主，以发展民主选举为起点，实现基层治理的现代化。

针对目前我国居委会直选发展情况，有学者认为，“包括居委会直选在内的基层民主建设，从根本上来说是为了实现价值理性层面的民主，但是，在现实中起直接作用的更多是工具理性的民主诉求，是现实管理中的困境或潜在的困境与压力使党和政府认为必须采取包括居委会直选在内的民主方式，以实现管理的目的”，“居委会直选可以说是社会与政府两方面共同作用的结果，是党和政府回应社会民主化诉求的产物。”② 也有学者从社区建设运动的角度提出，“对于政府来说，社区建设之所以被提上议事日程，一个非常重要的原因是城市基层社会由于市场化和单位制衰落而不断出现的一些不稳定因素”，“行政体系只能通过居委会这样一种不依赖政府财力的组织形式来完成政府的监控职能。”③ 以上两位学者从“工具理性”和监控职

---

① 闵学勤：《社区自治主体的二元区隔及其演化》，《社会学研究》2009 年第 1 期。

② 郑长忠：《在民主与控制之间：基层党组织主导下的居委会“直选”》，《马克思主义与现实》2005 年第 1 期。

③ 何艳玲、蔡禾：《中国城市基层自治组织的“内卷化”及其成因》，《中山大学学报》（社会科学版）2005 年第 5 期。

能的解释，根本上还是围绕社区居委会自治职能的实现和行政职能下沉现实的矛盾来说的。要实现居委会真正的自治，必须以自治为理念，给其职能瘦身。

另一个重要问题就是，基层政府在政治动员中过度追求高的参与率，在一些如基层选举、教育实践活动等方面，甚至意欲全民动员。然而，“参与率和投票率的高低，本身对民主政治无所谓好坏；重要的是，参与的程度和性质反映其他因素，而这些因素最深刻地制约着制度发展或生存的机会。”[①] 因此，基层政府在指导民主选举时，不应该过度追求高投票率，而应该将重心放在如何选出能够代表民意、引领基层经济建设和基层发展的高素质人才。同时，也有学者强调，“民主选举制度的发展，如果以基层民主为重点，就必须配套政府体制改革，将中央政府与地方政府以及基层政府的权力作制度性的分割，明确中央权力和地方权力清单，否则基层选举就与公共决策无关。”[②] 由此可以看出，基层民主的发展是一个渐进的过程，不仅涉及如何提高选举水平，也和国家整体的政治发展水平相关联。

① 〔美〕西摩·马丁·李普塞特：《政治人：政治的社会基础》，张绍宗译，上海人民出版社，2011，第163页。

② 张涛、王向民、陈文新：《中国城市基层直接选举研究》，重庆出版社，2008，第221页。

政党政治

政党统合：一个政治整合分析框架*

弓联兵**

摘　要：政党与社会的关系是贯穿于现代国家的基本政治关系，改革开放后随着社会的发育和成长，政党与社会的关系也随之发生根本性变化，呈现从政党控制到政党统合的逻辑转化与形态转变。在政党统合的政党与社会的关系形态中，执政党以其政治领导优势和广泛严密的组织网络成为政党统合体系的核心，并通过自下而上的吸纳型统合和自上而下的嵌入型统合对新兴社会空间进行整合。政党统合社会既充分保证党的领导和执政地位，也积极调动社会的政治效能，为现代国家治理构筑必要的社会合作框架。

关键词：政党统合　中国共产党　政党与社会的关系　现代国家治理

在中国的政治形态里，中国社会的权力关系有其特殊性，即在国家与社会的关系中，作为中国社会领导核心的中国共产党具有关键性作用——既是领导作用又是纽结作用。正如戴维·E. 阿普特所指出的那样，“在发展中国家，国家与社会之间存在着一种特定的关系——它们通过政党团结在一起。”① 这就意味着中国社会的权力关系与西方国家有巨大的差别，这种差

* 基金项目：本文得到中央高校基本科研业务费专项项目（201313022）的资助。

** 弓联兵，中国海洋大学法政学院副教授，复旦大学政治学博士，主要研究方向为当代中国政府与政治。

① 〔美〕戴维·E. 阿普特：《现代化的政治》，陈尧译，上海人民出版社，2011，第137页。

别决定了以国家与社会二分法来研究中国问题，必须充分考虑执政党作为一种特殊的政治社会力量在国家与社会关系中的重要作用。[①] 因此，理解和研究中国现代国家治理问题时，不仅应当从国家与社会的关系切入，同时也应当从政党与社会的关系予以关照。

一　政党与社会关系形态演变及其形成逻辑

政党与社会的关系是贯穿于现代国家的基本政治关系，在政党与社会的关系中，并不存在单向的决定与被决定的关系，两者之间的关系并不是某些理论范式所标榜的那么简单。它至少包含着政党（国家）自主性、社会自主性、政党（国家）塑造社会、社会左右政党（国家）和政党与社会的相互构建等多重层面。[②] 政党是一定社会利益群体借以代表和表达其利益，并通过参与国家政治生活或掌握国家权力以实现其利益的政治组织。因而，政党是社会借以进入国家体系，影响和主导国家运行的重要中介，这一点在中国体现得尤为深刻和明显，如果背离了这一政治关系的约束，那么政党必然会走向官僚化与特权化。中国的权力关系与西方国家有所不同，中国共产党在中国的政治权力格局中占据着核心位置，“中共组织实际上已把国家机关的权力统一于自身，而且掌握着军事力量，决定着利益表达、综合、决策和执行的全过程。无论从其结构上看还是功能上看，它已经不同于世界政治现象中的一般政党的意义，事实上构成了一种社会公共权力，相当于国家组织而又超越了国家组织。”[③] 因此，中国的国家与社会关系在某种程度上是由政党与社会关系决定的。从这个意义上看，探讨中国国家与社会关系首先就应厘清政党与社会关系，如此，才能窥知现代国家建设和治理的内在理路和结构特征。

（一）从失序到统合：近代以来中国政党与社会关系形态演变

政党存在于不同的社会政治生态之中，发挥着不同的功能作用，并随社

---

① 林尚立：《中国共产党与国家建设》，天津人民出版社，2009，第157页。

② 刘建军：《中国政治发展的动力机制与修复机制——对中国共产党90年历史进程的政治总结》，《学习论坛》2011年第8期。

③ 胡伟：《政府过程》，浙江人民出版社，1998，第98页。

会政治生态的变化而变化。① 近代以来中国社会政治生态发生了急剧的和根本的变化，概括来看，大致经历了失序政治、全能政治和统合政治三个阶段，每一个阶段里政党与社会关系都呈现不同形态。为了形象地说明中国政党与社会关系形态演变，笔者制作了一张中国政党与社会关系形态演变的四象限图（见图1）。其中，横坐标表示社会自主程度，以原点为分界，左边表示不存在社会自主，原点以右表示社会自主程度由低到高；纵坐标表示政党领导，同样地，原点以下表示不存在政党领导（但存在政党执政的可能），原点以上表示政党领导能力的由小到大。从历史演变的角度看，中国政党与社会关系依次呈现出四种形态：Ⅰ失序政治、Ⅱ全能政治、Ⅲ统合政治和Ⅳ失控政治。

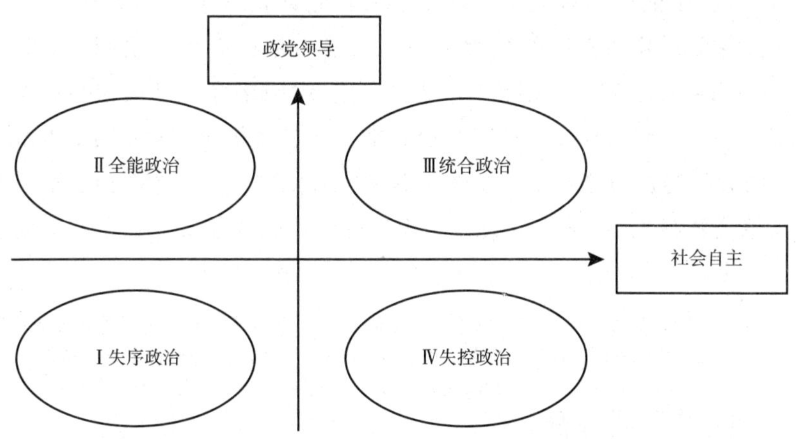

图1　中国政党与社会关系形态演变示意

Ⅰ失序政治形态表明政治社会处于一种无权威主导的无秩序状态，既没有一支领导性的政治组织化力量统合国家和社会，社会也没有能力进行自组织管理，国家势弱、社会凋敝。从历史经验来看，在一个失序的政治状态中，往往存在多样的政治力量，各种力量之间或是联合组织，或是争斗不止，缺乏一支主导性的力量整合和领导各方，在中国历史上最典型的莫过于近代军阀混战时期。军阀混战时期，中国正处于传统向现代转化的关键时期，虽然近代军事强人推翻和颠覆了帝制体系，但受制于军人本身

① 郭亚丁：《社会生态与政党的功能作用》，《政治学研究》2005年第1期。

的传统属性和传统社会势力的依附与支持，军事强人建立起所谓“军绅政权”[①]。虽然在名义上执政者都宣称中央政府的合法性和权威性，但国家权力已经事实上被分割和散落于各方，通过国家制度已无法对国家和社会进行有效整合，以至于国家与社会陷入分裂和崩溃的边缘。正是在如此严峻的情境下，国家和社会便迫切需要一支组织化程度高的现代性政治组织淘汰和整合陈旧势力。从后发展国家的经验来看，军事性组织、社会性（宗教性）组织、政治性组织都有可能成为主导的整合力量，而在中国经历了传统势力和军阀组织的尝试失败后，最终由具有现代性的高度组织化政党实现了有效整合，至此，政党成为现代国家和社会的缔造者。[②]

Ⅱ全能政治[③]形态则是表明政党强势统合国家与社会，社会自主性被完全抑制。“在全能政治系统中，列宁主义政党的正式组织和机构一直侵入，渗透社会各个领域和人民的日常生活，几乎占据社会整个空间。党领导一切”[④]。在高度集权逻辑和结构中，执政党组织网络穿透了国家与社会之间的屏障，把公共空间与私人空间联通起来，使二者按照同构的方式交相重叠在国家的偏好与逻辑之上。[⑤] 执政党不仅进入国家（党组体制），而且进入单位（单位体制），也进入社会（城市中的居委会体制和农村的村委会体制

① “军绅政权”是陈志让提出的概念，其中的“军”也指涉团防和土匪等地方军事势力，“绅”是受传统教育、有功名的人，有些担任过政府公职，有些则拥有田产地产，这两者的结合就称为“军绅政权”。详情可参见陈志让《军绅政权——近代中国的军阀时期》，广西师范大学出版社，2008。

② 〔美〕塞缪尔·P. 亨廷顿：《变化社会中的政治秩序》，王冠华等译，上海人民出版社，2008，第69页。

③ 邹谠对全能政治的解释可谓经典。他从国家与社会关系角度概括出全能政治的特征：“政治权力可以侵入社会的各个领域和个人生活的诸多方面，在原则上它不受法律、思想、道德（包括宗教）的限制。在实际上，国家侵入社会领域和个人生活的程度或多或少，控制的程度或强或弱。”详见〔美〕邹谠《二十世纪中国政治——从宏观历史与微观行动的角度看》，牛津大学出版社（香港），2000，第222～223页。此外，关于全能政治或全能国家的鞭辟入里论述还可参见孙立平《转型与断裂——改革以来中国社会结构的变迁》，清华大学出版社，2004；萧功秦《中国大转型》，新星出版社，2008；李强《现代中国国家制度构建与法律统一性》，载梁治平主编《国家、市场、社会：当代中国的法律与发展》，中国政法大学出版社，2006；金观涛、刘青峰《开放中的变迁——再论中国社会超稳定结构》，法律出版社，2011，等。

④ 〔美〕邹谠：《二十世纪中国政治——从宏观历史与微观行动的角度看》，牛津大学出版社（香港），2000，第228～229页。

⑤ 陈明明：《党治国家的理由、形态与限度——关于中国现代国家建设的一个讨论》，载陈明明主编《共和国制度成长的政治基础》（复旦政治学评论第七辑），上海人民出版社，2009。

以及后来的人民公社体制)。[①] 从而形成了政党国家对社会的全面控制，使社会丧失了必要的活力。“政党实际上变成了准国家，对于执政党而言，意味着政党已经将政党的功能和责任与国家和行政机关的功能和责任混同在了一起。”[②] 正如萨托利所说，在政党国家里，“政党在其中的作用是服务于国家的目的而不是社会的目的”，“正是党国体制塑造了社会”[③]。这种政党全能统治的状态始于社会主义改造时期，松动于改革开放初期。

Ⅲ统合政治表明社会自主程度不断扩展，对已有的全能政治结构构成了冲击和侵蚀，政党国家与社会的关系开始发生重大变化，具体来看，政党国家与社会关系的变化主要表现在以下三个方面：第一，政党国家控制范围的缩小，表现在人们的日常生活、文学艺术和科学研究等方面，在这些领域，党和政府的直接控制和干预已经越来越少，社会自主性在明显增强。第二，在仍然保持控制的领域中，控制的力度在减弱，控制的方式在变化，即由一种比较“实在的”对实际过程的控制，转变为一种比较“虚的”原则性控制。第三，控制手段的规范化在加强。由于法制建设的加强以及政府行为逐步走向规范化，原先任意的控制开始向一种较有规则的控制转变。社会则突出地表现在以下三个方面：第一，社会成为一个相对独立的提供资源和机会的源泉，因而个人对国家的依附性明显降低。第二，相对独立的社会力量的形成。第三，民间社会组织化程度的增强。[④] 在此变化下，政党与社会之间的关系，不仅有了新的结构，而且也有了新的逻辑，即社会日益成为决定国家与政党的根本力量，而在这其中，政党或国家如何依据现实社会的发展，平衡自身与社会的关系，保持相互之间的适应性，则成为政党或国家运行公共权力的合法性基础。[⑤] 于是便出现了一种政党（国家）与社会共治局面。这种状态既不是自上而下的控制主义，也不是理想性的社会决定主义，而是在政党与社会的互促互动中维系着一种具有均衡性的政治形态。[⑥]

一般来说，政党有效领导地位的树立和维护，必须基于对社会一定程度

① 刘建军：《中国政治发展的动力机制与修复机制——对中国共产党 90 年历史进程的政治总结》，《学习论坛》2011 年第 8 期。

② 〔美〕戴维·E. 阿普特：《现代化的政治》，陈尧译，上海人民出版社，2011，第 141 页。

③ 〔意〕G. 萨托利：《政党与政党体制》，王明进译，商务印书馆，2006，第 74 页。

④ 罗兴佐：《中国国家与社会关系研究述评》，《学术界》2006 年第 4 期。

⑤ 林尚立：《中国共产党与国家建设》，天津人民出版社，2009，第 80 ~ 81 页。

⑥ 刘建军：《中国政治发展的动力机制与修复机制——对中国共产党 90 年历史进程的政治总结》，《学习论坛》2011 年第 8 期。

的控制，控制的强度和深度直接决定了政党领导有效性程度。因此，从政党领导的角度来看，社会自主程度扩展的过程也就是政党领导地位被消解的过程，当社会达到高度自主治理状态时，则意味着社会不需要政党的领导，但政党的执政地位依然有存在的理由和必要。从中国政治逻辑来看，执政党兼具领导和执政两种基本任务，领导与执政之间相辅相成，缺一不可。所以，对于执政党而言，如果任由社会自主成长，那么就会出现政党领导缺失的Ⅳ失控政治的状态。在中国共产党长期执政的政治宣示下，这种状态是执政党所极力避免的。

从上述政党与社会关系形态演变的简略表述中可以获知，当前中国政党与社会关系呈现的是一种统合政治形态。在统合政治形态中，政党凭借其政治和组织优势依然保持对社会的领导地位，同时，在一些“非关键性领域”[①] 中，执政党或是认可社会的自组织管理，或是与社会合作共治。综上，在中国政治语境下，“政党统合”的内涵可以这样来理解：它既不是执政党只依赖掌控国家政权力量对社会的强力整合，也不是执政党无限度地与社会合作共治，而是在坚持执政党领导地位的前提下，在利益层面、价值层面和组织层面对社会进行必要的整合，从而在某些领域某种程度上实现政党与社会的合作共治，即呈现党既领导又合作的关系特征。

（二）现代化与合法性：政党统合的双重逻辑

1. 现代化：政党整合的历史逻辑

现代化是人类发展的必然趋势，但在不同的社会，不同的历史阶段，其发展的具体模式并非一致。在现代化历史潮流的冲击下，中国被外部的现代化力量强行拉入了现代化发展轨道。因此，对中国来说，现代化不是内生的，而是从外部嵌入的。这决定了中国是在没有形成现代化的社会力量，包括新兴的阶级力量的前提下迈入现代化的。[②] 这种被动卷入式的现代化对中国的影响是广泛而深刻的，正如艾森斯塔德所发现的：“现代性对中国的冲击采取了两种方式，这样也就对中国的社会、政治和文化秩序提出了两类虽然不同但又互相密切联系的问题。第一类是外部的力量与问题，即西方与日

---

① Bruce J. Dickson, *Red Capitalists in China: The Party, Private Entrepreneurs, and Prospect for Political Change*, Cambridge University Press, 2003.

② 林尚立：《中国政党制度与国家建设》，《毛泽东邓小平理论研究》2009 年第 9 期。

本的冲击提出了中国在新的国际环境中维护民族主权的能力问题。第二类则是内部的，即如何克服帝国秩序的崩溃的趋势，以及在这种秩序被毁灭之后如何解决内部无政府状态这种新形势下的分裂势力，以及在旧的秩序消失之后如何建立一种新的有生命力的秩序。"①

作为后发展型现代化的中国与原生型现代化的国家有所不同，后发展型国家在现代化变迁过程中会经历一种过渡状态，这种"过渡社会里存在着一种深刻的权威危机，因为一切统治的努力都会受到来自不同人不同原因的挑战，领导人无法获得具有合法权威的全面的支配权力"②。因此，对于后发展型国家来说，就要求有一种强有力的、为社会成员中多数人所能认可的权威，作为一种自上而下的政治力量来整合社会政治秩序，保持社会变革的连续性与稳定性。③"现代化不仅经常需要将权力从地方的、贵族的和宗教的集团手中转移到世俗的中央国家机构中，而且需要将权威集中到国家机构中的某一个人手中。"④历史表明，任何国家的现代化发展都需要一个核心性的主体力量。主体的代表性、整合力和成熟度，直接决定着这个国家现代化的发展速度和质量。因此，国家现代化的首要任务自然是建立一个核心主体，成为社会与国家的中坚。

正是在这种后发外生型现代化的事实和逻辑下，为应对社会政治失序的困局，孙中山选择了最具有现代民主价值和意义的政党组织，并强调要建立能够为政党宗旨而奋斗的军队，并把军队置于政党的领导之下，支撑政党对社会的整合和对国家的领导。通过政党的整合，在中国这样一个没有现代化社会基础和现代性社会力量的社会，迅速建立一个能够担当领导现代化发展和建构民主共和的主体力量。⑤正如艾森斯塔德所认为的："随着现代化而产生的关键问题，乃是形成中的新社会结构处理这种持续变迁问题的能力；换言之，也就是持续发展的问题，即形成一种能够容纳持续变迁的问题与要

---

① 〔以〕S. N. 艾森斯塔德：《传统、变革与现代性——对中国经验的反思》，载谢立中、孙立平主编《二十世纪西方现代化理论文选》，上海三联书店，2002，第1090页。

② 〔美〕鲁恂·W. 派伊：《政治发展面面观》，任晓、王元译，天津人民出版社，2009，第82页。

③ 萧功秦：《中国早期现代化的挫折与历史后果》，《学术月刊》1995年第4期。

④ 〔美〕塞缪尔·P. 亨廷顿：《变化社会中的政治秩序》，王冠华等译，上海人民出版社，2008，第129～130页。

⑤ 林尚立：《政党、政党制度与现代国家——对中国政党制度的理论反思》，载陈明明主编《共和国制度成长的政治基础》（复旦政治学评论第七辑），上海人民出版社，2009，第10页。

求的制度结构。”并且提出，“较成功地容纳这些不同要求的一个最重要的方面，就是在某些广泛、稳定和灵活的政策指导和组织下，它们或多或少被成功地容纳或吸收的程度为何。也就是各种不同的利益被容纳进某种更为广泛的框架。”①

发展中国家的一个重要特点就是社会内生的有机整体性不够，属于高度离散的社会。所以在这些国家，都必须通过一个高度集中统一的政党组织进行社会动员和社会组织。② 以政党为核心统合中国社会、推动中国的现代化与民主化发展是中国社会发展的内在要求，也是现代化逻辑在中国社会的具体体现。③ 亨廷顿认为，政党是现代国家和社会的缔造者，“不是政党反映国家意志，而是政党缔造国家，国家是党的工具。政府的行动只有反映了政党的意志才是合法的。政党是合法性的根基，因为它是国家主权、人民意志或无产阶级专政的制度化身。”④ 他还指出，“在任何一个社会势力复杂且其利益关系纵横交错的社会里，如果不能创设与各派社会势力既有关联又是独立存在的政治机构的话，那么，就没有哪一个社会势力能够单独统治，更不用说形成共同体了。”⑤

政党是现代政治生活的核心力量。对于以国家为主导的现代化发展来说，形成强大的政党领导，是现代化取得最终成功的关键。亨廷顿认为：“处于现代化之中的政治体系，其稳定取决于其政党的力量，而政党强大与否又要视其制度化群众支持的情况，其力量正好反映了这种支持的规模及制度化的程度。那些在实行上已经达到或者可以被认为达到政治高度稳定的处于现代化之中的国家，至少拥有一个强大的政党。”⑥ 因此，在新兴发展国家中，“社会和政府依赖政党组织，依赖政党领导者的决策以及政党向社会

① 〔以〕S. N. 艾森斯塔德：《现代化：抗拒与变迁》，张旅平等译，中国人民大学出版社，1988，第49、165页。

② 徐勇：《内核—边层：可控的放权式改革——对中国改革的政治学解读》，《开放时代》2003年第1期，第106页。

③ 林尚立：《政党、政党制度与现代国家——对中国政党制度的理论反思》，载陈明明主编《共和国制度成长的政治基础》（复旦政治学评论第七辑），上海人民出版社，2009，第11页。

④ 〔美〕塞缪尔·P. 亨廷顿：《变化社会中的政治秩序》，王冠华等译，上海人民出版社，2008，第69页。

⑤ 〔美〕塞缪尔·P. 亨廷顿：《变化社会中的政治秩序》，王冠华等译，上海人民出版社，2008，第8页。

⑥ 〔美〕塞缪尔·P. 亨廷顿：《变化社会中的政治秩序》，王冠华等译，上海人民出版社，2008，第341页。

施加的安排。"[1] 对此，美籍华裔政治学家邹谠也有过精彩的论述："只有先建立一个强有力的政治机构或政党，然后用它的政治力量、组织方法，深入控制每一个阶级、每一领域，才能改造或重建社会国家和各个领域的制度与组织，才能解决问题，克服全面危机。"[2]

2. 执政合法性：政党整合的政治逻辑

政党是一个根在社会、志在国家的政治社会组织。其本质是一个社会性组织，具体而言，政党的产生和执政必然有一定的社会基础和社会认同，换句话说，政党执政必须具有普遍的合法性。在中国共产党执政的条件下，党对社会的整合不仅是党领导的内在要求，而且也是党实现合法执政和有效执政的基础。只有全面赢得社会的认同和支持，党才能拥有执政的广泛社会基础；而只有实现了对社会的有效动员和整合，党才能赢得社会，才能确立自身广泛而稳固的执政基础。[3] 没有扎实的社会基础和普遍的社会认同，就意味着政党执政合法性的丧失，也就意味着政党生命力的终结。

由于政党在现代政治运作中起着越来越重要的作用，它同政治权力的密切关联使其同合法性问题联系在一起。对于合法性概念的最一般、最普遍的认识是将合法性等同于社会公众对政治系统的认同和忠诚。哈贝马斯指出："任何一种政治系统，如果它不抓合法性，那么，它就不可能永久地保持住群众（对它所持有的）忠诚心。这也就是说，就无法永久地保持住它的成员们紧紧地跟随它前进。"[4] 政党执政合法性主要是靠自身行为的有效性、价值理念的先进性和行动的规范性等方面来赢得民众的认同和支持。一个政党要获得民众的支持和认同，归根结底是在于它能满足民众的某种需求，无论这种需求是物质上的，还是价值层面上的。

从物质层面来说，执政党通过其活动的有效性给民众带来切实的利益增进，从而增强了执政党的绩效合法性；从价值层面上讲，执政党通过纲领的制定并经过社会化的手段使之在整个社会上的散布，使纲领中所蕴含的价值

---

① 〔美〕戴维·E. 阿普特：《现代化的政治》，陈尧译，上海人民出版社，2011，第 138 页。

② 〔美〕邹谠：《二十世纪中国政治——从宏观历史与微观行动的角度看》，牛津大学出版社（香港），1994，第 3 ~4 页。

③ 林尚立：《领导与执政：党、国家与社会关系转型的政治学分析》，《毛泽东邓小平理论研究》2001 年第 6 期。

④ 〔德〕哈贝马斯：《现代国家中的合法性问题》，载《重建历史唯物主义》，郭官义译，社会科学文献出版社，2000，第 264 页。

理念和民众的价值追求相契合，形成意识形态上的感召力和向心力。[①] “凡是存在利益关系的地方，就会有基于这种利益关系的嬗变而来的社会冲突”[②]。在社会分工的基础上，随着社会的进步，增加了个人间和群体间利益冲突和对立的可能和风险，由此形成了现代社会普遍的利益分化问题。因此，对利益分化社会的整合就是现代社会组织的重要功能所在，“社会整合，就是通过多种方式，在协调和保证各群体利益的基础上，使社会各个部分组合起来，构成一个社会利益共同体。”[③] 利益整合就是要在社会整合中关注各种利益诉求和满足各种利益要求，在变革社会，执政党的利益整合，意味着执政党必须通过一定的政策创制和制度安排，满足民众的各种利益诉求，理顺和平衡各种利益关系，提高执政党的合法性。“中国的政治改革与经济改革有着许多必然的联系。这种联系在改革的前 10 年主要体现为经济改革为统治合法性提供物质基础。”[④] 当某个政党成为执政党后，它控制了国家和政府，去管理整个社会，而这种公共权力却是社会各阶层、群体和个人所共有的，所以执政党就要担负起维护社会稳定和推动社会发展的责任，其所控制的国家和政府应该成为超越社会各种利益之上的力量，对不同的利益进行协调和整合。

在一个高度分化的社会，需要有可以凝聚社会的价值和意志，即一种意识形态。韦伯就认为，现代经济发展必然促成社会的高度分殊化，从而导致整个社会具有日益多元分散的社会离心力倾向，因此现代政治的基本任务即在于，如何创造一种政治过程以使多元分散的社会利益仍能凝聚为民族整体的政治意志和政治向心力。[⑤] 意识形态的统合功能的发挥来源于其能够凝聚社会成员所产生的巨大的向心力和感召力。意识形态正是这种价值性规范。“通过意识形态这种工具来吸引和引导社会，凝聚人心，增加社会凝聚力和向心力，是政党履行社会整合功能的一个重要途径。”[⑥] 任何的统治是不可能单靠刚性的强制力来维护和保持的，统治阶级必须构建相应的价值符号系统来为其统治体系的合法性进行论证，并通过社会化的手段使这些价值理念

① 罗峰：《嵌入、整合与政党权威的重塑：对中国执政党、国家和社会关系的考察》，上海人民出版社，2009。

② 桑玉成：《利益分化的政治时代》，学林出版社，2002，第 2 页。

③ 王长江：《政党现代化论》，江苏人民出版社，2004，第 175 页。

④ 徐湘林：《以政治稳定为基础的中国渐进政治改革》，《战略与管理》2000 年第 5 期。

⑤ 转引自甘阳《走向“政治民族”》，《读书》2003 年第 4 期。

⑥ 王长江：《中国政治文明视野下的党的执政能力建设》，上海人民出版社，2005，第 152 页。

在整个社会上散布，这样不仅会有效化解异己力量的对抗，而且也在很大程度上降低政治统治成本。[①]

合法性资源的开发和基础的重构，在一定意义上也是执政党的社会统合过程。“在政治学的意义上，党对社会的领导，就是党整合社会的问题”[②]。因为执政党的社会统合，不是一个非制度化的强力整合的过程，它是在基本的制度规范的基础上，通过理顺各种利益关系，构建能凝聚人心的思想价值，将整个社会统合到一定的秩序范围内。“在某些情况下，政党是政治认同和政治行动的主要基础……政党为了特定的政治目标常常试图联合动员的或自动的参与者，并在一定程度上把不同的参与基础结合起来。”[③] 政党执政合法性的取得是与一定的历史、社会和文化相适应的，其合法性资源的获得也是与当时的生态环境高度契合的，因而，政党执政合法性的基础不是恒久不变的，它会随着环境的变动而发生改变。在执政的条件下，执政党掌控的权力是社会公共权力，“执政党政府必须以公允的面目出现，作为表面超越社会各种利益之上的力量，把集中起来的阶级意志上升为国家意志，整合方方面面的利益，减少不同阶级、阶层、集团和群体之间的矛盾和冲突。”[④] 执政党的社会统合是建立在民众认同的基础之上，有深厚的社会基础，因此，执政党社会统合的过程，是一个社会共识达成的过程，也是一个执政合法性获得和巩固的过程。

二　以政党为中心：政党统合社会的组织结构

国家政权是由社会决定的，中国共产党掌握国家政权虽有其充分的政治基础，但是这种掌握要获得现实的合法性和有效性，必须得到社会的认同和支持。这也就意味着党要有效地掌握政权，实现有效执政，必须首先广泛地赢得社会的认同和支持，建立扎实而稳固的社会基础。[⑤] 为此，“党在社会

---

① 罗峰：《嵌入、整合与政党权威的重塑：对中国执政党、国家和社会关系的考察》，上海人民出版社，2009。

② 林尚立：《中国共产党与国家建设》，天津人民出版社，2009，第262页。

③ 〔美〕塞缪尔·P. 亨廷顿、琼·纳尔逊：《难以抉择》，汪晓寿等译，华夏出版社，1988，第37页。

④ 王长江：《中国政治文明视野下的党的执政能力建设》，上海人民出版社，2005，第143页。

⑤ 林尚立：《领导与执政：党、国家与社会关系转型的政治学分析》，《毛泽东邓小平理论研究》2001年第6期。

各部门及人民生活圈子内，建立各种机构去领导和控制民间社会及基层社会。党的组织系统以外，还有群众组织系统，并且每一个社会领域和人民生活圈子，只能有一个单一的、全面的、官方承认的群众组织”[①]。在这个执政党构建的一套以党的组织为核心，聚合多层面、多类型组织的“同心圆”结构的组织网络中，核心部分是中国共产党的基本组织，即党自身的组织体系，外围部分则是由党的外围组织和社会组织构成。这个组织网络在网络起整个国家与社会的同时，也使得党对国家的组织，党对社会的组织完全同构化了。党正是通过自身的组织以及自己创造的外围组织实现了对全社会的整合。[②]

（一）内核部分：单核化与体系化

出于有效统合社会的需要，中国共产党在新中国成立伊始就通过发展党员和党组织建设，确立起了相当完备的党统合社会的组织体系。1951 年，刘少奇在中国共产党第一次全国组织工作会议上的报告中指出：“我们党现在共有五百八十万党员。……所有这些党员，在全国各方面建立了约二十五万个基层组织——支部。从这些情形可以看出：我们的党不只在上层，在各方面领导着我们的国家和各种事业；而且在下层，在各种工厂中、矿山中、农村中、机关和学校中、部队的连队中密切地联系着广大的人民群众，和人民群众打成一片，建立了血肉相连的关系，因而使我们党具有充分广大的群众性。一方面，我们党在思想上和政治上的正确领导；另一方面，我们党又在组织上密切地联系着全国广大的人民群众。这就是我们党具有无穷的不可战胜的力量的源泉。”[③] 这个整合体系由完备的党的组织体系和有效的党的工作体系所构成，以组织整合的方式来整合社会。中共建政后形成了以党的领导为核心进行国家建设和社会改造的局面。以党的领导为核心进行国家建设和社会改造的最大特点是：党不仅成为国家建设和社会改造的领导力量，而且成为国家建设和社会改造的组织基础。国家制度的建设与运行、国家事务的管理，都直接与党的组织、党的领导相连接和相适应；社会的改造与重构直接以党的组织力量和组织网络为资源，从而构建起以党的组织为网络的

---

① 〔美〕邹谠：《二十世纪中国政治——从宏观历史与微观行动的角度看》，牛津大学出版社（香港），2000，第 239 页。

② 林尚立：《中国共产党与国家建设》，天津人民出版社，2009，第 196、206 页。

③ 《建国以来重要文献选编》第 2 册，中央文献出版社，1992，第 147～148 页。

新的社会组织体系。这样，在国家建设和社会改造过程中，党的领导在自觉或不自觉中形成党、国家与社会三位一体的组织基础。[①]

仿照苏联模式，中国共产党按照民主集中制原则进行建党，党的基层组织渗透到城市和乡村的各个角落，党的中央领导机关享有高度的权威，形成了高度集权的党组织体系。这种高度内敛的组织结构具有很强的扩张功能，可以有力地、迅速地进行政治动员和资源汲取，最终形成了执政党、国家、社会一体化的政治体制。具体来看，中国共产党的组织，是自上而下设立的，分中央组织、地方组织、基层组织，三者之间是上级与下级、领导与被领导的关系。而且每个组织层级又分成若干不同的层次。这种组织设置，客观上形成了严密的不能分离的组织体系，也体现了等级性和整体性。[②]

基层党的组织机构是基层党的各级组织、领导机关、工作机关的统称。党的基层组织是党在社会中的触角，是党整个肌体中最基本的“细胞”，是党的全部工作和战斗力的基础。《党章》规定：“企业、农村、机关、学校、科研院所、街道、人民解放军连队和其他基层单位，凡是有正式党员三人以上的，都应当成立党的基层组织”。“党的基层组织，根据工作需要和党员人数，经上级党组织批准，分别设立党的基层委员会、总支部委员会、支部委员会”。这些设立在社会基层单位中的党的基层委员会、总支部委员会、支部委员会，构成党的基层组织的总体结构。它们根据工作需要和党员人数来确定。在一般情况下，党员超过100人的基层单位，经上级党委批准，可设立党的基层委员会，基层委员会下面可分设若干总支部或支部；党员50人以上的基层单位，经上级党委批准，可设立党的总支部，总支部下面可分设若干支部；有正式党员3人以上又不足50人的基层单位，经上级党委批准，可设立党的支部；正式党员不足3人的，可与邻近单位的党员组成联合支部。截至2010年底，党的基层组织总数为389.2万个，其中基层党委18.7万个，总支部24.2万个，支部346.3万个。一个分布广泛、完善严密、坚强有力的基层党组织体系得以形成。

中国共产党在政府部门、武装部队、政法机关、事业单位、社会团体、

---

① 林尚立：《领导与执政：党、国家与社会关系转型的政治学分析》，《毛泽东邓小平理论研究》2001年第6期。

② 郭亚丁：《中西政党组织结构比较分析》，《理论学刊》2004第7期。

群团组织、社区组织、基层行政组织等都建立了党的组织，并分别建立党委、党组、党总支、党支部、党小组等。截至 2010 年，全国共有党的各级地方委员会 3222 个，其中省（区、市）党委 31 个，市（地、州）党委 396 个，县（市、区）党委 2795 个。城市街道、乡镇、社区、建制村建立了党组织。全国 6869 个城市街道建立了党组织，3.4 万个乡镇建立了党组织，8.2 万个社区（居委会）建立了党组织，59.4 万个建制村建立了党组织。[①] 中国共产党的组织具有扩展性，极力向外延伸，覆盖面较大，努力包容社会其他组织。党的组织在同一层次的金融、商贸、交通、教育、企业、社团等单位中均建立有党的组织。党组织的延伸体现在地域、行业、领域等各个不同层面、不同群体，呈放射状。

党的组织在企业、农村、学校、街道、医院、军队、政府部门等组织内，都担负着领导和监督等政治任务。如在农村的行政村，行政村里的其他组织都要在党的组织的领导下。如《中国共产党农村基层工作条例》第 3 章第 9 条明文规定，农村党的组织“讨论决定本村经济建设和社会发展中的重要问题”，“领导村民委员会、村集体经济组织和共青团、妇代会、民兵等群众组织，支持和保证这些组织依照国家法律法规及各自章程充分行使职权”。在国家政府机关，《中国共产党党和国家机关基层组织工作条例》规定：机关党的组织，结合本部门的工作任务和特点，加强党的思想、组织和作风建设，加强党内监督，坚持从严治党，充分发挥党的思想政治优势、组织优势和密切联系群众的优势，促进本部门工作的完成。同时强调要对行政负责人进行监督。《党章》第 9 章第 46 条规定：在中央和地方国家机关、人民团体、经济组织、文化组织和其他非党组织的领导机关中，可以成立党组，以发挥领导核心作用。《中共中央关于完善社会主义市场经济体制若干问题的决定》强调，党组织要在企业中发挥政治核心作用，支持股东会、董事会、监事会和经营管理者依法行使职权，并且要参与重大问题的决策，等等。假如把政党和其他社会组织作为两个部分看，西方政党总体是分离、单一、不交叉的，而中国共产党则是覆盖、包容、交叉、重合的。[②] 在党、国家和社会三位一体的格局下，党通过其强大的体制力量和组织体系，实现了对社会的全面统合。

---

① 《中国共产党组织建设情况介绍》，http://www.gov.cn/wszb/zhibo459/content_1891691.html。

② 郭亚丁：《中西政党组织结构比较分析》，《理论学刊》2004 第 7 期。

（二）外围组织：多元化与组织化

中国共产党在自身的基本组织基础之上，还编织了一张外围组织网络，这个网络分布于各社会力量之中，同时又聚集于中国共产党的领导之下。这个网络不仅为中国共产党积聚力量，同时也为动员社会、整合社会提供了组织网络。早在中国共产党建立之后，为了巩固党的组织、壮大党的力量，中国共产党一方面改造和发展已有的组织，将它们积聚于党的周围；另一方面积极通过党的自身组织，根据党的要求组织和发展新的组织，以便将整个群体凝聚于党的周围，从而有利于党动员和领导民众。新中国成立之后，中国共产党在革命时期建立的、承担党联系和整合社会各种力量的外围组织，"作为人民群众团体组织成为企事业单位之外的社会组织的基本形态，全面替代了社会自发组织的各种组织，从而也完全抑制了社会自主建立组织的任何可能。"①

现在主要的外围组织有：中华全国总工会、中国共产主义青年团、中华全国妇女联合会、中华全国工商联合会、中国文学艺术界联合会、中国科学技术协会、中华全国归国华侨联合会、中华台湾同胞联谊会、中华全国残疾人联合会、中华全国青年联合会、中华全国学生联合会等。虽然各个组织面向的社会群体不同，但其基本功能是一致的，即中国共产党联系人民群众的桥梁和纽带。也就是说，这些外围组织的功能主要是执政党动员和整合的组织渠道和辅助力量。

在中国共产党构建的组织整合体系之外，还创设和发展了一套统战整合体系。统一战线是"无产阶级政党和社会主义国家在一定的历史时期，为实现一定的战略任务或反对主要敌人，同其他国家或其他阶级、阶层、党派、社会团体以及一切可能团结的社会力量结成的联盟"。由此可见，统一战线的功能和作用就是动员一切可以调动的力量，团结一起可以团结的力量，将整个社会整合于执政党的领导下。在此基础上，统战体系形成了人民政治协商会议的组织形式。

人民政协制度依托政党制度发挥了双重制度整合的功能，即以中国共产党领导的多党合作与政治协商制度整合执政党与参政党，以人民政协制度整合各党派、各界别与团体。人民政治协商会议是中国人民爱国统一战线的组

① 林尚立：《中国共产党与国家建设》，天津人民出版社，2009，第205页。

织，也是中国共产党领导的多党合作和政治协商的重要机构，又是中国政治生活中发扬社会主义民主的一种重要形式。人民政协作为统一战线组织发挥着联系社会、协调各种关系、反映各方利益和要求的作用和功能，成为中国共产党进行社会整合的重要媒介。人民政协主要是“增进团结、凝聚力量”，在社会整合方面人民政协具有独特的优势，主要体现为：人民政协作为最广泛的统一战线组织，具有广泛代表性和巨大包容性，实行“大团结、大统一、囊括一切代表人物”的方针，聚合了统一战线中所有的政党、所有重要的人民团体、无党派代表人士、各少数民族和各界的代表、台湾同胞、港澳同胞和归国侨胞的代表等各个方面，具有广泛的代表性，就全国政协来说，它设有 34 个界别[①]；人民政协吸纳了一大批具有影响力的政治、经济、社会和知识精英，这些政协委员既有政治和社会影响力，又有专业特长，能够提出科学的意见和建议，从而可以为执政党的有效执政提供有益的辅助。同时，人民政协制度特有的组织形式——界别在设置上具有很大的灵活性和适应性，能够为体制外新生社会群体的吸纳提供广阔的组织空间。通过与政党制度的结合，对改革开放过程中出现的新兴阶层和社会力量进行吸纳和整合，从而实现多元社会结构的高度组织化和政治体系的稳定。[②]

三　吸纳与嵌入：政党统合社会的双向路径

不同于全能政治时期的总体性社会，改革后的中国政党国家与社会关系已经发生了根本性变化。“现代化已造就出或者在政治上唤醒了某些社会和经济集团，这些集团过去或者根本就不存在，或者被排除在传统社会的政治范围之外。现在它们也开始参与政治活动了，它们要么被现存政治体制所同化，要么成为对抗或推翻现存政治体制的祸根。因此，一个处于现代化之中

① 目前，中国人民政治协商会议全国委员会由 34 个单位组成，即中国共产党，中国国民党革命委员会，中国民主同盟，中国民主建国会，中国民主促进会，中国农工民主党，中国致公党，九三学社，台湾民主自治同盟，无党派民主人士，中国共产主义青年团，中华全国总工会，中华全国妇女联合会，中华全国青年联合会，中华全国工商业联合会，中国科学技术协会，中华全国台湾同胞联谊会，中华全国归国华侨联合会，文化艺术界，科学技术界，社会科学界，经济界，农业界，教育界，体育界，新闻出版界，医药卫生界，对外友好界，社会福利界，少数民族界，宗教界，特邀香港人士，特邀澳门人士，特别邀请人士等，由此足见人民政协的广泛性。

② 胡筱秀：《现代国家建设视野中的人民政协制度功能变迁》，《南京社会科学》2010 年第 9 期。

的社会，其政治共同体的建立，应当在‘横向’上能将社会群体加以融合，在‘纵向’上能把社会和经济阶级加以同化”[①]。面对日益成长的社会，执政党已不能采用传统的方式控制社会，而只能是通过党的政治优势和组织资源对社会进行统合。从经验来看，执政党统合社会主要是通过自下而上的吸纳和自上而下的嵌入两种基本路径和方式。

（一）自下而上：吸纳型统合

从中国政治的实际过程来看，政治吸纳可以理解为，建立履行表达功能的政治结构，让需要表达的个人或群体的利益通过政治渠道予以满足的过程。[②] 作为一种技术策略性的领导和执政方式，吸纳的目的是赋予和巩固统治的合法性，并通过吸收社会各类精英参与决策，从而提高领导和执政的有效性。在中国的政治语境中，吸纳的主体是执政党，客体是社会，具体而言，就是大规模地征募和吸收各类精英群体，在经济建设为中心任务的时期，执政党吸纳的对象主要是经济精英和知识技术精英。

这种吸纳有两种基本功能：一是通过“吸纳”精英群体，获得精英群体的政治认同；二是将精英群体的政治参与纳入有序的轨道，促进了政治体系的整合，避免挑战或麻烦。这种吸纳本质上属于一种“分类控制”[③]，通过政治吸纳达到“控制”，只是控制方式不同而已。古德曼（David Goodman）研究发现，与其他威权体制国家相比，中国的经济精英并没有发挥与其经济实力相称的政治效用，也没有提出民主化的政治要求。原因就在于这些经济精英依附和借助于体制力量，通过不同的渠道被执政者笼络，经济精英已经成为与政党—国家体制“共谋”的一部分。[④] 裴松梅（Margaret M. Pearson）也研究发现，社会主义国家允许中间组织存在以便它们更好地达成国家的目的，国家组建和整合一些关键性功能组织，比如工会、商会和

① 〔美〕塞缪尔·P. 亨廷顿：《变化社会中的政治秩序》，王冠华等译，上海人民出版社，2008，第 332 页。

② 参见储建国《从行政吸纳到政治吸纳——再论“一党立宪”》，爱思想网站，http://www.aisixiang.com/data/9717.html。

③ “分类控制”是康晓光研究中国政府管理社会组织时提出的一个分析性概念。康晓光认为政府建立分类控制体制的根本目的有两个：一是维护既得利益，即防范社会组织挑战自己的政治权威；二是“为我所用”，即尽可能发挥社会组织提供公共物品的功能。详见康晓光、韩恒《分类控制：当前中国大陆国家与社会关系研究》，《社会学研究》2005 年第 6 期。

④ David S. G. Goodman, “New Economic Elites”, in Robert Benewick and Paul Wingrove eds., *China in the 1990s*, MacMillan Press Ltd., 1995, pp. 132 - 144.

企业家协会。笼络不但具有体制维持功能，而且便于体制利用这些团体的主动性。这些团体在各自功能领域被赋予一定的自主性。她认为，笼络是国家创造出来用来建立国家与社会间的互动通道，尤其是在这些经济精英没有代表自己的利益采取独立行动之前，试图吸纳他们。[①] 迪克逊（Bruce Dickson）在其近著《中国的红色资本家》中同样发现，中国共产党笼络新的群体以防止他们对党的权威提出挑战。执政党通过吸收新兴精英群体加入中国共产党等策略，积极地并有选择性地吸收和笼络经济精英和技术精英，而且鼓励精英群体参加党所创建的社会性组织，以此来保证各类精英必须保持一个集体身份。[②]

执政党吸纳社会精英主要通过组织吸纳、体制吸纳和意识形态吸纳等方式。组织吸纳就是将社会精英征募到党的系统中来，鼓励其加入中国共产党，或者是鼓励或强制其参加外围组织或由政府创设和管理的社会组织当中，从而保证社会精英具有一种组织身份；体制吸纳则是将社会精英群体纳入到人大、政协甚至政府部门中担任一定的公职；意识形态吸纳与前两者在表现形式上大有不同，它并没有具体的吸纳措施，而是最大限度地在不同人群、不同阶层之间发展出系统性的共识与信仰。通过调整意识形态的内涵，包容新兴的社会阶层，从而赋予新兴社会阶层正当的政治和社会身份，并在此基础之上，通过组织吸纳和体制安排等方式进行统合。从经验来看，“吸纳扩大了中国共产党的执政基础，在潜在的社会力量尚未成势之前，便将其转化为扶持和合作的伙伴。在这一意义上，吸纳技术避免了新生社会阶层成为政治对立面的可能”[③]，从而保证执政党对社会的有效领导。

（二）自上而下：嵌入型统合

执政党除了通过对社会自下而上的吸纳型统合之外，还有一种统合路径，那就是执政党组织自上而下的嵌入型统合。嵌入型统合与吸纳型统合的基本目的是一致的，那就是实现执政党对社会的有效领导和整合，维护

---

① Margaret M. Pearson, *China's New Business Elite*: *The Political Consequence of Economic Reform*, Berkeley: University of California Press, 1997, p. 37, pp. 140 – 141.

② Bruce J. Dickson, *Red Capitalists in China*: *The party*, *Private Entrepreneurs*, *and Prospect for Political Change*, Cambridge University Press, 2003, p. 9.

③ 景跃进：《转型、吸纳和渗透——挑战环境下执政党组织技术的嬗变及其问题》，《中国非营利评论》2011 年第 1 期。

政党—国家体制的有效运行。但在具体的统合方式上却有不同。吸纳型统合侧重于政党自下而上对社会的笼络和征募，将社会精英吸收到党的组织网络和控制之中，嵌入型统合则是政党组织自上而下向社会的渗透和覆盖。

嵌入（Embeddedness）作为一个学术概念，其提出最早来自著名学者卡尔·波兰尼的著作《大转型：我们时代的政治与经济起源》，后在《帝国主义初期的贸易和市场》一书中有更详细的解说。波兰尼认为，“交易行为通常是嵌入在包含着信任和信赖的长期关系之中的，这种关系往往能消除交易的对立性。”① 新经济社会学创始人格兰诺维特进一步阐发了这个概念，他认为在现代市场中各种社会因素对经济发生着重要的影响，甚至是决定性影响。② 埃文斯首次使用嵌入性自主性（Embedded Autonomy）一词，用以分析新兴工业化国家对经济转型的介入与影响。③ 受这一概念的启发，政党要发挥权威性影响力，其活动就不能局限在自身的组织范围内，而应向包括社会领域在内的政治领域、经济领域甚至是文化领域延伸其组织网络，并保证其有效运转。本文把执政党在社会领域的组织构建及其有效运转称为“组织嵌入”。

《中国共产党章程》规定，在凡是有党员的社会单元内，如企业、农村、机关、学校、科研院所、街道社区、社会团体、社会中介组织、军队等，正式党员 3 人以上的，都必须设立党的组织。在改革开放前的传统计划体制下，中国共产党的组织几乎覆盖了所有的社会领域。经济领域的单一性和社会机构的单位化为政党组织在基层的设置提供了便利条件。在经济领域，单一的计划经济占据经济结构的主体，全民所有制和集体所有制企业是主要的经济单元。通过在这些企业内部设置党的组织，可以有效地实现了对工人阶级的领导。在城市，单位体制几乎囊括了除去企业成员之外的所有城市社会成员，在单位中同样设有党的组织。在农村地区，散布着以村为单位的村党支部。这些散布在社会的党组织既是党的细胞，也是党的触角。它们向社会成员宣传党的路线、方针、政策，解释党的主张和决定，团结带领他

---

① 〔英〕卡尔·波兰尼：《大转型：我们时代的政治与经济起源》，冯钢等译，浙江人民出版社，2007，第 53 页。

② 〔美〕马克·格兰诺维特：《镶嵌——社会网与经济行动》，罗家德译，社会科学文献出版社，2007。

③ Peter B. Evans, *Embedded Autonomy*, Princeton University Press, 1995.

们实现党的任务；向上级党组织反映社会成员的愿望、要求和呼声，为领导机关提供决策依据。同时，这些组织还是所在社会单位的领导机构。通过在社会中建立党组织，中国共产党成功地实现了对社会的整合与驾驭。这种整合以党的组织网络和组织领导来整合整个社会，使社会趋向高度的组织化，把中国这样超大规模的社会凝聚成一个整体，能有效地实现社会和政治动员，从而保障了党对社会的统一领导。

市场经济和全球化导致社会资源的自由流动，单位体制的瓦解出现了新的社会活动空间，中国社会结构所发生的这些根本性变化，对执政党组织渗透和整合社会带来了前所未有的挑战。在这种局面下，中国共产党革命战争年代“支部建在连队上”的传统、1949 年新中国成立之后党组织网络遍布全社会的格局、对敌对力量利用 NGO 搞“颜色革命”的担忧，以及举国体制的逻辑等众多因素汇聚在一起，促使中国共产党采取向新生社会空间全面渗透的策略。[①] 随着非公有制经济成分规模和数量的不断扩大和社会自发组织数量的增长，执政党采取了将党组织嵌入新经济组织和新社会组织的方式。1994 年党的十四届四中全会通过了《中共中央关于加强党的建设几个重大问题的决定》，就指出“随着多种经济成分的发展、利益关系的调整和经营形式的多样化，需要改进基层党组织的工作；各种新建立的经济组织和社会组织日益增多，需要从实际出发建立党的组织，开展党的活动”。与此同时，在新生社会领域中执政党积极发展党的成员，将其党员广泛地嵌入社会之中，使其宣传和解释党的路线、方针和政策，从而引导社会成员支持和认同党的领导。

无论是在新生社会阶层中发展和吸收党员，还是在新生社会空间中建立党的组织，在中国共产党看来，“这不只是一个社会如何治理的问题，更重要的是政治统治方面的考虑，是一个如何巩固党的阶级基础、社会基础和执政基础的问题”[②]。因此，可以认为，这种将党组织和成员嵌入新生社会领域的方式，既是执政党巩固领导地位的一种策略性调整，也是现代国家建设逻辑下重构政党与社会关系的内在要求。

---

① 景跃进：《转型、吸纳和渗透——挑战环境下执政党组织技术的嬗变及其问题》，《中国非营利评论》2011 年第 1 期。

② 景跃进：《转型、吸纳和渗透——挑战环境下执政党组织技术的嬗变及其问题》，《中国非营利评论》2011 年第 1 期。

四 结语

政党来源于社会，即政党根在社会。这就决定了无论何种政党都必须扎根于社会，在社会中获取资源和权威，同时政党也必须回应社会，与社会合作寻求更融洽的治理。易言之，党的政治权力不能简单地依靠国家的权力，而应该更多地依赖社会权力，作为国家与社会之间的联结中介，政党本身就必须从国家组织向社会组织转化，从而逐步弱化其国家属性，凸显其社会属性。无论是通过自下而上的吸纳经济社会精英，还是自上而下将党组织嵌入社会空间，都是执政党尝试重构政党与社会关系的策略性调整，更是现代国家治理逻辑下重构政党与社会关系的必然选择。

运用法治思维和法治方式
优化党的执政环境*

汪火良**

摘　要： 执政党执政受到它所处执政环境的影响与制约。中国共产党运用法治思维和法治方式营造并不断优化适宜于自己长期执政、稳定执政的“生态环境”刻不容缓、意义重大。当前中国共产党执政环境的优化应从以下方面进行作为：运用法治思维和法治方式推进改革深化；运用法治思维和法治方式保障科学发展；运用法治思维和法治方式建设和谐社会；运用法治思维和法治方式参与全球治理。

关键词： 中国共产党　法治思维　法治方式　执政环境

任何执政党的执政都是在特定的执政环境中进行的，执政环境直接影响甚至决定着执政党的执政方式。① 执政环境是指作用于我党执政时空内的一切因素和条件的综合，是世情、国情与党情的总和。具体包括国家权力机关、参政主体、社会各界和社会各阶层民众、客观自然环境、政治环境、经

---

* 本文为中国法学会2014年度部级法学研究课题“基层政府领导干部运用法治思维和法治方式的调查与研究”［课题编号：CLS（2014）D003］的阶段成果。

** 汪火良，湖北黄梅人，湖北师范学院政法学院副院长，副教授，武汉大学法学院博士研究生，研究方向为法治、人权。

① 兰华：《执政环境的变化对执政党执政方式的新要求》，《江汉论坛》2012年第10期。

济因素、文化条件、国外其他执政生态主体、国际社会环境等因素。[①] 一般而言，“执政环境”具有两层含义：一方面侧重于“环境”，表现为执政党在执政过程中受到它所处的各种情况和条件的影响与制约。良好的环境有利于提高党的执政效率，恶劣的环境会危及党的执政地位。[②] 另一方面侧重于“执政”，表现为执政党具有主观能动性，对于所处的环境具有认识、适应并改善的能力，上升到执政系统层面，即要求执政党不断提高执政能力，优化执政环境。[③]

十八届四中全会《决定》提出，提高党员干部法治思维和依法办事能力。法治思维是基于法治的固有特性和对法治的信念来认识事物、判断是非、解决问题的思维方式。法治方式是运用法治思维处理和解决问题的行为方式。我党在坚持依法执政时内在要求广大党员干部在坚持党的领导、人民当家作主、依法治国有机统一的指引下，增强法治观念、弘扬法治精神，自觉在法治轨道上想问题、做决策、办事情，不断提高运用法治思维和法治方式深化改革、推动发展、化解矛盾、维护稳定的能力。政党实践表明，执政党最优的执政“生态环境”是法治环境。良好的法治环境，促进法治思维；法治思维增强了，会自然促进法治方式的运用；法治方式运用多了和运用有效了，会自然改善法治环境；而法治环境改善了，又会反过来影响和促进法治思维。[④] 因此，执政党运用法治思维和法治方式营造并不断优化适宜于自己长期执政、稳定执政的“生态环境”刻不容缓、意义重大。

一　运用法治思维和法治方式推进改革深化

改革开放是决定当代中国命运的关键抉择，全面深化改革是新时期决定党和国家事业发展全局的重大战略部署。十八届三中全会通过的《决定》为我国全面深化改革提供了一份“法治改革”的指南和纲领，并将推进法治中国建设作为全面深化改革的重要任务。习近平同志一再强调：“各级领导干部要提高运用法治思维和法治方式深化改革、推动发展、化解矛盾、维护稳定能力，努力推动形成办事依法、遇事找法、解决问题用法、化解矛盾

---

① 梁庆周、陈元中：《党的执政生态论略》，《理论探讨》2006 年第 5 期。

② 陈淅闽、叶梧西：《马克思主义执政理论研究》，中共中央党校出版社，2006，第 217 页。

③ 高明明：《近几年关于执政环境涵义的研究综述》，《经济研究导刊》2014 年第 12 期。

④ 郑昕、李刚：《乡镇领导干部运用法治思维能力建设研究》，《湖北法学》2014 年第 1 期。

靠法的良好法治环境，在法治轨道上推动各项工作。”[①] 改革、发展、和谐、稳定，此治国理政的“四项要务”的完成理所当然地寄托于和落实到执政党的法治思维和法治方式之上。

（一）运用法治思维和法治方式深化改革的现实依据

在改革初期，我们党和党的领导干部习惯于用具有短平快特点的红头文件推进改革，但是这种方式的弊端明显：一是缺乏前瞻性，顶层设计不够；二是缺乏系统性，改革方略的整体化配套不够；三是缺乏必要的稳定性，往往朝令夕改，令人无所适从；四是缺少权威性，往往采取先易后难的进路，而陡遇难题，常常会因“硬度”不够无疾而终。[②] 当前全面深化改革进入攻坚期和深水区，可供腾挪的空间越来越小，允许试错的限度越来越小，不能再拖延的问题越来越多，需要处理的矛盾越来越尖锐。当此之时，迫切需要更好地发挥法治的引领和规范作用，“努力以法治凝聚改革共识”，确保在法治轨道上推进改革。

在当前形势下，深化改革必须依靠法治思维和法治方式。因为，改革就是不断地试错，法治思维和法治方式有利于纠错，防止出现全局性、长期性的失误；改革当然需要代价和投入，法治思维和法治方式有利于最大限度地降低改革成本，规避不必要的投入；改革也必然有风险，法治思维和法治方式有利于规避风险，把风险控制在最小范围之内。

（二）运用法治思维和法治方式深化改革的基本途径

习近平同志明确提出了“凡属重大改革都要于法有据”，是正确处理改革与法治关系的基本原则。[③]

（1）改革要有法。改革是一个“摸着石头过河”的过程，但不能“刻舟求剑”，不适时应物；也不能“脚踩西瓜皮”，滑到哪算到哪。改革需要顶层设计、高端立法，把改革决策与立法决策紧密结合。第一，要以公平正义等社会主流价值观进行基本制度的设计安排；第二，要通过改革所依之法的权威性，以法律的权威体现改革的权威；第三，要完善立法规划，突出立

---

① 《十八大以来习近平同志关于依法治国的重要论述》，新华网，http：//news. xinhuanet. com/politics/2014 -03/29/c_126330778_2. htm。

② 江必新：《领导干部的法治思维与法治方式》，中国法制出版社，2014，第161页。

③ 穆虹：《全面深化改革必须全面推进依法治国》，《求是》2014年第22期。

法重点，坚持立改废并举，提高立法科学化、民主化水平，提高法律的针对性、及时性、系统性；第四，要制定改革的路线图和时间表，使顶层设计落实为具体的改革任务；第五，要科学设置法律后果，有效利用好利益导向机制，设定利益选择，提供利益标准，权衡利益冲突，协调法权配置。

（2）改革要依法。改革与法存在三种关系状态：一是先改后立；二是边改边立；三是先立后改。基于急功近利的倾向，很多领导干部喜欢前两种方式，认为法律束缚改革手脚，于是抛开法制进行改革，陷入“一改革就违法”的怪圈，甚至以改革的名义大行“以言代法、以权压法、徇私枉法”之道。用法治思维和法治方式深化改革，要求改革未行，先求宪法和法律依据。第一，坚持在宪法和法律提供的制度空间内和条件下进行改革，善于利用法律规范留下的判断权和裁量权；第二，针对改革进程中法治存在的不适应、不符合问题分类做好相关法律立改废释工作，善于从宪法精神和既有法律法规、法律解释甚而法律目的和原则中为改革措施和规则寻求法律依据，善于运用法律解释规则，填补法律漏洞；第三，对立改废条件不成熟而改革实践又迫切需要的，可以按照法定程序作出特别授权进行先行先试，但要善于将改革措施纳入法律目的和法律原则的范围之内。①

（3）改革要守法。改革的前提是要有共识，否则，不同政见者会用改革中出现的问题攻击改革，既得利益者会用各种方式阻碍改革，媒体公众会带着挑剔眼光审视改革，理想主义者会以乌托邦思维苛求改革。凡此种种分歧的关口，如果没有民众信服的正义规则来统领和指引，改革共识无法形成，改革时机就会丧失。坚持重大改革于法有据，不仅是改革决策要遵循宪法精神和法治原则，改革过程也要依法办事、遵守法的程序、维护正当权益，把法治方式作为推进改革的行为准则。坚持按照法治方式推进改革，才能提高全社会对改革的公信度和参与度，使改革获得广大人民的支持。

二　运用法治思维和法治方式保障科学发展

以科学发展为主题，以加快转变经济发展方式为主线，是关系我国发展全局的战略抉择。作为党长期坚持的指导思想，科学发展观的落实更需要法治的支撑和保障，需要以法治来推动发展，以法治规范发展，以法治实现可

① 江必新：《领导干部的法治思维与法治方式》，中国法制出版社，2014，第163页。

持续发展。习近平同志更是明确提出运用法治思维和法治方式推动发展的重要论断。历史反复告诫我们：法治兴则国运盛，法治衰则国运亡。国家兴盛、社会进步、民族强大都需要通过发展来实现，而科学发展无论是宏观谋划、顶层设计还是微观操作、底层生长都离不开法治保障。中国共产党要完成执政兴国的伟大任务，需要良好的法治环境，运用法治思维和法治方式营造良好的法治环境，推动科学发展意义重大。

（一）运用法治思维和法治方式建立适应科学发展的体制机制

一个国家和社会需要得到良性发展就必须有一套科学的发展体制和机制，而这套体制和机制必须运用法治思维和法治方式建立起来。当前，发展中不平衡、不协调、不可持续的问题比较突出，制约科学发展的体制机制障碍也较多。比如，在经济体制方面，改革攻坚乏力，制度创新明显不足。在行政体制上，政府角色定位不清，政府职能常现错位、越位、缺位现象。在干部考核体制上，干部考核体系不够科学、操作性不强、用人导向与科学发展观不相适应甚至出现背离，等等。欲着力解决影响和制约科学发展的突出问题，扫除发展障碍，主要靠法治。一是运用法治手段消除令人迷信的“GDP”发展崇拜，探索建立科学的经济社会发展综合评价体系，全面客观地衡量经济社会发展所取得的成果和付出的代价；建立科学务实的干部实绩考核评价体系，把节约资源、保护环境、改善群众生活质量、依法依规办事等指标，纳入干部考核评价体系之中。二是运用法律手段防止公权力缺位、错位，限制其越位，着力推进行政管理体制改革，加快建立现代企业制度和现代产权制度。三是运用法律手段进一步深化改革，打破既得利益者对不合理体制机制的依赖，突破不合理体制机制对发展的阻碍。四是运用法律手段完善监督体系和责任体系，明确什么是非科学发展，非科学发展要承担什么样的责任，怎么追究责任。[①]

（二）运用法治思维和法治方式规范影响科学发展的决策权力

决策权是权力体系中极其重要的权力，权力的实际运行是从决策开始的。决策权是否能正确行使，决定着决策是否科学与正确，也决定着各项工作的成败。“决策失误”是各种工作中的“根源性失误”，决策错误可以说是“一错百错”。从法理上说，不受约束的权力必然会出现问题；从决策的

① 江必新：《领导干部的法治思维与法治方式》，中国法制出版社，2014，第170页。

角度说，不受约束的决策权也必然会出现问题。决策权不受约束，最大的问题就是会发生决策随意性，必然出现决策失误。习近平总书记强调，“把权力关进制度的笼子”，其中也包含把决策权关进决策制度的笼子，有效约束和规范决策权的行使，克服决策随意性现象，减少决策失误。因此，我们需要通过统一的程序规则约束决策权的行使，细化已有的程序规范使之更为严密，保证行政程序规则的普遍约束力，防止决策机关规避程序法滥用决策权，确保决策权受到法律的严格约束。

（三）运用法治思维和法治方式化解阻滞科学发展的社会矛盾

当前，我国处于改革发展过程中的阶段性矛盾凸显期，绝大部分矛盾属于人民内部矛盾，属于非不可调和性矛盾。解决这种非不可调和性矛盾，法治具有比较优势。这是因为，运用法治思维和法治方式可以将急迫利益固化为权利，将公民的权利转化为政府的义务，从而将现实的冲突转化为法律上的权衡并予以消解；运用法治思维和法治方式，可以公平地确定利益归属，很好地实现定分止争，从而实现利益整合；运用法治思维和法治方式，在保障当事人权益的同时能够统筹兼顾各方面利益，有利于实现个人利益、他人利益和社会利益的平衡兼顾。这些在发展过程中出现的争端和矛盾，我们通过法治思维与法治方式来解决，可达到巩固发展成果，营造良好发展环境，实现科学发展的目的。为此，我们需要做到以下几点。

第一，公平对待每一个人是化解社会矛盾的根本。法治是大多数人认同的利益平衡机制，实现对每一个人的“公平对待”，要求我们：加紧建设保障社会公平正义的制度，建立以权利公平、机会公平、规则公平为主要内容的社会公平保障体系；努力营造公平的社会环境，保证人民平等参与、平等发展的权利；使每个人各守其分、各安其位；在制度和现实上消除特权；对弱势群体给予必要的保障和关照。

第二，通过广泛有效的参与对话和沟通形成共识。沟通是解决矛盾的钥匙，行政主体和相对人之间能否平等沟通是检验法治是否实行的试金石。党在执政和党的领导干部贯彻党的政策时要善于运用法治思维和法治方式，在各种不同诉求中形成和改善解决矛盾的方案，而不是简单地通过强制、暴力和其他方式压制矛盾。做决策、上项目，除了进行经济效益评估，还要进行社会稳定风险评估，尊重群众的意见。坚持以人为本，全面协调可持续发展，让人民群众共享发展成果，把发展成果更多地落实到保障和改善民生上，绝不侵犯人民群众的合法权益，从源头上预防和减少社会矛盾的发生。

第三，通过正当法律程序化解矛盾是重要途径。摒弃重实体轻程序的偏见，尤其在存在纵向管理关系领域，确保行政管理相对人程序权利的实现。为此，应当进一步强化程序正当的理念，权力行使不仅要公正，而且要以显而易见的、易于接受的、令人信服的方式和渠道实现；不仅要以追求客观公正为目的，而且要以程序公正作为路径。

第四，靠规则思维化解矛盾，凸显明规则、屏蔽潜规则。法治是规则之治。针对部分领导干部在矛盾纠纷面前信奉“搞定就是稳定”、“摆平就是水平”、“没事就是本事”的不良风气，我们要研究为何“方方面面的潜规则越用越灵”的原因，“潜规则”为何会取代“明规则”而调整社会关系，找出屏蔽“潜规则”而凸显“明规则”的路径，使“摆平”彻底失去市场，走向更加完善的法治社会。

第五，通过法律实施化解矛盾是底线保证。加强宪法和法律的实施，维护社会主义法制的统一、尊严、权威，形成人们不愿违法、不能违法、不敢违法的法治环境，做到有法必依、执法必严、违法必究。

三　运用法治思维和法治方式建设和谐社会

在一个动荡的、无序的社会里，人们要面对预料不到的、难以应付的、混乱不堪的和危险迭出的状况。中国人一贯持有“平安是福”的观念，崇尚和谐，期盼稳定，追求政通人和、安居乐业的平安社会、和谐社会是中华文化的重要组成部分。[①] 法治是所有正常社会的根基，只有在法治的状态下，秩序才可能超过混乱、规律性才可能超过偏离、规则才可能超过例外。[②] 和谐社会是人民充分享受法治创造的公平、正义、秩序的社会，是受到良好法律保障的社会。[③] 和谐社会并非没有利益纷争、矛盾冲突，运用法治思维和法治方式来维护和保障社会和谐，正是国家拥有法治化、规范化、制度化解决纷争和冲突的能力体现。人类历史的治乱规律显示：法治兴则国

---

① 习近平：《之江新语》，浙江人民出版社，2007，第119页。

② 〔美〕E. 博登海默：《法理学——法哲学和方法》，张智仁译，上海人民出版社，1992，第200页。

③ 王宝明：《依法治国营造和谐社会的法治环境》，《国家行政学院学报》2005年第6期。

运兴；法治衰则国运衰。执政党运用法治思维和法治方式治国理政是保证长期执政、稳定执政的最优选择。

（一）执政党运用法治思维和法治方式建设和谐社会的历史任务

党的十八大提出了“两个一百年”的目标，建设法治社会、和谐社会是我党的历史使命。

（1）维护社会稳定。

社会稳定是中国实现健康有序发展的前提保障。习近平同志一再强调，稳定是改革发展的前提，必须坚持改革发展稳定的统一。只有社会稳定，改革发展才能不断推进；只有改革发展不断推进，社会稳定才能具有坚实基础。要坚持把改革的力度、发展的速度和社会可承受的程度统一起来，把改善人民生活作为正确处理改革发展稳定关系的结合点。而新时期中国法治建设的一个重要任务就是要用法治思维和法治方式来维护社会稳定，确保社会健康有序地发展。

（2）促进公平正义。

十八大以来，党和国家出台的一系列的文件和习近平同志的一系列讲话都极为强调促进社会的公平正义，并将“促进公平正义”与“增进人民福祉”并列作为全面深化改革的出发点和落脚点，并作为改革的指导思想，强调“让发展成果更多更公平惠及全体人民”。就法治建设而言，我们应当建立以权利公平、机会公平、规则公平为核心的社会公平体系，并通过政法工作来促进社会公平正义的实现。习近平同志指出，“促进社会公平正义是政法工作的核心价值追求。从一定意义上说，公平正义是政法工作的生命线，司法机关是维护社会公平正义的最后一道防线。政法战线要肩扛公正天平、手持正义之剑，以实际行动维护社会公平正义，让人民群众切实感受到公平正义就在身边。要重点解决好损害群众权益的突出问题，决不允许对群众的报警求助置之不理，决不允许让普通群众打不起官司，决不允许滥用权力侵犯群众合法权益，决不允许执法犯法造成冤假错案。”①

（3）保障人民安居乐业。

党和国家历来都非常关心各类民生问题，如教育、就业、医疗、养老、

① 《习近平出席中央政法工作会议：坚持严格执法公正司法》，新华网，http：//news.xinhuanet.com/politics/2014－01/08/c_118887343.htm。

住房等问题，并采取各种措施来保障人民的安居乐业。在党和国家看来，保障人民安居乐业是社会主义制度优越性的一个重要体现。习近平同志更是将保障人民安居乐业看作法治建设的一个根本目标，并以此来对法治中国建设提出更高的要求。他认为，加强和改进政法工作，维护人民群众切身利益是实现“两个一百年”奋斗目标、实现中华民族伟大复兴的中国梦的有力保障。而保障人民安居乐业是政法工作的根本目标。政法机关和广大干警要把人民群众的事当作自己的事，把人民群众的小事当作自己的大事，从让人民群众满意的事情做起，从人民群众不满意的问题改起，为人民群众安居乐业提供有力法律保障。要深入推进社会治安综合治理，坚决遏制严重刑事犯罪高发态势，保障人民生命财产安全。

（二）执政党运用法治思维和法治方式建设和谐社会的价值调适

执政党领导法治社会、和谐社会建设应处理好以下三个方面的关系，做好以下三个方面的价值权衡。

（1）维稳与维权。

法治的根本目标是促进社会公平正义和增进人民福祉。立法是设计正义，执法是落实正义，守法是维护正义，司法是矫正和救济正义。公正是法治的生命线，也是执法和司法的底线。人们只有认为法律是公正的，执法和司法是公正的，才会相信法律，才会依靠法治。法治要求处理好公权力与公民权利之间的关系，其本质是通过法律使公权力与公民权利达成一种和谐状态。这就要处理好维稳与维权的关系。习近平同志强调，维护社会大局稳定是政法工作的基本任务，而完成这一任务就需要处理好维稳与维权的关系，“要把群众合理合法的利益诉求解决好，完善对维护群众切身利益具有重大作用的制度，强化法律在化解矛盾中的权威地位，使群众由衷感到权益受到了公平对待、利益得到了有效维护。要处理好活力和秩序的关系，坚持系统治理、依法治理、综合治理、源头治理，发动全社会一起来做好维护社会稳定工作。”①

（2）活力与秩序。

社会活力是全面深化改革的力量之源，是全面深化改革所需的蓬勃生

---

① 《习近平出席中央政法工作会议：坚持严格执法公正司法》，新华网，http：//news.xinhuanet.com/politics/2014 -01/08/c_ 118887343.htm。

机。社会秩序是人们形成稳定预期的前提保障，社会秩序的规范要求对社会活力的表现或发挥具有直接的促进或抑制作用。秩序规范过于粗疏、宽松，社会活力不受约束、任性表达，必然会使社会冲突不断，直至陷入混乱无序的状态，活力自然也不能得到正常的发挥。因此，中国必须“处理好活力与秩序的关系”。就法治而言，它既是一套规则治理体系，也是一种通过规则治理而形成的社会秩序。在法治中国的建设过程中，中国既要强化法律的约束性和权威性，也要防止法律规范可能出现的僵化性，从而在法律的稳定性与开放性之间形成一种平衡。

（3）民主与专政。

经过改革开放30多年的发展，人民当家做主的地位得到了进一步的确立，人民的主体地位得到了进一步的巩固，人民民主的深度和广度得到了进一步的扩展。但是，也出现了极少部分借民主之名行分裂国家、损害国家利益、侵犯全体人民利益之实的分子。他们唯恐中国不乱，并与国外反华势力相勾结，散布谣言，制造恐怖，分裂国家。因此，我们需要在法治中国建设过程中必须区分好人民内部矛盾和敌我矛盾，并在此基础上处理好民主与专政的关系。习近平同志明确提出，政法机关作为人民民主专政的国家政权机关必须以坚定的政治立场、高度的政治清醒、强烈的政治自觉，把维护人民群众合法权益作为出发点和落脚点，处理好民主与专政的关系。

四　运用法治思维和法治方式参与全球治理

在当前，全球治理可以被理解为一种管理社会的理念和制度设计，用以应对各国所共同面临的全球性问题，诸如安全、发展、人权、健康、环境、网络、跨国犯罪，等等。伴随着全球化的深入发展和人类相互依存的日益加强，全球治理的重要性越来越为人们所认同，成为一个国家对外战略的重要向度与内容。“我们主张顺应历史潮流，维护全人类的共同利益”①、“当代中国同世界的关系发生了历史性变化，中国的前途命运日益紧密地同世界的前途命运联系在一起”②、“人类只有一个地球，各国共处一个世界”、“加

① 江泽民：《全面建设小康社会，开创中国特色社会主义事业新局面——在中国共产党第十六次全国代表大会上的报告》，《求是》2002年第22期。

② 胡锦涛：《高举中国特色社会主义伟大旗帜为夺取全面建设小康社会新胜利而奋斗——在中国共产党第十七次全国代表大会上的报告》，人民出版社，2007，第47页。

强同世界各国交流合作，推动全球治理机制变革”、“坚持权利和义务相平衡，积极参与全球经济治理”[①]，等等。显而易见，在我国寻求和平发展的对外战略与政策宣示中，表明了我党在执政中对全球治理的高度重视，指明了我国参与全球治理的历史合理性与现实必要性。

（一）运用法治思维和法治方式应对全球治理危机

自2008年金融危机以来，改革与创新全球治理制度已成为国际社会的共识，各治理领域的制度均经历了不同程度的改建、创建与重建过程。尽管如此，现行的国际机制仍不能有效应对全球挑战，全球治理失灵，全球治理面临着种种制度困境：国际权力结构变化凸显全球治理机构代表性不足；主权民族国家体系造成全球治理机制责任错位；国际机制复杂性引发全球治理政策失灵；全球治理议程扩大显现全球治理体系的盲点；理念分歧与竞争使得全球治理规范缺失。[②] 欲破除全球治理之困局，舍法治而无他途。法治是全球治理的最根本的方式；法治是国际社会追求的普遍核心价值。[③] 在国际社会，法治作为一个具有普世价值的理念和原则，既明确规定于各国的宪法之中，又得到了一系列重要的国际文件的确认。例如，自2000年开始，联合国《千年宣言》、《世界首脑会议最后文件》、《法治宣言》以及联合国大会自2006年来以来通过的有关法治的决议都明确宣示法治的核心价值地位。但是面对强劲的和平、发展、合作、共赢的诉求潮流，我们筑牢了国际法治的堤坝了吗？刘宪权教授在《国际法治建设仍然任重道远》一文中说，回首2013年，国际风云跌宕起伏；聚焦法治舞台，重大案件令人扼腕。[④] 美国的“棱镜”监控计划的窃听丑闻，严重侵害了各国信息安全，维护国家“隐私”是国际法治的基本任务；“恐怖主义”公害仍在肆虐，严重威胁世界人民的生命财产安全，危害世界和平与安全、经济发展与社会进步；跨国“索赔”案件由于跨国索赔程序法制尚未建立与不健全，导致跨国索赔的艰难，一些受害者因索赔无门或索赔无望而实施过激举动，以致“殃及池鱼”甚至祸害无辜；跨国公司商业贿赂在全球范围存在，如何有效防范跨国商业贿赂，共同营造公平、公正的国际市场竞争环境，令人期待。无论是在国际

① 蔡拓：《中国如何参与全球治理》，《国际观察》2014年第1期。

② 卢静：《当前全球治理的制度困境及其改革》，《外交评论》2014年第1期。

③ 曾令良：《国际法治视野下的国家治理现代化》，《法制与社会发展》2014年第5期。

④ 刘宪权：《国际法治建设仍然任重道远》，《法制日报》2014年1月6日，第008版。

合作反恐、保护国家安全和公民权益，以及推动世界经济复苏，建立更加公平合理的国际经济新秩序等方面，国际法治建设之路依然任重而道远。

（二）运用法治思维和法治方式推进“国际法治”

（1）中国参与全球治理要对自身情况进行理性定位。中国参与全球治理的评估结果如下：中国正在成为全球治理的有生力量，特别在全球经济治理中作用突出；中国参与全球治理的自觉性、积极性都有明显提高，但至今仍是全球治理中的“配角”，表现出被动性、滞后性；中国参与全球治理更多受制于国家利益的考量，其主导性理念仍是现实主义、国家主义，加上有保留的多边主义，远未提升到全球主义的高度；中国参与全球治理的能力亟待提高（包括国家硬实力和软实力的提高，尤其是后者）。鉴于以上评估结果，中国参与全球治理可在以下方面进行理性定位：第一，中国参与全球治理的理念与价值定位。坚持全球主义观照下的国家主义，抵制当下国家主义的诱惑；倡导有效、合理的国家利益观，反思国家利益最大化的理念。第二，中国参与全球治理的身份定位。与发达国家相比，我国在经济结构、产品科技含量、人均收入、国民教育、管理水平、社会成熟程度、法治状况等诸多方面还只能称作发展中国家，这应该是中国所处历史发展阶段的长期定位；但从国际关系的角度看，我国又是一个正在崛起的新兴大国，特别是经济总量上的快速增长，对世界产生了巨大的冲击力。当今世界的经济事务与经济发展离不开中国，政治社会事务也日益要求中国发出更多的声音。因此，中国身份的定位必然是两种身份的兼顾与并存，不可能也不应该片面强调任何一种，尤其是不能用发展中国家的定位来替代或忽视新兴大国的定位。第三，中国参与全球治理的着力点定位。无论从改变全球治理失灵，推进全球治理深入，还是回应国际社会对中国的期待，化解某些疑惑与不满角度而言，提供更多全球公共物品，更积极参与全球公共物品的管理与使用，使其更公正、合理、有效，都是中国推进全球治理的最佳选择和着力点。[①]

（2）中国参与全球治理要重视国际法的地位和作用。在全球治理的时代，国家治理现代化进程中不可忽视国际法的地位和作用，因为它是国际社会必须遵守的行为规范。我们应从如下方面进行完善与改进：首先，在指导思想上，我国的立法机关和相关的政府部门应克服轻视国际法的苗头。前段

---

① 蔡拓：《中国如何参与全球治理》，《国际观察》2014 年第 1 期。

时期，有关部门在对有关部门法进行修订的过程中，将原有的关于“与我国参加的国际条约的规定不一致时，适用国际条约”的规定删除，认为这种规定有损国家主权。此举显然有悖于国家治理现代化和国际法治的基本要求，与世界大多数国家的实践不一致，是一种极“左”思潮的反映，应予以及时纠正。其次，我国应启动修宪程序，在宪法中明确规定国际法或国际条约和国际习惯在我国法律体系中的地位，从而提升中国在国际上的正面形象。再次，应尽早启动修订我国的《缔结条约程序法》。现行《宪法》和《缔结条约程序法》只规定国家主席对重要条约享有批准权，没有规定签署权。香港和澳门两个特别行政区都规定了有关领域的条约缔结权，《缔结条约程序法》却没有相应的明确规定。此外，国务院各部委在缔结条约程序中的具体职权也缺乏明确的规定。如此种种，需要通过法律修订程序予以完善。最后，为适应国际社会越来越重视运用国际司法机构机制解决国际争端的趋势，我国应适当调整自己的立场和策略。长期以来，我国坚持通过友好协商解决国际争端，对国际条约中规定通过国际法院解决争端的条款一般都提出保留。近年来，我们通过加入 WTO 接受了该组织的争端解决机制，并在一些双边自由贸易区协定中规定了仲裁方法。为了使中国的国家治理现代化与国际法治接轨，转变中国在国际上不大信任国际司法机构的负面印象，我国可以适当考虑接受国际法院和国际刑事法院的管辖。①

（3）中国参与全球治理应以和平共处五项原则为基础。国家主席习近平在出席“和平共处五项原则发表 60 周年纪念大会”发表讲话强调：和平共处五项原则生动反映了联合国宪章宗旨和原则并赋予可见、可行、可依循的内涵，体现了各国权利、义务、责任相统一的国际法治精神。和平共处五项原则作为一个开放包容的国际法原则，集中体现了主权、正义、民主、法治的价值观，已经成为国际关系基本准则和国际法基本原则，有力维护了广大发展中国家权益，为推动建立更加公正合理的国际政治经济秩序发挥了积极作用。中国参与全球治理应秉承和平共处五项原则的精神内核和价值准则，推动建立新型国际关系，共同建设合作共赢的美好世界。

第一，坚持主权平等。主权和领土完整不容侵犯，各国应该尊重彼此核心利益和重大关切。各国都是国际社会平等成员，各国的事务应该由各国人民自己来管，要尊重各国自主选择的社会制度和发展道路。

---

① 曾令良：《国际法治视野下的国家治理现代化》，《法制与社会发展》2014 年第 5 期。

第二，坚持共同安全。我们要倡导共同、综合、合作、可持续安全的理念，坚持通过对话协商，以和平方式解决国家间存在的分歧和争端，推动建设开放、透明、平等的亚太安全合作新架构。

第三，坚持共同发展。我们要共同维护和发展开放型世界经济，反对各种形式的保护主义，推动南南合作和南北对话，建立更加平等均衡的新型全球发展伙伴关系。

第四，坚持合作共赢。我们应该把本国利益同各国共同利益结合起来，树立双赢、多赢、共赢的新理念，坚持同舟共济、权责共担，携手应对全球性问题。

第五，坚持包容互鉴。我们要尊重文明多样性，推动不同文明交流互鉴、取长补短、和平共处、和谐共生。

第六，坚持公平正义。我们应该共同推动国际关系民主化，世界上的事情由各国政府和人民共同商量办。我们应该共同推动国际关系法治化，推动各方遵守国际法和公认的国际关系基本原则。我们应该共同推动国际关系合理化，推进全球治理体系改革。

中国是一个有担当的国家，是和平共处五项原则的积极倡导者和坚定实践者。我们将一如既往地维护《联合国宪章》的宗旨和原则，努力践行和平共处五项原则，始终不渝地走和平发展道路，做国家主权的坚定捍卫者，国际和平与安全的有力维护者，经济社会合作与发展的全面推动者，国际秩序和国际法治的积极塑造者。①

① 刘振民：《建设国际法治的基础》，《人民日报》2014 年 6 月 10 日，第 23 版。

香港泛民主义反对派*“变相公投”行为的法理分析

张梅艳**

摘　要：近些年，香港反对派不断进行各种其所谓的“公投”行为，力图挟持民意，威胁中央与特区政府。本文将从法理角度对香港反对派的历次“变相公投”行为进行法理解析，指出香港反对派的公投行为既无法理依据，又缺失法定程序，不可定性为公投，若非要加以定性，应该定性为“变相大型民意调查”，即是一种不科学或被操控的民意调查，是被引导或是偏离的“伪民意”。而香港反对派刻意进行“变相公投”行为实际上是“以全民公投之名，行分裂国家之实”，这种行为破坏了香港现行的政治生态系统，危害巨大。

关键词：香港　泛民主义反对派　“公投”法理　民意调查

1997年，中国在香港主权移交后实行“一国两制”，以维持香港的稳定繁荣，并承诺“港人治港”、“高度自治”。但是，香港立法会有一半议席是功能组别议席，由特定界别的选民选出，而不是由全港所有符合资格的选民投票选出。

---

* 香港“反对派”就是“泛民主派”。“泛民主派”是香港传媒及学者等常用的词语，泛指希望香港可推行民主及普选的政治及社会人物。香港特区政府（曾荫权、许仕仁、林瑞麟都曾经用“反对派”一词形容“泛民主派”）及亲政府报章或人士冠以“反对派”或“伪民主派”的名称。

** 张梅艳，甘肃兰州人，中国人民大学在读博士生，主要从事马克思主义理论哲学、政治哲学的研究。

功能组别在各个界别中的选票都不等值；在某些界别中选民多达数万人，在另外的界别则只有数百人。由于中央政府在香港有大量经贸、文教、工会机构，在过去的选举有不少功能组别候选人自动当选，体现出功能组别选举的不公平。

香港泛民主义反对派认为，虽然中央政府在香港落实《中华人民共和国香港特别行政区基本法》（以下简称《基本法》），其中第45条：“香港特别行政区行政长官在当地通过选举或协商产生，由中央人民政府任命……”①，以及第68条：“……立法会的产生办法根据香港特别行政区的实际情况和循序渐进的原则而规定，最终达至全部议员由普选产生的目标”②。但是，条文对如何进行普选和何时普选并没明确表明，而怎样废除功能组别也没有具体说明。基于《基本法》的这些问题，香港泛民主义反对派积极地进行公民游说，组织游行甚至通过各种其所谓的“公投”活动表达其政治诉求。从2009年开始，香港反对派发起了规模较大的一系列的所谓“公投”活动来胁迫政府在香港普选问题上作出让步——如“五区总辞”③ 运动、“3·23”模拟公投④、“2014年虚假全民投票”⑤ 等。本文将从法理学的视角揭示出香港泛民主义

① 《中华人民共和国香港特别行政区基本法》1990年4月4日。

② 《中华人民共和国香港特别行政区基本法》1990年4月4日。

③ 2009年底到2010年5月，香港的“公民党”“社会民主连线”（简称“社民连”）精心策划并发起了“五区请辞”的政治行动，以“五区公投、全民起义”作为宣传口号，并以“尽快实现真普选、废除功能组别”为议题，该普选议题沿承了多年来香港民主政制的某些争议，其目的是企图推翻全国人大常委会2007年12月关于否决香港在2012年实行双普选的决定。这次运动最初由“社民连”于2009年7月提倡，并在社会上引发广泛议论。“五区总辞”，其倡议者宣称为“五区公投”或“五区请辞”，意思是指五个香港立法会选区，即香港岛、九龙东、九龙西、新界东及新界西，每区均有一位“泛民主派”立法会议员辞职，产生五个空缺席位，然后按照香港《立法会条例》第36条必须进行补选。“公民党”与“社民连”以争取“尽快实现真普选、废除功能组别”作为选举议题，并以“五区公投、全民起义”作选举口号，这次政治运动将“补选”当作“变相公投”让市民进行投票，假如票数多于对手以及超过五成投票率，即代表提出的普选议题有相当的民意基础，并希望借此行动对特区政府和中央政府施压，以引起国际社会的关注。

④ 2012年初，香港举行了一次全民模拟公投，即“3·23模拟公投”，又称3.23~24民间全民投票（3.23–24 Civil Referendum）。“3·23模拟公投”是一个由香港大学民意研究计划总监钟庭耀博士主持的全民投票系统，其目的在于：结合民意调查结果立体展示对2012年香港特别行政区行政长官选举的民意供市民和选委参考、推动公民参与建构公民社会，以及示范电子投票制度。

⑤ 香港“占领中环”组织于2014年元旦发起全民投票，“占领中环”组织委托了香港大学民意研究计划及香港理工大学社会政策研究中心具体操作这次公投。目的是让香港老百姓对普选特首的一些原则性问题进行表态。即投票者就三个特首普选原则作出表态：（1）行政长官提名委员会的代表性应予提升；（2）行政长官的提名程序不应设筛选机制；（3）行政长官的提名程序应包括公民提名元素。

反对派系列“公投行为”的本质，指出这种公投行为既无法理依据，又缺失法定程序，不可定性为公投，若非要加以定性，应该定性为“变相大型民意调查”，并且这种行为通过挟持民意，并以所谓的“多数意志”来为其造势，胁迫中央政府和特区政府在普选问题上让步，并希望借普选来获得对香港的“治理权”，严重破坏了香港原本和谐的政治生态环境。

一 香港反对派的“公投行为”无法源可循

第一，香港无“公投”的国际法依据。从法理层面上看，公民投票可分为国际层次的公民投票和既存国家体制下与国内法相关的公民投票。前者主要以主权、独立为标的的民族自决投票，而后者则是指涉及宪法层次、以公民投票来决定国家重大政策争议。[①] 公民投票在国际法上的法源主要依据是：自决权、条约和国际组织会议等。国际法中的民族自决原则和国际人权理论，尤其是 1960 年 12 月联合国大会通过的第 1514 号决议《给予殖民地国家和人民独立宣言》为公投提供了主要的理论依据。在国际法中，全民公投的内容大多是关系国家前途命运和国计民生的重大问题。它通常包括以下几方面：大选公投，包括直接选举总统和对是否提前举行总统或议会大选进行全民公投。新加坡一直以全民投票的方式直接选举总统。2010 年 5 月，巴基斯坦就穆沙拉夫能否连任总统举行了全民公投，结果穆沙拉夫获得连任。同年，吉尔吉斯斯坦临时政府宣布，6 月 27 日举行的全民公投结果显示，新宪法草案获得通过。该草案确定吉尔吉斯斯坦将实行议会民主制。[②] 也就是说，受国际法保护的全民公投主要是主权国家就领土范围等涉及主权的事项通过立法机构的表决后，交付居民进行投票决定。

但是，香港是中华人民共和国的一个特别行政区，香港作为不独立主权实体，在国际法下，香港应该遵循《中华人民共和国宪法》，也就是说，香港也并没有获得中央政府赋予的公投权力。因此，香港反对派发起“公投”活动在国际法上找不到任何法理支持。如果某些人要用国际法的某些理论为其发起的“变相公投”进行论证或者法理辩护，其“港独”之心便昭然若揭。

第二，香港无“公投”的《中华人民共和国宪法》和单项法律依据。

---

① 张莉：《台湾“公民投票”考论》，九州出版社，2007，第 23 页。

② 张莉：《台湾“公民投票”考论》，九州出版社，2007，第 23 页。

从世界各国全民公投的实践情况来看，几乎所有实行全民公投的国家，都在宪法中确立了公民投票权。《宪法》是我国的根本法，具有最高的法律效力，一切地方性法规都不得同宪法相抵触。① 《宪法》第三十四条规定：中华人民共和国年满十八周岁的公民，不分民族、种族、职业、家庭出身、宗教信仰、教育程度、财产状况、居住期限，都有选举权和被选举权。这种选举虽然是一种对人的“投票”行为，不过并非通常所指的公投。换言之，《宪法》中并没有任何关于公投的相关规定，因此，中国的任何地区都没有实施全民公投的权利。

香港是中国的一个特区，实行“一国两制”“港人治港”“高度自治”的一国两制方针。《宪法》第三十一条规定：“国家在必要时得设立特别行政区。在特别行政区内实行的制度按照具体情况由全国人民代表大会以法律规定。”特别行政区是指在中国的版图内，根据中国宪法和法律规定设立的，具有特殊的法律地位，实行特别的政治、经济制度的行政区域。因此，香港作为中国的一个特别行政区，拥有以上提及的《宪法》所赋予的特别行政区的高度自治权，但是这种高度自治权并不代表香港拥有毫无制约的权利。香港在法律地位上是中国的地方政权，其法律地位与我国的其他省、自治区、直辖市等都是一样的，即香港作为中国的一个特别行政区，是中国的一个部分，其所进行的任何行为都不能与《中华人民共和国宪法》相违背。

换言之，香港特区作为中华人民共和国的一个地方行政区域，中国宪法的效力从整体上适用于香港特区。② 《宪法》是香港必须遵守的最高法律，《基本法》以及香港地方法律不得与《宪法》相冲突。也就是说，香港作为中国的一个特区，拥有高度的自治权，但其立法也必须受到两个限制，其一是不可涉及主权问题：其二是香港进行的政治活动必须接受全国人民代表大会常务委员会的监督和审查。香港特区若要进行“公投”必须符合《宪法》的规定，更不能与之相抵触。但是，我国除《宪法》之外，《全国人民代表大会组织法》、《国务院组织法》、《立法法》等有关的各项单项宪法性法律中，也找不到有关公投的法律规定。所以，香港反对派进行的各种“全民公投”运动，皆无法理基础，而且这些行为都严重违背了《中华人民共和

① 《中华人民共和国宪法》第七十八条明确规定：“宪法具有最高的法律效力，一切法律、行政法规、地方性法规、自治条例和单行条例、规章都不得同宪法相抵触。”

② 参见董立冲、张淑铀《香港特别行政区法院的违反基本法审查权》，《法学研究》2010 年第 3 期，第 3 ~ 25 页。

国宪法》的规定，因而是不会被承认的无效行为。而且这些行为对香港社会的正常发展，政治经济的稳定，都带来了严重的危害和挑战。

第三，香港无“公投”的《基本法》与特区法律根据。《基本法》是一部最重要和最基本的法律，但是从我国整个的法律体系来看，《基本法》只是我国的基本法律之一，其法律地位在《宪法》之下。根据我国宪法和香港基本法的从属关系和位阶理论，在同一个法律体制中，次一级的法律不能与上一级的法律相违背。也就是说，《基本法》的内容和规定不能违反《宪法》的规定。《基本法》之所以成立，在法理上是因为《宪法》第三十一条规定：国家在必要时得设立特别行政区。在特别行政区内实行的制度按照具体情况由全国人民代表大会以法律规定。综观《基本法》九章一百六十条的条文，以及依照基本法制定的特区法律，以及香港原有的与《基本法》不相抵触的法律，均未能找到有关公投的规定。因此，香港“公投”在《基本法》和特区法律中没有法律依据。

第四，香港“公投”违反全国人大常委会的释法和决定。《基本法》还存在一个与法治密切相关的问题，即《基本法》的解释问题。根据《基本法》第 158 条第 1 款，《基本法》的解释权属于全国人大常委会，同时《立法法》第 47 条规定，全国人大常委会的法律解释同法律具有同等的效力。在《基本法》的释法中，全国人大常委会是否对“公投”做出了一定的规定？

香港回归至今，全国人大常委会对《基本法》进行了三次释法，第二次和第三次的释法都关系到香港进行普选的问题。第二次释法尤其明确地规定了行政长官和立法会议员的产生办法。全国人大常委会于 2004 年通过了关于《基本法》附件一第 7 条及附件二第 3 条的解释，这次解释关乎《基本法》中关于行政长官和立法会议员的产生办法的有关规定。全国人大常委会第二次释法确定了修改程序须走“五部曲”①：一是特区政府向全国人大常委会提交政改报告；二是全国人大常委会决定是否需要进行修改；三是特区政府向立法会提出修改的议案并经过立法会全体议员三分之二多数通过；四是行政长官同意经立法会通过的议案；五是行政长官将有关法案报告全国人大常委会批准或备案。这是一套严谨的法律程序，启动权在行政长官，决定权在全国人大常委会。它是国家最高权力机关作出的庄重决定，代表国家意志，具

---

① 参见张杉《“对香港问题的法律思考”》，硕士学位论文，中国人民大学，2011，第 21 页。

有无可置疑的法律效力，不容挑战和质疑。它体现了一国之下的特别行政区的高度自治，体现了国家最高权力机关的权威性和对香港立法会的尊重。

2004 年 1 月，香港特区行政长官在施政报告中表明特区政府已经了解市民对香港未来政制改革和发展的意见，对此，全国人大常委会依据《基本法》第 158 条的授权主动对有关条款进行了解释，全国人大常委会解释 2007 年以后行政长官和立法会议员的产生办法可以修改也可以不修改，根据《基本法》第 45 条和第 68 条的规定，根据香港特别行政区的实际情况和"循序渐进的原则"确定香港政治改革的进度。与此同时，全国人大常委会审议了行政长官提交的《关于香港特别行政区 2007 年行政长官和 2008 年立法会产生办法是否需要修改的报告》，指出由于香港实行民主选举的历史不长，回归后立法会分区直选议员的数量有很大幅度的增加，加之当时香港社会各界对特首和立法会的产生办法没有达成广泛的共识，因此全国人大常委会决定 2007 年的行政长官不由普选产生，2008 年立法会议员选举不实行全部议员普选产生的办法，功能团体和分区直选议员各占半数的比例不变。《基本法》的解释权归全国人大常委会，也就是说，如何普选和何时普选理应由全国人大常委会作出决定。但是反对派的"公投"行为除了"创制公投制度"外，还有一个目的就是"复决"全国人大常委会的上述决定：它号召的"尽快实现真普选，废除组别功能"与全国人大常委会的上述决定相抵触，明显违反全国人大常委会这一我国最高权力机关关于香港政改"循序渐进"的决定，也与《基本法》既定的程序不相符合。

二　香港反对派推行的"公投"行为违反法治精神

首先，香港反对派"公投"行为不符合法治理念。现代法治有两项基本原则：一是私法权利为核心，遵循"法不禁止皆自由"；二是公法以国家公权力为轴心，遵循"法无授权不得行"。私法主要是调整个人和个人的关系，公法主要是调整国家和个人的关系。"公投"既是公法上的行为，理应是由政府主持依法进行的行为，而根据香港《基本法》第 11 条第 2 款的规定，"香港特别行政区的制度和政策……均以本法（基本法）的规定为依据"。由于《基本法》没有"公投"的规定，香港不能创制"公投"条例，政府也不能主持"公投"。因此，香港"公投"违反了公法必须遵行"法无授权不得行"、"权力法定"的现代法律精神。

其次，香港反对派“公投”不存在“剩余权力”。所谓“剩余权力”是指在一些联邦制的国家内，凡是联邦宪法内规定的关于联邦政府权力条文以外的剩余权力，可以全部归地方政府所支配和享有，主要以美国或瑞士为主。我国是一个单一制的国家，香港也不是一个联邦制下的国家成员，香港地方政府从来也不拥有自身的权力，香港特别行政区的高度自治权不是香港固有的，而是中央授予的。2007 年 6 月 6 日，全国人大常委会吴邦国委员长在北京举行的纪念《基本法》实施十周年座谈会上公开发表讲话指出：“中央授予香港特别行政区多少权，特别行政区就有多少权，没有明确的，根据基本法第二十条的规定，中央还可以授予，不存在所谓的‘剩余权力’问题。”[①] 也就是说，在《基本法》没有规定公投制度的情况下，香港是没有什么剩余权力的[②]，即无权创制公投。反对派在明知这种情况下，发动的“五区总辞”“3·23 模拟公投”以及“2014 年的虚假性全民公投”运动，其行为在法理和道德上都是站不住脚的，虽然这一系列“公投”活动不能说是直接违背《宪法》，或者违背《基本法》，但是这些活动实质上是钻法律的空子，与我国《宪法》和《基本法》以及全国人大常委会为香港政治改革的精神是相违背的。这些违反法律常识的政治运动，需要香港以及全国，乃至全世界的人民合理看待，认清其虚假本质。

三 香港反对派历次“变相公投”的法理本质

从 2009 年开始，香港反对派发起了规模较大的一系列所谓“公投”活动来胁迫政府在香港普选问题上作出让步——如“五区总辞”运动、“3·23”模拟公投、“2014 年虚假全民投票”等，导致并不符合香港政治体制的“虚假公投”行为在香港社会过度生长，甚至泛滥，严重破坏了香港原本和谐的政治生态环境。

2009 年底至 2010 年 5 月，香港的“公民党”“社会民主连线”精心策划并发起了“五区总辞”的政治行动。“五区总辞”虽然打着要求实现“双

① 吴邦国：《在纪念中华人民共和国香港特别行政区基本法实施十周年座谈会上的讲话》，http://www.gov.cn/ldhd/2007-06/06/content_639111.htm. 2007-06-06。

② 参见黄志勇《“‘剩余权力说’不成立”》，《中国社会科学报》2011 年 5 月 24 日，第 10 版，第 1~2 页；参见黄志勇等《论基本法框架下中央与特别行政区的权力关系——以“剩余权力说”不成立为视角》，《岭南学刊》2011 年第 4 期，第 80~82 页。

普选”这个“事”为旗号，但是其最终目的还是要选“人”，这在根本上和公投制度相悖，和学术界公认对“全民公决”的定义和规定是不相符合的，尽管无效，但“五区总辞”通过所谓“公投”得到了一定的民意信息或者民意倾向，在这个基础上，只能将其定性为“变相民意调查”或大型民意调查。原因在于：全民公投与民意调查，特别是大型民意调查都是一种表达民意的方式，两者具有一定共性。一方面，从基本前提上讲，二者都是以民主政治为基本前提，其产生根源都是民主政治的实现程度。二者都是人们围绕着一定的公共事务平等表决并发表意见，二者的结果在很大程度上都被作为“民意”，民意是民主政治的核心。民主政治为开展全民公投和民意调查提供了政治土壤，在民主政治国家，全民公投和民意调查都是作为一种民主的手段而存在，但是全民公投的民主政治实现程度比民意调查要高很多。另一方面，从操作程序上讲，二者都有一定的程序设计，二者在运作过程中都强调周密性、公开性、中立性，都强调公民的广泛参与，在运作过程中要尽可能地保证结果的真实客观等。实际上，从结果效力上讲，二者在某种意义上都是一定“民意”的体现，二者的结果越代表民意，越受到民众的推崇，越能辅助政府科学决策。目前在很多国家，都将“咨询性全民公投”作为一项大型民意调查，将其结果作为政府的决策参考。与民意测验机构用科学的抽样方法所进行的民意调查不同，香港的“五区总辞”运动实际上是“社民连”打着“普选”的旗号，为其政治目的寻求民意支持，通过鼓动民众对“争取普选”的议题的投票，胁迫中央放权。由于“五区总辞”的发动者具有明显的政治立场和政治利益，这种民意调查带有太多的主观因素，事先已经带有一定的政治倾向，而且议题在投票的过程中两次经历变更，其结果并不是客观科学的。如果将其称为民意调查，也是不符合科学的民意调查。这种具有政治利益的政治团体主导下的民意调查只能称之为“变相的民意调查”。因此，更确切地说“五区总辞”是“大型变相民意调查”，只能被视为具有政治利益的政治团体主导下的“政治工具性民意调查”。

2012 年初，香港举行了一次全民模拟公投，即“3・23 模拟公投”。其目的是通过民意调查结果立体展示对 2012 年香港特别行政区行政长官选举的民意供市民和选委参考、推动公民参与建构公民社会，以及示范电子投票制度。从其目的可以将其直接定性为民意调查活动，但是作为民意调查，也不能称之为科学的民意调查，作为“模拟投票”它与选举是密不可分的，也与新闻媒体密不可分。这次民意调查不仅借助于媒体的传播力量得以快速发展，同时，报刊也借助于刊发民意调查的有关信息得以吸引读者，达到扩大发行的目的。总的来说，“3·23”模拟投票充满了“游戏性”“趣味性”和“大海捞针”的特点，其重点在“多”，而不是“合理”“科学”，缺少必要的群体分析，而且忽略问卷设计，问题答案也简单地从四个选项中做出一个选择，作为民意调查其议题已被设定。整个过程草率而笼统，从这个意义上来讲，“3·23 模拟公投”只能被称为被操控了的民意调查。

香港“占领中环”组织于2014年元旦发起全民投票，并委托香港大学民意研究计划及香港理工大学社会政策研究中心具体操作这次“公投”。此次“虚假全民公投”还是没有科学的设计议题，其不仅在投票设计的问题上带有强烈的误导性，在投票机制上亦全不设防，竟能任由市民重复投票或者是利用虚假身份证号码投票，整个投票过程没有任何的限制，参加投票的6万多人的统计数据也存在很大的掺假成分，目的是“‘谷大’投票数字，虚张声势”。从这个意义上来说，这次“虚假性全民投票”完全不具备科学民意调查的任何条件。从民意调查的视角来讲，这次活动在准备阶段就没对议题进行合理的设计，议题具有明显的指向性和误导性。在投票群体的抽样阶段，缺乏抽样这个过程，而且参加投票的人在投票过程中存在重复投票问题，在票数统计问题上也存在重复计算问题。如果要将这次“虚假性全民公投”作为民意调查进行定性，那么其首先存在议题设计不当问题，其次，在进行调查时，不存在抽样调差这一环节，加之统计数字掺假，因此从根上讲，这次虚假性投票实际上并不具备民意调查的条件。但是鉴于其结果对于反对派以及部分香港民众具有一定的参考价值，能够产生一定的“民意”影响，从这个意义上讲，只能将2014年“虚假性全民投票”称为抽样不当的虚假性民意调查。

根据上述可知，香港反对派的“公投”运动不仅没有法理依据，在程序上也难以站住脚，其很大程度上是为其特殊的政治目的服务，只能称之为带有强烈政治目的的“民意调查”。香港反对派利用“民意”属性来混淆全民公投与民意调查之间的概念，试图将民意调查的结果转嫁为全民公投的结果，以达到其特定的政治目的。在香港普选之前搞所谓的“民意调查”，势必会严重影响普选公信力，导致民意偏差，最终可能会造成：谁控制了民意调查机构，谁就控制了民意，进而控制了香港普选的民意导向的严重后果。

四 结语

世界各国对公投的启动都是慎之又慎，其公投运行都是在一定的法律框架内完成的，其间对公投的议题设定、提案发动、对话审议、公投实施、公投门槛、公投效力等都进行了严格的规范和设定。而香港反对派故意模糊香港的政治法律地位推行所谓“公投”，实质上是为了达到其“分裂”甚至是“港独”的政治目的。这种旨在制造民意、胁迫中央政府和特区政府权威的“变相公投”行为危害极大，在社会上产生极其恶劣的影响，不仅阻碍了香港政改的有序推进和民主的健康发展，而且催化了各种社会矛盾。笔者鉴于自身条件的限制，掌握的关于香港反对派历次“公投”活动的资料有待翔实，所以在分析的过程中难以用具体的数据和资料拆穿反对派进行“公投”的真正目的。香港如何在确定基本原则的基础上推行政改的有序进行，是一个时代的重要课题，需要政府以及学者进行更进一步的研究探讨。

海外中国研究

澳大利亚对华政治研究（2013～2014）

王大威*

摘　要：澳大利亚地处南太平洋，由于地缘政治的关系，自第二次世界大战以来对亚太和中国的政治研究非常重视。尽管该国长期依附于美国在亚太的军事安保框架下，但是在经济和政治方面有其一贯的独立性。澳大利亚的对华政治研究总体来讲是相当务实和客观的，不时有脱离“泛美国化”（Pax Americana）的独立见解。在考虑发展对华关系时，澳大利亚的学术研究和智库报告具有相当的独立性，并没有围绕着某种美式意识形态为中心。总的来说，澳大利亚的对华研究是多元的、务实的和客观的。本文对澳大利亚从2013年下半年至2014年下半年的对华政治研究进行汇总，主要针对多个澳大利亚著名智库和重点大学的对华研究机构。

关键词：澳大利亚对华研究　中国政治　中澳关系

澳大利亚对华政治研究基本状况一览

相比英国和美国，澳大利亚的对华研究机构数量相对较少。其国家内部大学数量本来就十分有限。澳大利亚共有六个州，具规模的研究性质大学基本上每个州只有两至三个，而且绝大部分为公立。大部分重点大学集中于悉尼和墨尔本两座城市。基本上在每一个州的重点州立大学内都设有一个专门

* 王大威，博士，深圳大学当代中国政治研究所副教授。

研究亚太的中心或者学科。在悉尼大学和墨尔本大学不仅有亚洲研究系或中心，还设有中国研究中心。由于澳大利亚联邦政府经费支持的缘故，位于澳大利亚首都堪培拉的澳大利亚国立大学（ANU）一直是澳大利亚对华和对亚太研究经费最充足的大学；墨尔本大学和悉尼大学紧随其后。

除了大学内部的研究机构，澳大利亚还有以学术研究为主导的澳大利亚中国研究协会（CSAA）。该协会每年在不同的澳大利亚大学主持学术会议为新文章发表提供平台。澳大利亚的对华政治研究还经常出现于形形色色的亚洲研究和亚太研究机构。从某种角度上来讲，澳大利亚的亚洲和亚太研究要比纯粹的中国研究历史更为久远而且规模更为庞大。在澳大利亚当地，中国研究只是在近期才出现了某种取代日本研究的趋势，无论是在政治、社会、文化还是语言教学方面。对华政治研究经常出现于澳大利亚的亚洲研究和亚太研究学术会议上，比如说 Asian Studies Association of Australia 的年度学术会议。除了大学方面的对华研究，澳大利亚还有相当具规模的综合性智库；亚洲研究和中国研究是其重要的组成部分。尽管这些智库名义上为民间或者非政府智库，但它们对澳大利亚联邦政府具有相当的影响力。多名现任和前任澳大利亚外长甚至总理的许多外交政策演讲都是在此类智库上发表。相比之下，这类智库研究员所发表的文章比之大学的一些研究机构更加客观和务实。部分澳大利亚大学的学术文章也会时而出现对中国政治描述的猎奇心态和夸大其词。

澳大利亚对华研究在一定程度上受到其内部政治和经济因素的影响。各大学的亚太和中国研究经费主要来自联邦或州政府。自矿业经济扩张（mining boom）泡沫化后以来，很多研究机构的经费面临缩减。自新任总理托尼·阿博特（Tony Abbot）上台以来，联邦政府开始缩减教育开支。澳大利亚的大学系统也受到了相当程度的打击。熟悉澳大利亚中国研究的学术同僚可能会经常听到关于澳大利亚对亚太—中国研究“心口不一”的抱怨。这里他们说的是澳大利亚政府口头上经常重复对亚太研究的重视但又从来不主动增加经费支持。

澳大利亚学术与智库机构对华研究的态度是相当积极和客观的。相比美国奥巴马政府的“重返亚洲”（Pivot to Asia）和“亚洲再平衡”战略，澳大利亚政府的“新亚洲世纪计划”（Plan for a New Asian Century），最起码已经承认 21 世纪是一个亚洲世纪，而且澳大利亚作为一个中等的区域力量（Middle Power）必须去适应而非去主导这个将会出现的国际新秩序。这与美国的“重返亚洲”有相当大的差别。澳大利亚是美国“重返亚太”的重要一环，虽然近五年来尤其是自由党政府上台以来有不断向美国在安保方面靠拢的现象，但在政经方面澳方对华始终执行相对独立的国家战略。近期澳大利亚在稍做犹豫后加入亚投行的举动就是一个很好的例子。澳大利亚在军事安全外交上重视美国但绝不放过任何一个可以跟中国发展经贸关系的机会。澳大利亚的商界、政界、学界对中国的态度基本上属于务实客观，没有出现近期美、加出现的小规模反孔子学院政治风波。

澳大利亚对华政治研究的文章主要可以分为三类。第一类是对中国的外交政策分析。这类文章集中分析中国外交政策对亚太地区尤其是靠近澳大利亚的东南亚国家以及南太平洋岛国的政治经济影响。第二类是探讨中澳关系。这类文章经常会探讨澳大利亚在中美两个大国之间的定位问题。第三类文章涉及中国国内的政治。这类文章可以分成两种，一种涉及中央政府的政策，另外一种涉及地方政府在施政过程中出现的问题。

澳大利亚国立大学学术期刊一览

澳大利亚国立大学的中国研究中心长期出版一本按季发行的学术刊物：《中国研究》（*The China Journal*），其中收入大量澳大利亚学者对中国研究的学术文章，主要涉及政治与社会。近年来，澳大利亚对中国的政治研究在很多方面涉及“绿色”政治，也就是环保政治。中国的环保话题无论从社会学层面还是政治学层面都是澳大利亚学术界相当热门的话题。澳大利亚对中国的环保政治话题相对于其他西方国家更为客观和具体。不会一味地夸大中国的雾霾问题。中国政府和民间在环境保护方面的正面举动也会如实地评价。另外值得一提的是，在其收录的大量论文中，有多名作者是华人背景，其中不少可能是港台或者大陆移民至澳大利亚的新生代学者。

在涉及中国内政的文章中，澳大利亚国立大学《中国研究》期刊2013年第69期收录了蔡文轩（音译）和尼古拉斯·迪恩的文章：《中共的学习系统：思想统一和政权适应》（Wen Hsuan Tsai，Nicolas Dean，“The CCP's Learning System：Thought Unification and Regime Adaptation”）[①]。该文针对胡

① W. H. Tsai，N. Dean，“The CCP's Learning System：Thought Unification and Regime Adaptation”，*The China Journal*，No. 69（January 2013）：87－108.

锦涛主席时期开展的党内学习进行了文献和媒体分析，并认为这是一种开展广泛而且颇具成效的学习系统。“学习型政党”不只是口号也是一种组织方式，是中共政治稳定的关键因素之一。该文用中共的经验对彼得·圣吉《第五项修炼》一书中的观点进行了对比，并认为中共的学习型政党的组织和做法是政治发展上的一种突破。该文具体举例了建设学习型党组织工作协调小组和各省委组织的读书会活动，还举例了中国社科院负责向各级党委授课的教授和他们的授课内容。该文最后总结认为学习型政党对中国起到了相当正面的作用，有利于政权的长期稳定发展。

澳大利亚国立大学《中国研究》期刊2013年第69期收录了何欣（音译）所著的《司法改革与当地政治：华东行政治理的法律化》（Xin He，“Judicial Innovation and Local Politics：Judicialization of Administrative Governance in East China”）。该文主要对华东地区中等城市（如南通）的法院、党支部和行政单位进行研究。该文作者认为中国多数地方法院都需要党支部的支持以巩固权威。多地的地方法院在很多方面都在尝试创新。该文作者认为这与西方普遍对中国司法部门趋于被动的偏见性认知有很大的不同。中国的地方司法部门能够通过自身努力将国家法律融入地方法律和政策中。从长远来看，这种地方司法机关的主动行为和尝试有利于国家整体在依法治国方面的努力。简单来说，该文阐述的是司法在得到有力的党政机构支持下对地方政府进行的依法督促。当公民与地方行政部门发生法律纠纷时，地方司法部门可以充分利用这种机会对地方政府进行国家法律宣传。地方政府代表必须亲临法院凝听判决和法律解读。该文认为中国的地方司法正在有条不紊地完善司法行政。当然在这个过程中不乏异例，比如部分地方强势政府部门如税务和财政还是可以有效地抗拒地方法院的影响。①

澳大利亚国立大学《中国研究》期刊2014年第71期收录了安东尼·斯珀斯与陶林（音译）和陈金文（音译）所著《从云南的实例看中国草根非政府民间组织所受的社会支持》（“Societal Support for China's Grass－Roots NGOs：Evidence from Yunnan”）。② 该文对近20年来，中国国内草根非政府组织（NGO）的崛起做了详细介绍。重点叙述了这类型团体如何组织，获

① Xin He，“Judicial Innovation and Local Politics：Judicialization of AdministrativeGovernance in East China”，*The China Journal*，No. 69（January 2013）：20－42.

② A. Spires，L. Tao，& J. W. Chen，“Societal Support for China's Grass-Roots NGOs：Evidence from Yunnan”，*The China Journal*，No. 71（January 2014）：65－93.

得经费和进行社会动员。该文作者的研究范围非常庞大，涉及263个在疾病、教育、环保和劳工方面的草根民间非营利组织。该研究认为，中国的草根非营利组织获得了相当丰富的社会支持，无论是在人力还是在财务方面。该研究认为，中国的非政府组织尤其在云南（92个）、北京（92个）和广东（97个）等地有明显的地域性倾向。该研究对民间非营利组织在中国的形成、作为、注册、合法性、人力调动、经济支持进行了一定的分析。该文认为，中国政府在支持草根民间组织方面有其独特的倾向性。在该文调查的263个民间组织中有69个得到了一定的政府财政支持。其中中国政府更愿意补贴资格老的团体和艾滋病公益团体。该文认为，中国的公民社会还处在初级阶段。中国的草根民间团体还在面临很多挑战。在经费筹集方面，这些组织受到了很多约束，其中既有来自政府的，也有来自民间的。民间支持者和捐赠者更喜欢支持没有政府支持的草根公益组织。最后该文认为中国的草根民间组织还有很大的成长空间。这些组织的成长必须获得更多来自社会上的人力与经费的支持。

澳大利亚国立大学《中国研究》期刊2014年第71期中收录了孙新（音译）（Xin Sun）所著《威权面临的选择：中国乡村选举对大众舆论的双重效应》（“Autocrats' Dilemma：The Dual Impacts of Village Elections on Public Opinion in China”）一文。该文作者使用了中国人民大学对114个乡村选举调查统计对中国乡村选举进行了进一步分析。该文认为，从选民的满意度和其他方面看，中国的乡村选举一方面让乡村选民对地方政府的信任度加强，但也同时激发了基层选民更多的民主诉求。该文认为威权政府经常允许具有竞争性的基层选举，但是竞争性的基层选举只会让选民寻求更具有竞争性的选举模式。[①]

澳大利亚国立大学《中国研究》期刊2014年第71期收录了寇建文和蔡文轩（音译）的文章《官员提升的小步快跑：中共干部年龄限制的难题》（“Sprinting with Small Steps' Towards Promotion：Solutions for the Age Dilemma in the CCP Cadre Appointment System”）[②]。该文认为，在中国年龄限制是干

① Sun，X.，“Autocrats' Dilemma：The Dual Impacts of Village Elections on Public Opinion in China”，*The China Journal*，No. 71（January 2014）：109－131.

② Kou，C. W.，and Tsai，W. H.，“‘Sprinting with Small Steps’ TowardsPromotion：Solutions for the Age Dilemmain the CCP Cadre Appointment System”，*The China Journal*，No. 71（January 2014）：153－173.

部晋升中的一个重大难题。为了尽快晋升，很多干部通常使用三种策略跨越年龄限制这个难题。这三种策略分别是：共青团路线、挂职锻炼路线和破格提拔路线。该文使用了两个具体官员的例子来对这三种路线进行说明。首先，该文认为中国共产党对干部班子的年轻化付出了积极的努力。对很多干部的晋升提出了明显的年龄限制。众多干部必须在其年轻时期就争取提升。一旦超过了某个年龄段就如同逆流而上，很难向上晋升。该文简单比较了西方和中国的公务员系统，认为尽管双方存在大量类似的结构，但是西方没有就年龄问题设置僵硬的限制和要求。该文认为，中国共产党强调一个年轻化的干部群体但同时要求干部在提升时拥有足够的资历，在某一岗位有长期任职的经历。这些的的确确是年轻干部面临的一个难题。为了尽早趁着年轻晋升，很多年轻干部选择了共青团路线。先在共青团任职再进入政府部门。第二种路线是所谓的临时挂职锻炼路线。该文认为这种路线是某种对干部的“镀金”过程，通过短时间的外挂锻炼来积攒经验和政绩。该文举例了汶川地震期间的干部临时挂职锻炼情况。最后一种突破年龄限制的方法是比较少见的破格提拔路线。该文列举了公开选拔和“两会”发言的两个例子，认为这些场合是年轻干部寻找破格提拔的突破口。该文最后总结认为，中国的干部选拔机制在年龄限制问题上存在某种缺陷，造成了大量年轻干部想方设法趁着年轻获得晋升或提拔。

澳大利亚国立大学《中国研究》期刊 2014 年第 71 期刊登了邓艳华（音译）与凯文·奥尔布莱恩所写的，名为“浙江老年社会组织的抗议活动”（Societies of Senior Citizens and Popular Protest in Rural Zhejiang）的研究报告。该文作者跟踪研究了浙江省华水镇周边的多个县镇因当地企业排污所引发的老年社会组织抗议活动。该文作者宣称，在老年社会组织的长久抗争中，当地政府曾经试图说服部分老年社会组织，但最终失败了，并且遭到了老年组织有理有据的合法维权行动。该文作者认为，当地的老年社会组织有很强的动员能力和社会群众基础。从目前规模来看，浙江省老年社会组织的环保维权行动还具有很大的成长空间。①

澳大利亚国立大学《中国研究》期刊 2014 年第 72 期收录了雷切尔·斯登的文章《中国环保法庭的政治逻辑》（“The Political Logic of China's New

① Y. Deng, and K. O'Brien, “Societies of Senior Citizens and Popular Protest in Rural Zhejiang”, *The China Journal*, No. 71 (January 2014): 172 - 188.

Environmental Courts"）。[①] 该文认为近年来"环保法庭"在中国得到了蓬勃发展。从2007年到2013年有130个环保法庭在中国建立，但是很多地区的环保法庭都有不同程度的荒废和滥用现象。该文具体列举了贵阳市2010年多个环保法庭的审案目录作为证明。该文还比较了无锡、昆明与贵阳等市的"环保法庭"，并认为中国多个城市普遍存在"环保法庭"不作为和案件极具缺乏的现象。有些地方存在政府环保部门不知道如何使用法院对污染企业进行诉讼。在很多地方，很多"环保法庭"对环保案件视而不见，反而去审理犯罪案件。最后该文总结，中国的"环保法庭"还没有形成有效的司法力量对环境进行保护。在很多方面，中国的地方环保法庭受到了来自当地政府甚至利益集团的制约。该文作者认为目前中国环保法庭最要紧的问题是无法得到足够的案件进行审理，并且长期荒废。

澳大利亚国立大学中华全球研究中心研究概略

澳大利亚国立大学中华全球研究中心（China in the World Centre）对中国的研究甚为广泛，横跨政治、社会、经济等多个领域。在众多澳大利亚大学对中国研究面临预算缩减的同时，澳大利亚国立大学进行了扩张。澳大利亚国立大学中华全球研究中心由澳大利亚国立大学著名中国历史学教授白杰明（Geremie Barme）在2010年创立，是一个精英式高端对华研究中心。其英文名直译为"在世界中的中国"（China in the World Centre，CIW）。该中心在澳大利亚前总理陆克文（P. M. Kelvin Rudd）时期得到了一笔可观的联邦拨款，在澳大利亚国立大学本身已经有亚太学院和中国研究中心的基础上加建了一个新的专注研究中国的中心。澳大利亚国立大学为该中心建立了崭新的办公楼并在此处设博士点和博士后奖学金。

澳大利亚国立大学中华全球研究中心在2013年9月出版了一本名为《中澳投资关系：法律、治理与政策》的合编书籍。除了中澳关系以外，其中有多个章节涉及中国国内的政治与政策研究。该书的第十章是珍妮·傅所著的"中国国有企业的治理"（The Governance of SOE in China）。该文套用国家资本主义的模式对中国进行分析，认为以2005年作为分水岭中国的国

---

① R. Stern, "The Political Logic of China's New Environmental Courts," *The China Journal*, No. 72 (July 2014): 53–76.

有企业模式并没有出现任何大的变化。政府对国有企业的影响不但没有减少，反而增强了。这与国际社会普遍的预测正好相反。该文作者认为关于国有企业改革的收与放，中国政府有自己内在的政治逻辑，但是其效率与控制有时是存在矛盾的。①

该中心著名城市研究教授卢奇·托姆巴（Luigi Tomba）在2014年出版了《隔壁的政府：城市中国的小区政治》（*The Government Next Door*: *Neighborhood Politics in Urban China*）一书②。在该书中，托姆巴对中国的城市小区（住宅区）政治进行了研究，并认为小区是政府与基层社会之间的一个非常重要的沟通平台。托姆巴针对政府权威和政策进行研究。认为中国城市小区居民的日常生活普遍受到了来自远程的政治影响。托姆巴认为中国政府对小区的政策是整体国家政策的一面镜子。在追求社会稳定的同时，中国政府正在努力适应住宅区市场化给城市治理所带来的挑战，在面临城市治理环境复杂性日益增加的同时将影响力深入到新型社会空间中去。这些挑战来自社会和经济层面的方方面面。托姆巴对北京、沈阳、成都等市进行了类似民族学的田野调查。通过调查，他认为中国不同的地方政府有其对待社区政治独特的优先选择。托姆巴强调商品房小区所谓"gated community"（国外一般指豪宅）在社区和城市基层政治中的意义。所谓商品房小区的高墙、栏杆、摄像镜头和无处不在的保安使高档小区居民产生了强烈的阶级意识和保守意识。托姆巴还认为中国在住房商品化过程中有意地褒赏国有机构的雇员和与政府有关的雇员。公务员和国有企业人员往往获得住房补贴。这部分城市小区居民对政府高度忠诚。在贫困地区或是工业衰落地区如东北的重工业城市，当地政府采取了主动介入，对居民进行政治宣传。托姆巴认为，城市中产阶级小区对城市的管理压力取决于当地的经济状况和就业压力。在良好的经济环境下，大城市的商品房小区居民反而可能是政府的坚定支持者。

悉尼大学中国研究中心研究成果一览

除了澳大利亚国立大学，悉尼大学也在近年来对其中国研究中心进行了

① J. Fu, "The Governance of SOE in China", in *The Australia-China Investment Relationship*, The Australian Centre on China in the World, Australia National University, 2013.

② L. Tomba, *The Government Next Door*: *Neighborhood Politics in Urban China*, Ithaca: Cornell University Press, 2014.

扶植。新任主任克里·布朗教授（Prof. Kerry Brown）是个非常热衷于中国政治与社会研究的学者并且多次在澳大利亚和香港报纸上对中国的政治和社会问题作出评论。其立场比较中立。悉尼大学中国研究中心每年都出版一本该中心的年度中国研究报告（*China Studies Centre Yearbook*）。该报告汇总了悉尼大学中国研究中心研究人员和来自悉尼大学的多名特约研究员在该年度的对华研究。该年度报告还对悉尼大学中国研究中心在一年内举办的学术活动作出列表。2013 年底出版的年度中国研究报告共介绍了悉尼大学正在进行的 6 个对华研究计划和举办过的 11 个学术活动。

在 2014 年 4 月出版的悉尼大学中国研究中心《年度中国研究报告 2013》中收录了 9 篇短篇学术文章。[①] 其中值得一提的是来自新加坡国立大学的访问学者薄志月（音译）（Bo Zhiyue）的文章《习近平领导下的中国——后胡锦涛时代》（“China Under Xi Jinping, After Hu, What”）。该文对中央政府领导班子的换届和习主席上台以来的一些政策做了简单介绍。另外还有悉尼大学政府与国际关系系教授袁进东（音译）的 2013 年海峡两岸关系分析的文章《海峡两岸关系 2013》（“Cross Strait Relations in 2013”）。该文立场相对客观，认为现今两岸关系平稳但有很强的认知误区。在政治方面大陆想要的和台湾方面愿意给的还有一定差距，尽管大陆已经给予了台湾在经济上很大的让利。该报告还收录了悉尼大学政府与国际关系系教授弗莱德·泰维斯（Fred Teiwes）所著的《对早期后毛泽东时代的正确认知的逐步形成》（Toward a Correct Understanding of Early Post-mao Period, 1967－1981）。该文对 1976～1978 年中国的政治转折过程提出了自己的独特见解，持某种与国内历史与政治观不同的修正倾向，认为国内对这段历史有模糊化的倾向。该年度报告还收录了悉尼大学东北亚研究系讲师詹姆斯·瑞丽（James Reilly）的文章《中日关系的循环》（“The Cycle of China-Japan Relations”）一文。该文对中日近期的围绕钓鱼岛的争端对双边关系的发展规律作出了简单分析。认为本来发展迅猛的经贸关系受到“双方”非理智强硬表态的影响。该年度报告还包括国际著名会计师事务所 KPMG 澳大利亚合伙人道格·弗格森的文章《中国报告 2013：深化改革与繁荣的未来》（“China Report 2013: Significant Reform Driving Future Prosperity”）。该文认为中澳之间的经贸与投资关系不会因为双方尤

① Univeristy of Sydney China Studies Centre, *China Studies Centre Yearbook* 2013, 2014.

其是澳方国内的政治变化而影响，将稳步朝着互利的方向发展。该文认为中国国有企业在澳大利亚的投资无论是矿业还是农业都受到澳大利亚媒体的无端刁难，但是中国对澳大利亚的投资是多元的，其中包括大量的私有资产。该文认为中澳的互惠投资关系有无限潜力但是澳方的政治领袖应该努力建立与中方互相尊重、理解的稳定关系。该年度报告还收录一篇有关新疆双语教育的文章和一篇中日“二战”历史回顾的文章。

悉尼大学中国研究中心还负责筹备《中澳青年联合会学报》的刊物。该刊物为每年一期。主要是给在校的博士生和研究生提供一个涉及中国问题的学术发表平台。该刊物还收录大量来自中国国内年轻学者涉及中澳关系的文章。很多文章为中文原著的译文。

澳大利亚智库对华研究一览

除了设在大学内的研究中心，澳大利亚有相当一部分对中国的政治研究出自两个著名的民间智库：罗伊国际政策研究所和澳大利亚独立研究中心。这两个智库看似与澳大利亚政府毫无关系但常有本国重量级政客在此发表演讲。很多智库研究员都是政府部门出身。有的还曾身居要职。

莫瑞·麦克莱恩（Murray Mclean）是罗伊国际政策研究所的中国及日本问题专家。麦克莱恩曾经是澳大利亚长期驻外外交人员。曾任职于中国、新加坡、日本的澳大利亚大使馆。麦克莱恩曾经在 1987 ~ 1992 年任职澳大利亚驻上海总领事。直至 2011 年，麦克莱恩还是澳大利亚驻日本大使。2014 年，麦克莱恩一共发表了两篇涉及中国的短文。最近的一篇是 2014 年 10 月发表的涉及中日关系解冻的文章。但是其 2014 年 8 月发表的一篇关于中澳关系的文章相当具有澳大利亚智库在这类型文章中的代表性。

该文名为《谁是澳大利亚最好的朋友》（“Australia in Asia：Who is Our Best Friend?”），主要分析 2014 年罗伊国际政策研究所在澳大利亚所做的民意调查。[①] 该调查对受访者询问“谁是澳大利亚在亚洲最好的朋友”时，

① M. Mclean，“Australia in Asia：Who is Our Best Friend?”，Lowey Institute，2014 June. Available from http：//www. lowyinterpreter. org/post/2014/06/18/Australia – in – Asia – best – friend. aspx.

31%的人选择了中国，28%的人选择了日本，远远领先于新加坡、印度尼西亚、印度、韩国等国。11%的受访者回答“不知道”。在非亚洲区，澳大利亚人习惯性地给美国或英国冠予“宏伟与强大的朋友”的崇高绰号。自从1972年中澳正式建立邦交以来，澳大利亚努力加强与中国的友好关系。该文认为确定任何一个国家为澳大利亚在亚洲最好的朋友可能会阻碍澳大利亚广泛的国家利益。这种方法会破坏澳大利亚的诚信和激增不客观的假设。理想地说，澳大利亚的领导人将始终坚持一个清晰的亚洲战略观，并与亚洲各国共同促进贸易、投资、政治、安全、文化、科学和教育方面的合作。澳大利亚也不应该把所有鸡蛋放在一个篮子里。在网络社交媒体充斥的时代，选择“最好的朋友”这种行为并不是什么怪异的行为，但在国家层面这是不是某种核心价值观和情感的暗示？国际关系中有没有所谓的“密友”。这无关信任，受访者认为就算是“最好的朋友”也可以进行间谍活动。分别有65%和58%的受访者认为可以对中国和日本进行间谍活动。而48%的受访者认为中国可能在未来的20年内成为澳大利亚的主要军事威胁。56%的受访者，对澳大利亚政府允许太多来自中国的投资感到恐惧。该调查还设立所谓年度温度计，它要求受访者对他们有温暖感情的国家进行评分。得分超过70°的那些国家更像澳大利亚。日本得到了67°，而中国得到60°，比2013年提高了6%。该文认为使中国备受受访者关注的幕后影响力是很容易识别的。一方面，中国的经济增长一直是过去10年的封面故事，媒体无不大量报道。澳大利亚经济方面对中国的依赖和共生性也影响这一选择。作为实用主义者，也许澳大利亚人认为中国是未来的一个稳注，仅仅是澳大利亚人最好的选择。这可能是某种流行的“阿尔法国家病”（指依附强权）？澳大利亚需要平衡未来长远的经济商业利益——中国和传统安全依赖——美国。非常有趣的是，该文认为澳大利亚的年轻人对民主充满了幻灭，并且在寻求另外一种高效的政府模式。中国正好是他们所向往的前景。该文以前澳大利亚总理哈罗德·霍尔特的名言结尾：“跟美国总统林登·约翰逊走到底是不可能的，也是不可取的。”就算是最好的朋友之间也有差异，一些是基本的差异，一些是程度较小的或细微的差距。

同样是来自澳大利亚罗伊国际政策研究所的马修·多南和菲利帕·布兰特研究员在2014年6月发表了《中国对太平洋地区的援助：机构，效率和太平洋岛国政府的角色》（“Chinese Assistance in the Pacific: Agency, Effectiveness and the Role of Pacific Island Governments")[①] 一文。该文被《亚洲与太平洋政策研究》所转载。该文阐述了自 2006 年第一届"中国—太平洋岛国经济论坛"后中国对南太平洋地区援助的具体落实。在该次论坛，中国宣布向南太平洋地区提供30亿元人民币的优惠贷款。该文作者认为多数学者集中于研究中国和其传统捐助者之间的关系。南太平洋岛国学者曾经探讨过南太平洋岛国是如何从与其他捐助者之间的外交竞争中获利的。然而，很少有学者考察过中国援助在这些岛国实施的效率。这些岛国政府是如何协商与监督中国的援助项目？该文的研究试图弥补澳大利亚太平洋岛国研究在这一方面的空白。该文探索了 4 个太平洋岛屿国家（汤加、瓦努阿图、萨摩亚、库克群岛）是如何拿到和落实中国的援助项目，并探讨它们的方法。该文作者的研究结果是基于50 名南太平洋岛国公务员，政治及商业领袖以及中国使馆工作人员的访谈。该文的研究结果表明，各个岛国政府在监督和实施中国援助项目上存在很大的差异，并影响到了中国援助在这些国家的落实。

澳大利亚独立研究中心（Centre for Independent Studies）是一个在澳大利亚普遍被划为中偏右的"自由主义"智库。该智库主要倡导资本主义市场经济与缩小政府规模（小政府），与现今执政的澳大利亚自由党保持高度一致，属于有明显政治倾向的智库。该智库有一名常驻北京的研究员本雅明·赫斯科维奇（Benjamin Herscovitch）。赫斯科维奇是悉尼大学毕业的哲学博士。他曾在澳大利亚驻中国和巴基斯坦的大使馆工作。赫斯科维奇的学术研究方向主要是泛政治题目，主要涉及对华的外交与经济研究，有时也会写一些时事评论。赫斯科维奇在 2014 年总共发表了 4 篇文章。其中两篇涉及澳大利亚国内政治，另外两篇与中国有关。赫斯科维奇 2014 年 3 月在《外交政策分析》刊物（*Foreign Policy Analysis*）上发表了《在中国崛起时维护和平系列一》（Preserving Peace as China Rises I）。[②] 该文认为在中国国力尤其是军事方面全面上升期间，从太平洋沿岸到印度洋沿岸所有的国家都为之深深震动。那些与中国有领土争端的邻国更是惶恐不安，纷纷与美国加

---

① Dornan, M., and Brant, P., "Chinese Assistance in the Pacific: Agency, Effectiveness and theRole of PacificIslandGovernments", Asia & the Pacific Policy Studies, 2014. Available from http://www.lowyinstitute.org/publications/chinese - assistance - pacific - agency - effectiveness - and - role - pacific - island - governments

② Herscovitch, B., "Preserving Peace as China Rises I", *Foreign Policy Analysis*, No. 9 (March 2014).

强了军事合作。在这种大背景下，所有亚太区域和印度洋区域的国家有必要探讨共同维护和平的策略。该文提出三点建议：（1）维护美国在“印太”（Indo-Pacific）军事外交方面的主导地位，让中国成为国际水域重要的经济成员，服从于美国建立的国际自由航运秩序。（2）区域各国搁置现有的领土争端。（3）区域各国在领土争端方面保持战略模糊，防止把中美两国引入战争陷阱，对中国在领土争端方面的表现采取灵活政策。该文比较具体地分析了现今和将来可能出现围绕钓鱼岛和南沙群岛的军事力量对比。该文认为亚太区域各国在对华军事与外交政策制定时，必须采取务实态度。不能因为恐惧而无限加剧对立。

2014 年 9 月，赫斯科维奇在《外交政策分析》刊物上发表了《在中国崛起时维护和平系列二：为后美国时代准备》（“Preserving Peace as China Rises II：Preparing for a Post – American Asian Order”）。[①] 该文认为由于中国的强势崛起，整个“印太”（Indo-Pacific）区域正朝着多极化（multi-polar）发展。美国尽管还是区域的最主要强国，但已经不能继续对该区域进行全方位主导。该文认为，在一个多极化的“印太”区域，整个国际秩序不会像以前以美国为主导那样稳定。该区域长期的和平趋势可能受到冲击。为了维护区域的和平，该文提出了以下几项建议：（1）开展环“印太”跨国政府对政府对话。（2）开展环“印太”跨国非政府组织对话。（3）该区域各国与中国建立国家安全热线。在这篇文章中，赫斯科维奇作为西方学者对奥巴马的“重返亚洲”政策提出了质疑，认为该政策所建立的松散的军事安保“联盟—伙伴系统”可能加剧区域军事化和围绕领土争端的紧张局势。该文还认为美国的国力对中国的压倒性优势已经全面下降。东盟和印度的实力无论现在还是将来（2050 年）都无法有效与中国抗衡。所以在中国军事和经济实力不断上升的同时，各国不能一味地采取以依赖美国为主轴的军事防御姿态。必须主动建立与中国的多重对话机制。

结　语

澳大利亚尽管人口将近 2300 万，但它是世界上领土最大的，资源最丰

① B. Herscovitch, “Preserving Peace as China Rises II”, *Foreign Policy Analysis*, No. 10 (September 2014).

富的国家之一。澳大利亚自称是世界上的一个中等强国（middle power）。其的确在南太平洋长期发挥着不对称的影响力。从地缘政治方面看，澳大利亚是欧洲移民在亚太边陲的一个孤岛。其周边全是亚洲国家。在大英帝国衰落后，澳大利亚不得不主动接触本地区的主要国家并对这些国家的政治、经济、社会、文化等进行深入的研究。对澳大利亚来讲，对亚洲大国尤其是中国的研究尤其重要。中国已经近 10 年长期位居澳大利亚对外贸易的头号席位。尽管在大学和智库方面远不及英国和美国，但是澳大利亚的对华研究相当高产并且在意识形态上多元。正如澳大利亚国立大学中华全球研究中心（China in the World Centre）所宣称，澳大利亚的对华研究执意要打造一种与众不同的 new sinology（新汉学）。

图书在版编目（CIP）数据

当代中国政治研究报告. 第 14 辑/黄卫平，汪永成主编；深圳大学当代中国政治研究所编. —北京：社会科学文献出版社，2016. 3

ISBN 978 - 7 - 5097 - 8698 - 7

Ⅰ. ①当… Ⅱ. ①黄… ②汪… ③深… Ⅲ. ①政治改革 - 研究报告 - 中国 - 现代 Ⅳ. ①D62

中国版本图书馆 CIP 数据核字（2016）第 018102 号

当代中国政治研究报告（第 14 辑）

编　　者 / 深圳大学当代中国政治研究所
主　　编 / 黄卫平　汪永成
执行主编 / 陈　文　谷志军

出 版 人 / 谢寿光
项目统筹 / 王　绯　李　响
责任编辑 / 黄金平

出　　版 / 社会科学文献出版社 · 经济与管理出版分社（010）59367226
地址：北京市北三环中路甲 29 号院华龙大厦　邮编：100029
网址：www. ssap. com. cn
发　　行 / 市场营销中心（010）59367081　59367018
印　　装 / 三河市尚艺印装有限公司

规　　格 / 开　本：787mm × 1092mm　1/16
印　张：16. 5　字　数：278 千字
版　　次 / 2016 年 3 月第 1 版　2016 年 3 月第 1 次印刷
书　　号 / ISBN 978 - 7 - 5097 - 8698 - 7
定　　价 / 68. 00 元

本书如有印装质量问题，请与读者服务中心（010 - 59367028）联系